高校图书馆文化建设
与阅读服务模式创新研究

陈晓芬　著

吉林文史出版社

图书在版编目（CIP）数据

高校图书馆文化建设与阅读服务模式创新研究 / 陈晓芬著 . — 长春 : 吉林文史出版社 , 2023.9

ISBN 978-7-5472-9832-9

Ⅰ . ①高… Ⅱ . ①陈… Ⅲ . ①院校图书馆－图书馆文化－建设－研究②院校图书馆－图书馆服务－研究 Ⅳ . ① G258.6

中国国家版本馆 CIP 数据核字 (2023) 第 193711 号

高校图书馆文化建设与阅读服务模式创新研究
GAOXIAO TUSHUGUAN WENHUA JIANSHE YU YUEDU FUWU MOSHI
CHUANGXIN YANJIU

著　　者：陈晓芬
责任编辑：吕　莹
出版发行：吉林文史出版社
电　　话：0431-81629369
地　　址：长春市福祉大路 5788 号
邮　　编：130117
网　　址：www.jlws.com.cn
印　　刷：河北万卷印刷有限公司
开　　本：710mm×1000mm　1/16
印　　张：16.5
字　　数：215 千字
版　　次：2023 年 9 月第 1 版
印　　次：2024 年 1 月第 1 次印刷
书　　号：ISBN 978-7-5472-9832-9
定　　价：98.00 元

前 言

　　文化是人类在社会历史进程中创造的物质和精神财富的总和，是生命的灵魂，与生俱来、与时俱进。人的一生都在特定的文化氛围中度过。文化是塑造个体的基石，而图书馆与人类文化有着紧密的联系。作为文化传递的重要渠道，图书馆在提升国家的文化影响力、满足公民的精神文化需求、提高公民的综合文化素质等方面起着关键的作用。高校是塑造人的地方，其教育和教学过程实质上是一个有目的、有计划的文化过程。因此，高校的发展从本质上看是高校文化的发展，在此过程中，高校图书馆文化的发展是不可或缺的一部分。

　　鉴于此，笔者立足江苏护理职业学院的实际情况，撰写了《高校图书馆文化建设与阅读服务模式创新研究》一书，其理论意义和实践价值自是不言而喻的。本书共包括八个章节，各章节内容如下。

　　第一章：主要阐述了图书馆文化的相关理论，包括图书馆文化的内涵、特征、本质、载体、组成部分，以及图书馆文化的发展历程，奠定了高校图书馆文化建设的理论基础。

　　第二章：本章主要围绕高校图书馆展开了详细且具体的论述，首先介绍了高校图书馆的特征，其次阐述了高校图书馆的定位，最后分析了高校图书馆的功能，以便更全面地认识高校图书馆。

　　第三章：本章从多维度入手，阐述了高校图书馆文化的建设，包括精神文化、制度文化、网络文化、服务文化以及艺术文化，以提升高校图书馆文化建设的针对性、有效性。

　　第四章：本章主要论述了高校图书馆文化的创新，首先论述了面向创新思维培养的高校图书馆文化，其次全方位阐述了高校图书馆文化创新，最后以生态文化为着手点，论述了高校图书馆生态文化，以期在传承高校图书馆文化的基础上，来促进高校图书馆文化的创新发展。

第五章：本章对高校图书馆的阅读服务进行了论述，主要包括高校图书馆阅读服务的概念、特征、基本原则几部分内容，奠定了高校图书馆阅读服务模式创新的理论基础。

第六章：本章从三个不同的角度入手，分别为学生阅读信息服务平台、网络阅读信息服务平台、个性化阅读信息服务平台，有目的、有针对性地论述了高校图书馆阅读信息服务平台的建设，为高校图书馆阅读服务模式的创新提供平台支撑。

第七章：本章从不同背景、不同目的、不同角度出发，分析了如何有效地创新高校图书馆阅读服务模式，从而使高校图书馆更好地提供阅读服务，充分地满足高校大学生的阅读需求。

第八章：本章讨论高校图书馆阅读服务评价的现实诉求及影响因素，制定出科学、合理的评价标准，并构建完整的服务质量评估体系。同时，重点关注阅读服务的有效管理，以追求高校图书馆阅读服务的高效、优质。

由于笔者知识和水平有限，书中不足之处在所难免，恳请阅读本书的朋友多提宝贵意见，以便不断改进与完善。

目　录

第一章　图书馆文化概述

第一节　图书馆文化的内涵与特征

一、文化的内涵

"文化"这个词在中文语言系统中源远流长，其根源可追溯到古代。"文"原意是指各色交错的纹理。"化"是指事物形态或性质的改变，同时"化"又引申为教行迁善之义。"文"与"化"组合到一起，较早见于《易经》："刚柔交错，天文也；文明以止，人文也。观乎天文，以察时变，观乎人文，以化成天下。"[①] 其中，"天文"指的是天道自然规律，"人文"则表示社会生活中人与人之间纵横交织的关系，如君臣、父子、夫妇、兄弟、朋友等，这些关系构成了复杂的社会网络，具有纹理表征。这段话的深意在于，治理国家的人需要既观察天文以了解时序变化，也观察人文，引导人们遵从文明礼仪，使其行为符合社会规范，这充分体现了中国古代"以文教化"的理念。因此，"文化"在汉语中的基本含义就是"以文教化"，归属于精神领域范畴，表示的是对人性情的陶冶、品德的教养。那么，到底什么是文化？

---

① （商）姬昌．易经［M］．呼和浩特：内蒙古人民出版社，2008：123-128.

（一）国外学者关于文化的定义

对于文化的理解和定义，国内外学者提出了诸多不同的观点，基于文化的语源和发展特性，他们给出了各自的定义。英国人类学家爱德华·泰勒是现代文化概念的首位定义者，其观点在学术界有着广泛的权威性和代表性。泰勒将文化视为一个复合整体，其中包含了人类社会中的所有知识、信仰、艺术、道德、法律和风俗等元素，这些都是社会成员通过学习而获得的各种技能和习惯，而且，他强调文化是人类为适应环境和改进生活方式所付出努力的总成果。[①]

美国被誉为"企业文化理论之父"的埃德加·沙因认为，文化是一套基本假设，它提供了一种共同的解决方法，面对外部适应力问题（如何生存）和内部集成问题（如何共同生活），这种方法被各个时期接纳，并代代相传。[②]沙因的观点实现了对文化内涵的深化与拓展，使人们对文化有了更深层次的理解。埃德加·沙因的文化定义主要包括三部分内容，如图1-1所示。

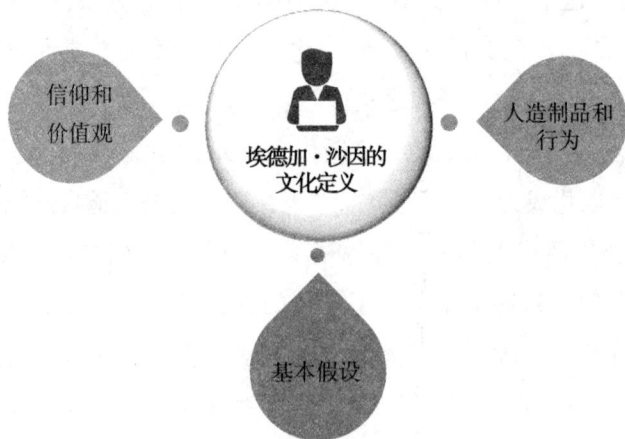

图 1-1　埃德加·沙因的文化定义

---

① （英）泰勒.原始文化[M].蔡江浓，编译.杭州：浙江人民出版社，1988：1.
② （美）埃德加·沙因（Edgar H. Schein）.组织文化与领导力[M].北京：中国人民大学出版社，2011：19-29.

1. 人造制品和行为

人造制品和行为是文化的最表层，是指我们初次进入一个新群体，面对一个不熟悉的文化时，所看到、听到和感受到的一切表面现象，是可以观察到的组织结构和组织过程。如建筑物和内部设计、欢迎仪式、服装、语言、谈吐、情绪以及表明组织价值观的标语、显示文化底蕴的仪式和典礼、彰显组织制度的书面和口头的规定等。这个层次包括了一个群体可见的行为，以及该行为成为习惯性动作的组织发展的经历。文化的最表层直接让人感觉到文化差异的存在，所以人造制品和行为是分析文化的开始。

2. 信仰和价值观

信仰是人们对未来世界正确的意识，道德就是在信仰的支配下正确的行为，而价值观是社会成员用来评价行为、事物以及从各种可能的目标中选择自己合意目标的准则。价值观通过人们的行为取向及对事物的评价、态度反映出来，是世界观的核心，也是驱使人们行为的内部动力。它支配和调节一切社会行为，涉及社会生活的各个领域，包括战略、目标、质量意识、指导哲学等。信仰和价值观反映了一个组织文化的内涵，是分析文化最主要的内容。

3. 基本假设

基本假设是指人们在长期的工作和生活中自然形成的潜意识的解决问题的方法，如潜意识的一些信仰、知觉、思想、感觉等。它的形成是当某种解决问题的方式可以持续有效地解决问题时，则该方式就被视为理所当然，有可能形成组织的价值观和组织的人造制品和行为。

美国人类学家克莱德·克鲁克洪教授对文化做出如下定义："某个人类群体独特的生活方式，他们整套的'生存式样'。"简单来讲，克鲁克洪教授认为的文化是人类历史上所创造的生存式样的系统，不仅包含显形式样，又包含隐形式样，它具有为整个群体共享的倾向，或是在一定时期中为群体的特定部分所共享。[①]

（二）国内学者关于文化的定义

易益典先生在《社会学教程》一书中所提出的文化定义，是一个极具代表性的观点，即文化是由人类群体共同创造并享有的物质实体、价值观念、意义体系和行为方式，它反映了人类群体的整体生活状态。[②] 这一定义深入揭示了以下几方面内容：

1.文化是人类群体的生活方式和生活过程的全面体现，主要构成元素包括符号、价值、意义和社会规范。符号是能够传达特定信息的标志，如语言、姿势、图表或具体物品等，它们在我们的生活中代表了特定的信息和意义。只有共享同一文化的人才能正确理解和解读这些符号。人类创造和使用符号的能力是文化存在的关键。

2.价值观是文化的核心构成元素，它是人们对日常生活中事物和行为进行评价的基准，体现了人们对某种事态的普遍喜好和厌恶。价值观如同一个指南针，指引人们区分善恶、美丑等，它在社会中为人们提供了共同的判断准则。

3.社会规范是在特定环境下的行为指南，它影响着人们的心理状态、思维方式、价值取向和行为方式。在这个意义上，文化不仅是人类群体的生活方式和生活过程的全面体现，而且是塑造和引导人们行为的重要力量。

4.文化随着人类群体范围划分的不同，体现出显著的差异性。对于文化的理解，仁者见仁，智者见智。笔者认为，文化作为人类与自然和社会交互活动的产物，充分体现了人们的思想、行为及创造等，是一个内涵丰富的概念。对于个体来说，文化是他们在社会生活中所获取的全部经验；对于社会来说，文化是社会成员之间进行学习和相互传递的集

① （美）克鲁克洪（Kluckhohn.C.）.文化与个人 [M].高佳，译.杭州：浙江人民出版社，1986：6.

② 易益典，周拱熹.社会学教程 [M].上海：上海人民出版社，2001：38—7.

体经验；对于人造制品来说，文化是人对自然的一种改造和创新。从沟通的角度来看，文化体现了人们使用符号相互交流的能力；从个体认知的角度来看，文化则是指导行为的指南，也是判断和评估经验活动的依据。因此可以说，文化本质上是人性质的内化和外化的过程。人性质的内化意味着个体文化水平的提升和文明程度的发展；人性质的外化则体现为新文化元素的产生以及现有文化元素的发展和完善。

二、图书馆文化的内涵

图书馆在我们的文化生态中扮演了重要的角色。它既是传统文化的交汇点，又是现代科学文化的展示窗口和文献信息资源的核心，成为读者获取知识的重要场所。图书馆的诞生和进步与文化的发展紧密相连，它们为文化的延续和繁荣提供了服务，同时在长久的发展过程中形成了其独特的文化特征。"图书馆文化"这个词最初是由美国的图书馆管理学者提出的，20 世纪 90 年代，我国学者着手于"图书馆文化"的研究，并在短时间内迅速兴起。近年来，随着对图书馆文化研究的进一步深化，许多学者从各种角度对图书馆文化给出了定义，主要包括以下观点：

张红在《21 世纪的图书馆文化竞争》中提出，图书馆文化可以看作图书馆创造与发展的物质和精神文化的整体，包括图书馆独特的思想、意识、观念和心理状态，以及与这些适应的制度、组织和行为模式。[1] 何长青在《图书馆文化：现象、方法与科学——兼论面向 21 世纪的图书馆文化模式》中认为，图书馆文化是一个国家、一个民族、一个社会在进行文化创造时，不断进行积累、传播和最后逐步形成的物质成果、精神财富、制度规范和行为方式的复合体。[2] 刘益星、姬孟丹在《论网络环境下高校图书馆文化的发展方向》中指出，图书馆文化是经过不断的沉

---

[1]　张红. 21 世纪的图书馆文化竞争 [J]. 图书馆论坛，2001（5）：7—9.

[2]　何长青. 图书馆文化：现象、方法与科学——兼论面向 21 世纪的图书馆文化模式 [J]. 山东图书馆季刊，1998（3）：7—10.

积后而发展出的集体意识、行为准则、价值观念等管理特征的集合，能够促进图书馆的生存和发展。① 张梦梦认为，对于图书馆文化的理解可以概括为："图书馆在特定时期下提供服务和进行管理时日积月累形成的价值观念、行为方式、精神面貌、道德规范、管理风格等的叠合，囊括全体读者与馆员创造的物质成果与精神成果。"② 金明生认为，图书馆文化指的是图书馆在长期服务读者的管理活动过程中，在特定的社会历史环境下逐渐形成的独特价值观、行为方式、管理作风、图书馆精神、道德规范、发展目标和思想意识等因素的总和。③

图书馆文化可以被视为图书馆运行的一种机制，这种机制体现在图书馆的运作过程和内部关系中，包含了服务传统、藏书习惯、人员素质、读者体验，以及在所有活动背后的认知和规定。这是一种无处不在，但又难以具象描述的图书馆意识和规范。④

以上种种观点，是从各种不同的学科视角来理解图书馆文化的内涵，包括文化学、组织文化、历史学、生态文化等。由于文化本身的定义可以既宽泛又具体，涵盖了许多领域和层面，这使图书馆文化的内涵有了广义和狭义之分。在广义上，图书馆文化可以看作图书馆所创造的物质文化（如图书馆的建筑设计和设施布局）、行为文化（如图书馆的服务方式和工作流程）、制度文化（如图书馆的管理制度和使用规则）和精神文化（如图书馆的使命观念和服务精神）等物质与精神成果的总和。这种广义的理解强调了图书馆文化的全面性和多元性，包括了图书馆所有的实践活动和精神理念。在狭义上，图书馆文化可以被理解为以图书馆的

---

① 刘益星，姬孟丹. 论网络环境下高校图书馆文化的发展方向 [J]. 科技管理研究，2011，31（18）：52-53+60.

② 张梦梦. 山东省高校图书馆文化建设调查与分析 [D]. 曲阜：曲阜师范大学，2022：8.

③ 金明生. 文化·图书馆文化·书文化考论 [J]. 科技情报开发与经济，2004（12）：4—5.

④ 何长青. "以人为本"与图书馆文化 [J]. 山东图书馆季刊，1997（3）：11—14.

价值观为核心的意识形态，主要包括图书馆所创造的精神财富，如图书馆的使命、目标、价值观和精神风貌等。这种理解更强调图书馆文化的精神层面，看重的是图书馆的思想内核和精神指向。

三、图书馆文化的特征

作为一种独特的文化，虽然图书馆文化具有所有文化所共有的特质，如精神性、社会性、群体性、独特性和一致性，但它并不能被简单地视为社会文化的一个组成部分。理解图书馆文化的特性，有助于人们全面而深入地理解图书馆文化的本身。图书馆文化的本质在于图书馆工作人员、社会大众以及图书馆本身之间本质的统一。虽然图书馆文化有许多不同的表现形式和现象，但它们都有一些共同的基本特征，这些特征由图书馆文化的本质决定。根据图书馆文化的本质，可以总结出它的特征有社会性、民族性、融合性、人本性、系统性、个性化、实践性、传承性。

（一）社会性

图书馆既是社会文化活动中必不可少的文化设施，也是文化建设不容忽视的组成部分。因此，作为文化系统的一个子系统，图书馆不断受到社会文化的影响。社会意识形态、价值观、行为规范、文化心理、人际关系和道德标准等，都会对图书馆文化产生深远影响。

社会文化，特别是社会意识形态作为观念形态的文化，它是一种价值观的思想系统，总是与特定阶级和社会集团的利益与需求紧密相连，虽然它反映了社会现状，但不同的社会特质会从不同的理论视角中反映出相同的社会现实。换句话说，社会文化是统治阶级思想的理论表现，它服务于巩固、完善、调整和发展社会的经济和政治制度，并通过舆论、宣传和教育等手段使其深入人心，从而变为社会成员普遍认同的价值观，引导他们认识和改变世界的所有文化活动。图书馆文化与社会文化之间存在双向交流的良性互动关系，在一定时期内，图书馆文化往往是将历史和现实社会大系统的各种成果做为滋养品进行借鉴，图书馆文化是依附于社会文化而存在的一种"亚文化"，当社会文化有所变化和革新时，图书馆文化也会从这种变化和革新中吸收新的元素。在 21 世纪，图书馆应立足可持续发展的角度，以知识经济时代的要求作为导向和准则，积极创设和谐的文化氛围，致力于人与自然和谐共进。

（二）民族性

中国拥有博大精深的传统文化，源远流长。自古以来，人类的祖先就非常重视文献资料的收藏。据《易·系辞上》记载："河出图，洛出书。"① 由此可知，早在周代以前，就已经有藏书的行为，只是没有被记载在经典文献中。周代时期便设立了"史"官职，主要负责管理四方之志和三皇五帝的经典之书。《史记》记载，道家创始人老子曾任周朝的"守藏室之史"；② 《汉书·艺文志》则提到老子担任过"柱下史"，广泛阅读典籍。③ 根据这些记录可知，老子曾经担任过类似于现代图书馆馆长的职务。孔子在游历列国期间，广泛阅读各国的书籍。楚国的左史倚相能够阅读《三坟》《五典》《八索》《九丘》等文献。汉武帝时期，西汉朝廷加强对图书馆事业的重视，汉武帝"大收篇籍，广开献书之路"④，并在皇宫内建立了规模宏大的图书馆。这是中国历史上第一次见诸文字记载的图书馆。随后，刘向和刘歆父子开始了中国历史上第一次朝廷图书馆的校书编目工作。宋朝建立了"史馆"，清朝建立了"文渊阁""文津阁"等七阁，这些都是历史上重要的文献收藏和管理机构。在过去的五千多年历史发展长河中，这些文献资料在维系中华文明、继承和弘扬各个民族优秀传统、推动社会进步与发展方面起到了重要作用。

---

① （上古）伏羲，（商）姬昌. 周易 [M]. 沈阳：万卷出版公司，2010：29—313.

② （西汉）司马迁. 史记 [M]. 北京：北京燕山出版社，2018：59—71.

③ （东汉）班固. 汉书 [M]. 西安：太白文艺出版社，2006：256—273.

④ （东汉）班固. 汉书 [M]. 西安：太白文艺出版社，2006：256—273.

在过去五千多年的历史进程中，中华民族铸造了以爱国主义为中心的伟大的民族精神，包括团结一致、追求和平、勤劳勇敢、不屈不挠的精神。民族精神不仅是中华民族在过去的数千年中持续发展、壮大的强大推动力，而且是未来继续传承、开拓进取的精神动力，这就是所谓的"文化力"。文化可以充分地释放能量，其内涵包含三个主要元素：首先是智力因素，主要包括教育和科技；其次是精神力量，主要包括理想、信念、道德、价值观、求实创新精神等，其中就包括了前述的民族精神；最后是文化网络，主要包括图书馆、博物馆、文化馆等。图书馆事业的发展在很大程度上依赖于这种文化力的推动。因此，中国的图书馆文化是在吸收和包容了数千年传统文化精髓的基础上，结合了现代时代和社会的需求，继续传承和发扬中华民族优良的传统和精神，这不仅是一种文化力的体现，还是图书馆文化所特有的重要性质。

（三）融合性

图书馆文化并非一个孤立或封闭的体系，而是一种开放、包容的体系，集成了各种文化因素。比利时物理学家普利高津的"耗散结构"理论解释了这个现象，他从热力学第一定律出发，阐释了任何结构系统都需要从外部环境中持续吸收物质和能量，这被称为"负熵流"；同时，这个系统需要减慢内部熵的增长，从而使系统产生有序，并能够从已有的有序状态发展到更高的有序状态，使系统充满活力。①

图书馆文化的融合性特征源于文化本身的融合性。文化具有普遍性，人类在不断地创造文化的同时，也在不断地交流文化成果。在现代世界，任何个人、群体或民族都不能在封闭的环境中进行文化创新。文化因素渗透到文化主体的精神生活和社会生活中，也渗透到全人类的活动中，形成了持续不断的传播，从而形成了文化的普遍性。这种普遍性也可以

---

① （比利时）G. 尼科里斯,I. 普利高津. 探索复杂性[M]. 成都：四川教育出版社，2010：54-58.

被称为超越性，即某些文化现象和文化成果超越了地域、民族、语言、国家，甚至时代的限制，成为具有某种人类普遍性的文化成果。中国文化的未来主流发展方向之一在于构建中华民族的现代文化，其来源可以归结为两个主要方面：一方面，作为主导要素，它将吸收并承载几千年的传统文化精华。中国文化拥有无比强大的生命力，尽管历经风雨，却依然熠熠生辉，它是中华民族凝聚力的标志，也是整个民族精神联系的纽带。文化发展具有其内在的连续性，全面否定传统文化就等同于割裂了中华民族的历史血脉。另一方面，中国的现代文化也将尽可能地吸收西方的先进科学技术和思想文化成果，以服务于现代化进程。自改革开放以来，闭门造车的历史被终结，各国的深度交流必将孕育出一个融合了各民族文化精华且中西融通的世界文化，正如中华民族的文化吸收了国内各民族的文化精华一样，中华民族的文化也将被融入世界文化之中，这是一个大的趋势。

当前，随着中国加入世界贸易组织，经济全球化之后的文化一体化已成为一股不可逆转的趋势。随着信息社会的到来，这种趋势的步伐日益凸显。习近平新时代中国特色社会主义思想重要思想之一，就是代表中国先进文化的前进方向。为了实现这一思想，必须构建一个强大的、健康的、丰富的、多样的且具有中国特色的文化。因此，我国需要立足本土，关注世界科学文化发展的前沿，继承和发扬所有优秀的文化，使中国文化充分体现时代特色和创新精神。与此同时，图书馆文化也将在先进文化的指引下与世界文化进行交融。

（四）人本性

图书馆文化的人性化核心是以人为中心，重视对人的价值观、道德观及精神观的引导和塑造。实质上，图书馆文化是一种以人为本的管理模式。它将人作为起点和归宿，这是由图书馆文化的特性决定的，因为人是图书馆文化的主体，是构成图书馆文化的首要因素。图书馆文化是文化本质与人本质的合一，因此，以人为中心的特征是图书馆文化的本质需求。在图书馆文化中，以人为本的理念包括"以读者为中心"和"以馆员为根本"。

"以人为本"是图书馆文化的核心理念，包含了图书馆工作的永恒主题——服务，阮氏的"图书馆学五定律"深刻揭示了"以读者为中心"和"书为人人，人人有书"的人本服务理念，这都是建立在以人为中心的基础上。基于构建和谐社会的大背景下，图书馆工作人员需要把"以人为本"的理念贯穿到图书馆服务的各个环节，尊重和理解读者，关心读者，平等对待每一个读者。图书馆应该提供创新的、优质的、人性化的服务，包括但不限于提供全方位的温馨服务、知识服务、特色服务以及创新服务，确保满足读者的多样化需求，并真正做到"为了一切读者""一切为了读者"。这种理念体现了图书馆不仅仅是一个信息和知识的仓库，更是一个以服务为中心的机构，通过实现图书馆服务的人性化，以此提升读者的满意度，实现图书馆的社会价值。

（五）系统性

图书馆文化的系统性特征体现在其是一个由多个相互关联、相互制约、相互影响的诸多要素构成的具有特定功能的整体。任何一个系统都是由两个以上的组成部分形成的，这些组成部分之间以及系统与其环境之间存在着紧密的联系和互动，使整个系统呈现出有机整体的性质。在图书馆文化中，组成部分可能包括但不限于物质资源、人力资源、服务模式、管理理念、技术应用等，这些元素之间的相互关系和互动决定了图书馆文化的整体结构和功能。这些元素并非孤立存在，而是在一个有机整体中相互影响、相互制约。因此，图书馆文化可以被视为一个复杂的系统，该系统不仅具有结构性，即由各部分构成的结构，还具有功能性，即实现特定目标的功能。

图书馆文化是一个具有特定特征的社会文化系统，由多个子系统构成，这些子系统按其深度可以分为四个层次，分别是表层的图书馆物质文化、浅层的图书馆行为文化、中层的图书馆制度文化以及深层的图书馆精神文化，这些层次构成了图书馆文化的整体结构。在这个系统中，表层的图书馆物质文化包括图书馆的物质资源投入、馆藏规模以及图书馆设施和管理手段的现代化等元素。浅层的图书馆行为文化则涉及图书馆学的教育和科研、文化娱乐设施建设、图书馆工作和服务环境、图书馆的公共关系和人际关系，以及图书馆队伍的生活方式等因素。中层的图书馆制度文化涉及图书馆的管理体制、图书馆的法治建设等制度层面的要素。深层的图书馆精神文化，则体现在图书馆队伍的文化心理和意识形态上，包括他们的情感、意志、性格、气质、思维方式、语言、图书馆价值观、图书馆哲学、图书馆职业道德及礼仪等。这些要素在图书馆文化系统中不是独立存在的，而是相互联系、相互作用共同构成了一个有机的整体。这个整体对图书馆管理产生了一定的整合、导向、凝聚、约束、激励和辐射等多种功能，使图书馆文化成为推动图书馆持续发展的重要力量。

图书馆文化的系统特性意味着其结构和功能之间有着密切的联系，具体来说，文化系统的结构——由不同的文化元素所组成——在很大程度上决定了其功能。换言之，不同的结构可能会具有不同的功能。但这种关系并非一对一的对应，同样的结构可能会产生不同的功能，而不同的结构也可能具有相同的功能，这种多样性和灵活性是图书馆文化建设的一个重要特点，它既强调共性，又注重个性化。

（六）个性化

图书馆文化的个性化特征指的是每一个图书馆受其所在地的地理、教育、政治、经济、语言、种族和历史传统等因素的影响，从而形成自己独特的文化特性，这些独特的文化特性对图书馆的管理以及其独特品格的形成起着关键性的作用。事物的共性和个性是其构成的两个方面，共性是指不同事物所共享的属性，而个性则是指每个事物特有的属性。所有的事物都同时包含着共性和个性，图书馆文化也是如此。图书馆文化中的共性元素，如图书馆哲学、图书馆价值观、图书馆职业道德和图书馆精神，构成了图书馆文化的基础。而每个图书馆在其长期发展中形成的独特元素，如特定的馆训、情感态度、意志力量、性格特征、气质、思维方式、语言表达和礼仪等，则体现了图书馆文化的个性。因此，在图书馆文化建设的过程中，既要尊重和坚持图书馆文化的共性基础，又要充分挖掘和发展每个图书馆的个性特点，以塑造其独特的品格和魅力。

成功的公司都拥有自己独特的企业文化。例如，娃哈哈集团的"家文化"——聚合小家庭，发展大家庭，报效国家，这一原则是其在积累了巨额财富的同时，还致力于建设一个和谐社会的模范；麦当劳以"顾客至上"为其黄金准则，设置了极其严格的标准来确保食品质量；等等。这些企业的成功归因于它们独特且鲜明的企业文化，这表明个性化的企业文化建设是决定企业文化建设成功与否的关键。同样，图书馆文化的建设也应该有自己的个性化特点，以凸显图书馆的特色。一个具有个性的图书馆文化应该反映图书馆员工的特性，展示图书馆环境的独特性和一致性。打造一个具有独特个性的图书馆形象，不仅可以区分图书馆和其他服务行业，更能引起公众的关注。

（七）实践性

图书馆文化的实践性指的是它根植于图书馆的产生和发展过程中的实践活动。没有图书馆的实践活动，图书馆文化就无法存在，就像无源之水一样，将会失去生命力。

依据马克思主义哲学，实践被视为主体与客体之间，通过某种介质，为了改变世界而发生的互动过程。[①] 实践是所有认识的基础，没有实践

---

① （德）马克思，（德）恩格斯. 中共中央马克思恩格斯列宁斯大林著作编译局. 马克思恩格斯全集（第3卷）[M]. 北京：人民出版社，2016：3-8.

就不会有认识。根据这一观点，图书馆文化可以被看成图书馆认知活动和实践活动相互作用的产物。图书馆文化理论虽然得益于对企业文化研究的借鉴，但其基本理论的形成却源于图书馆自身的实践活动。图书馆的实践活动为图书馆文化的发展提出了问题，指明了方向，积累了经验，并提供了方法，起到了推动图书馆文化发展的重要作用。所有理论研究的目的都是指导实践，图书馆文化理论也不例外，它源自图书馆的实践活动，但最终的目的是服务于图书馆的实践。实践是检验真理的唯一标准，同样，实践也是检验图书馆文化理论的标准，不能经受实践检验的图书馆文化并不是真正的图书馆文化。

（八）传承性

图书馆文化的传承性属性源于文化的传承性。作为信息荟萃的知识殿堂，图书馆是文化传承的重要场所。在漫长的历史进程中，图书馆汇聚了众多的传统文化元素，它们在这里相互碰撞、交融、演变，最终传承下来。图书馆也在不断地分析、选择和吸收外部文化元素，进而催生出新的文化体系以适应社会发展的需求。在这些新兴的文化体系中，有很多元素源自历史长河中稳定的传统，这些在图书馆中仍然起作用的传统文化元素就构成了图书馆文化的传承基础。因此，对于图书馆文化传承性的讨论，其实是在讨论图书馆文化如何继承和发扬图书馆的传统文化元素，这个过程不仅是对过去的尊重和保护，也是对未来的开拓和创新。

第二节　图书馆文化的本质与载体

一、图书馆文化的本质

"本质"通常指的是事物本源的特征或特性。文化是人类在改变自然、社会和自身过程中的活动，以及这些活动所产生的具象化结果，这是文化的核心。图书馆文化是在图书馆的漫长发展历程中形成的，带有该图书馆独特特色的文化观念、文化形态和行为模式，以及相应的制度和组织机构，这些元素体现了图书馆馆员的价值标准、经营哲学、行为规范、共享的信仰以及凝聚力。图书馆文化的本质是什么？目前有很多不同的观点和解释，下面列举一些具有代表性的观点，如图1-2所示。

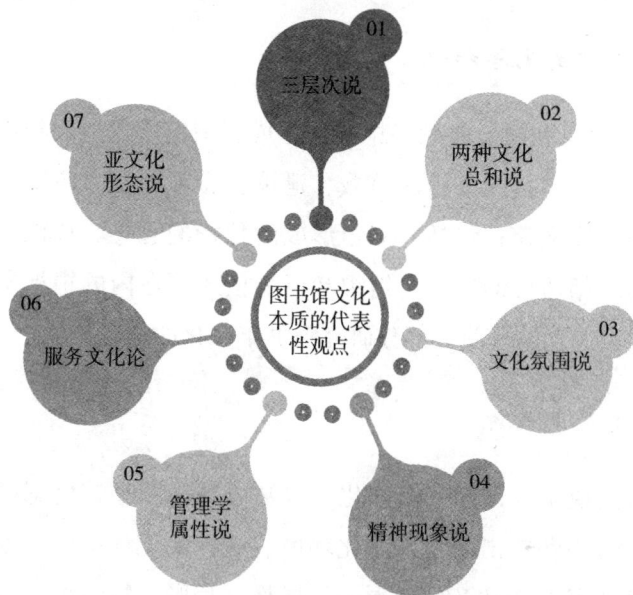

图1-2　有关图书馆文化本质的代表性观点

（一）三层次说

"三层次说"视图书馆文化为图书馆组织文化，它被划分为三个层次：一是"人造制品与创造物"，它是组织文化的物质层面，涵盖图书馆的建筑、设备、装饰和环境等因素，这一层面体现了图书馆的物质文化形象。二是"标榜的价值观"，它是组织文化的中层文化层次，指的是图书馆的管理、服务活动以及人际关系过程中形成的行为理念，主要包括图书馆目标、道德准则、图书馆制度、人际关系以及图书馆的传统和习惯等，这是一个以行为作为形态的中层组织文化。三是组织文化的核心层次，也就是组织的基本假设。它是一种以意识为表现形式的深层文化，反映了图书馆追求的目标、决心以及行为的总体倾向。这一层次的文化决定了前两个层次的文化特性。这个核心层次的文化由五个方面构成，包括人类活动的本质、人与时间和空间的关系、人性的本质、人与环境的关系以及人际关系的本质等。

（二）两种文化总和说

"两种文化总和说"将图书馆文化看成图书馆所创造的物质文化和精神文化的综合，包括图书馆的馆藏、建筑、设备和装饰环境等在内的物质文化，是显形文化；包括图书馆形成的独特的思想、意识、观念和心理状态，与之相适应的制度、组织和行为模式等在内的精神文化，是隐形文化。这一观念被目前大部分研究图书馆文化的学者接受。

（三）文化氛围说

文化氛围说认为，图书馆文化可以被理解为图书馆所有员工在共同的工作和生活中塑造出的特殊文化环境，这种文化环境由一系列元素构成，包括由图书馆活动产生的形态、风格、色彩、特性等，以及这些活动所包含的知识、技术、艺术等。这种环境共同产生了一种综合力，包括凝聚力、创新力和影响力等，这种综合力是图书馆文化的核心特质。这种观点认为，图书馆文化作为文化氛围的一种，是由人类的图书馆活动及其产生的所有元素构成的，且独立于"精神财富"和"物质财富"之外，是一种综合力，突出体现了图书馆文化的独特本质特征：图书馆文化并不是一种实体，而是作为一种氛围而存在的，是一种综合力，具有鲜明的群体性、动态性、多元性和多功能性等特点。

（四）精神现象说

精神现象说认为，图书馆文化指的是在特定的社会历史环境中，通过长期为读者提供服务的管理活动，由图书馆逐渐塑造出的独特价值观、行为模式、管理风格、图书馆精神、道德规范、发展目标和思想观念等的综合表现。这些因素共同构成了图书馆的精神面貌和理论水平，是以物质为载体的各种不同的精神现象，可以视作图书馆的"意识形态"。

（五）管理学属性说

管理学属性说是从图书馆文化的生成原因以及其在实际应用过程中的作用角度来定义图书馆文化，这种观点认为，图书馆文化的产生是在图书馆的日常管理实践中，通过使用图书馆文化来指导管理行为，塑造图书馆的整体形象，以及培养图书馆员工的集体意识、价值观和行为规范。由于这些明显的管理特征，这一观点将图书馆文化定位于管理学的领域内。

（六）服务文化论

服务文化论认为，图书馆文化以服务为其直接的体现，它构成了图书馆的运作机制，包括运营过程中的人际关系、服务传统、藏书习惯、员工素质和读者的感受。图书馆文化以服务价值观为中心，以提高客户满意度为目标，以形成全体员工共同的价值观念和行为规范为核心内容。作为一种管理型文化，图书馆文化是经济与文化融合的结果。只要存在服务行为和服务内容，服务文化就会存在。图书馆的服务工作主要是向广大读者提供文献信息，满足人们的学习需求。从价值链分析来看，这种服务性劳动不仅可以创造价值，还可以提升图书馆的声誉，增加其美誉度，从而创造无形的价值。因此可以说，图书馆文化在本质上就是广义的服务文化。

（七）亚文化形态说

亚文化形态说认为，图书馆文化是一种特殊的文化形态，是社会文化体系的一个重要组成部分，是社会大文化的一个分支，既具有社会大文化的共性特征，也展示出自己独特的亚文化特性。在图书馆的长期发展过程中，图书馆文化受到政治、经济和社会文化等各种因素的影响，逐步形成并独具特色，其核心职能在于提高图书馆全体成员的综合文化素质，即建立共同遵守和信仰的，推动图书馆发展的，具有图书馆特色的事业信仰、战略意识、价值观念、思维方式、美学水平等，对从事文献信息工作具有重要的指导意义。

上述多种观点从不同的角度解读了图书馆文化的本质，并没有矛盾，也无对错之分。每个事物都有其表象和本质两个方面，是现象和本质的统一，图书馆文化也不例外。如果只关注图书馆文化的表象，那么对图书馆文化的理解就只能停留在表面层次，而想要理解事物的本质，就必须通过表象去观察本质。文化是人们在改造自然、社会和人自身的过程中进行的活动以及这些活动所产生的物质和精神成果，这就是文化的本质。而人是文化活动的主体，所有历史和现实中我们称为文化的事物，都是人作为文化创造主体的产物。这个文化的本质和人的本质可以在图书馆文化中完全统一图书馆文化的价值观、行为准则、管理方式、图书馆精神、道德规范、发展目标和思想意识等，都是图书馆文化本质的体现，同时反映了人的本质。因此可以说，图书馆文化的本质就是图书馆人、社会人和文化创造主体三者之间本质的统一。

二、图书馆文化的载体

图书馆文化，就像所有的文化一样是附着于一定的劳动活动中的。自人类诞生以来，文化便与人类共同生存，随着人类的发展而发展。劳动创造了人类，同样，人类也通过劳动创造了文化。因此，文化可以被视为人类历史发展过程的反映。人类通过劳动影响自然，产生了物质文化；通过劳动影响社会，构筑了制度文化；通过劳动影响自身，形成了精神文化。通过劳动作用于图书馆，人类塑造了图书馆文化。这些文化，无论何种形态，都依附于特定的物质实体之上。

图书馆文化并非无源之水、无本之木，它是基于特定的物质实体而表现出来的，也是依赖于其特定的文化载体（如物质结构和手段），而赖以生存和发挥作用。这些文化载体可以分为四大类，即主体载体、组织载体、制度载体以及物质载体，如图 1-3 所示。

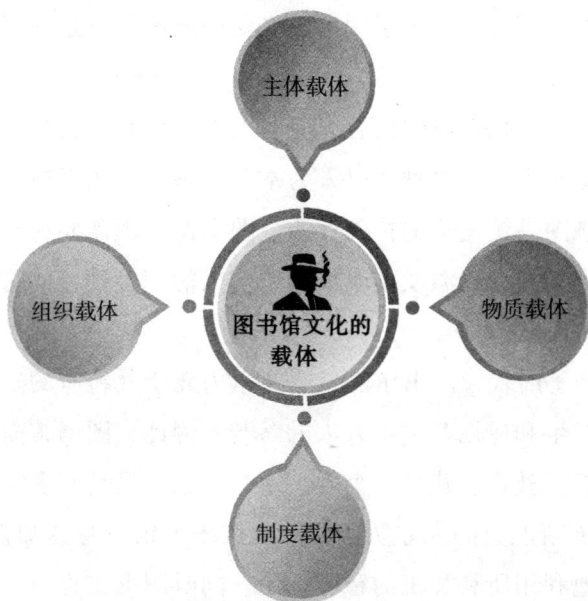

图 1-3　图书馆文化的载体

（一）主体载体

1. 图书馆文化的主体

人是图书馆的核心，所有图书馆的存在和发展都源于人的创造和努力。图书馆文化的主体也是人，其中一项重要的目标就是培养出适应时代发展的"图书馆人"。人是推动图书馆活动的主要动力，图书馆文化强调重视人的价值、尊重人的地位，并且激发人的积极性和创造性。

在图书馆的各类资源中，人是极其重要和宝贵的，也是图书馆的第一财富。高品位图书馆文化的塑造，缺乏一支高素质馆员队伍是万万不行的。图书馆馆员在提供读者参考咨询和文献导读的过程中，承担着教育者的角色；在加强图书馆规章制度管理和规范馆内环境的过程中，扮演着管理者的角色；在提供借还书和阅览辅助的过程中，扮演着服务者的角色。因此，任何一个图书馆，如果要在信息社会中保持竞争力，关键就在于重视和培养图书馆的主体——图书馆馆员，他们的知识、技能、服务意识和专业精神，构成了图书馆文化的核心，也是图书馆持续发展的重要动力。

人是图书馆文化建设的核心，而图书馆文化其实就是一种以人为中心的图书馆管理方式。这种"以人为本"的理念是图书馆文化的起点和终点，这源于图书馆文化的特殊性质。图书馆管理需要将文化理念融入其中，坚持人本主义，激发、凝聚和调动人的积极性，同时充分利用人的主观能动性和创造性。

在知识经济时代，图书馆的核心竞争力在于其特有的知识储备，而这些知识的产生和应用都离不开人的参与。因此，图书馆需要加强对图书馆馆员的素质教育，建立一个规模适当、稳定且具有多学科知识和实践能力以及创新能力的人才队伍，以形成图书馆自身的知识积累体系，并最大限度地利用所有员工的智力资源。同时图书馆也应该营造一个尊重和重视人才的氛围和环境，为优秀人才提供展示其才能的平台，使图书馆文化具有亲和力，实现人与图书馆的和谐统一。

2. 图书馆文化的主体载体

从形成过程来看，图书馆文化是图书馆的内在特性，是客观存在的。图书作为人类思想的物质载体，图书馆通过有组织地收藏和保护，来传播人类的思想，使现代人可以接受这种文化和知识。因此，文化是图书馆的灵魂，而图书及图书馆是文化传递的外在形态。文化反映了社会生活，而图书是文化的承载者，图书馆则是这种文化的"移植"场所。在现代信息社会中，那些能够很好地发挥图书馆使命，并在信息社会中保持竞争力的图书馆，都是那些秉承以人为本的管理哲学的图书馆。其在理解问题和解决问题时都以人为出发点，工作中考虑到员工的各种需求，服务中以满足读者需求为基本宗旨。图书馆的道德规范成为馆员自觉遵守的行为准则，图书馆文化与人形成了高度的一致性。

从本质来看，图书馆文化的本质是人和文化的有机统一，人不仅是文化的创作者和使用者，还是文化的享受者和承载者，人们的每一句话、每一个动作，都是其承载文化的具体体现。因此，图书馆文化的本质最终体现在承载这种文化的图书馆人身上。

从内容来看，图书馆文化的内容主要包括图书馆的目标、精神、哲学、价值观，以及职业道德规范、制度、文化活动、环境、形象和服务创新等，这些元素都是与人紧密相连的。这些文化内容或体现在人的行为中，或由人来实现和操作。如果没有人，图书馆文化就无从谈起，如果没有人的努力，图书馆文化就成为空洞的说辞。

从特性来看，图书馆文化的核心特征是以人为本。图书馆文化特征的形成均源于作为图书馆主体的图书馆人的自觉、主动地努力。随着图书馆文化建设的深入，图书馆人作为主体将更加自觉地参与到文化实践中，不断推动图书馆文化向前发展，并在实践过程中创造出新的、更符合信息时代需求的图书馆文化特性。

从结构层面来看，图书馆文化的核心层主要包括图书馆的哲学观、价值观、精神观和道德观，实质上这些都是人有意识活动的表现。图书馆人员的意识是构成图书馆文化结构核心层的关键，换言之，人是图书馆文化结构核心层的物质承担者。

3. 图书馆文化载体的研究内容

图书馆文化的主体载体主要包括图书馆的领导者、管理人员、专业技术人员以及其他各类工作人员。其中，图书馆的领导者和管理人员的领导能力与管理能力是决定图书馆发展的关键因素；专业技术人员的专业知识和技能是保证图书馆服务能够得到充分发挥的重要因素；其他各类工作人员的整体素质则是推动图书馆发展的基础动力。对于图书馆文化主体的研究，需要注意以下三个关系：

（1）图书馆文化与图书馆领导

图书馆的领导层是图书馆的精英，他们展现出图书馆文化的核心特征。在构建图书馆文化的过程中，他们扮演着领航者的角色，因此图书馆文化往往会反映出领导者所倡导的价值观和管理理念，描绘出图书馆文化的服务导向、人文关怀、多元包容和规范性等特点。图书馆领导的能力和素质，直接影响到图书馆文化建设的过程和结果。图书馆文化的形成是图书馆全体人员共同努力的产物，但是没有领导的引领和推动，这种集体的信念和文化就无法形成，更无法在图书馆中起到推动和塑造的作用。图书馆的领导不仅是图书馆价值观和精神的倡导者，更是他们的实践者和推广者。因此，图书馆领导的素质在图书馆文化建设中占据至关重要的位置，他们在很大程度上决定着图书馆文化建设的成败。

（2）图书馆文化与图书馆员工

图书馆的员工是推动图书馆文化发展的关键力量，在没有他们的参与和努力下，图书馆文化的建设将无法进行，图书馆也将难以在信息社会中稳定存在。图书馆文化的核心实质是以人为中心的图书馆管理方式，员工是物质和精神财富的创造者，尤其是在信息社会中，他们是图书馆文化的主要塑造者。在信息社会中，图书馆文化的建设必须充分反映员工的思想和文化认知，并需要员工的积极参与，由此图书馆文化才会有活力和生命力。因此，坚持以人为中心的原则是图书馆文化建设的出发点和目标，这是由图书馆文化的独特性所决定的。图书馆员工是为社会用户和读者提供服务的主要执行者，他们是图书馆管理的活力源泉。通过人本的管理方式，可以在无形中提高员工的素质，激发他们的积极性和创新性，调动他们内在的潜力，从而充分发挥图书馆的功能和效益。

（3）图书馆文化与图书馆人力资源开发

人力资源，也称为劳动力资源，是指拥有劳动能力、能够推动经济和社会进步的人口总和。在图书馆环境中，人力资源指的是参与图书馆管理和服务的所有脑力和体力劳动者的能力，这些人是图书馆人、才、物等诸资源中的第一要素。

图书馆文化是一种以人为中心的管理文化，主要研究的是如何对人进行全方位的管理，这是因为在所有的生产力要素中，人是极其活跃和极具创造力的要素。只有人类才能主宰和改变世界。特别是在 21 世纪的图书馆中，为了建立适应网络信息时代的图书馆文化，人力资源的地位显得至关重要。因此，图书馆需要强化人力资源的建设。图书馆文化在开发图书馆人力资源方面的作用主要体现在对图书馆员工的心理、思想和行为进行积极的引导、协调和管理，充分挖掘图书馆员工的主动性和创造性，充分调动他们的思维方式、价值观和道德等因素，形成一个观念统一、思想进步、感情和谐、行动协调的良好环境。如此一来，就能真正做到让每个人发挥其最大的潜能，让所有的资源都得到充分的利用，并且确保人力资源和物力资源的协调配置，以确保图书馆目标的实现。

（二）组织载体

1. 组织要素反映图书馆文化的内容

组织是一个开放的且具有特定目标的协作系统，它具有四个关键特征，分别为开放性、系统性、目的性和协作性。作为一个系统，组织还具有整体性的特征。组织要素是构成组织的关键成分，根据组织的这些特性，组织要素可分为五类：组织目标、组织的外部环境、组织的内部环境、管理主体以及管理客体。

（1）组织目标

组织目标是使其成员团结一致的关键因素，它决定了整个组织的运行方向以及在确定的时间段内需要达到的工作目标，这些目标从根本上反映了组织的基本功能需求。没有明确的组织目标，组织就无法建立，甚至会失去存在的必要性。组织的成员通常是被组织目标的吸引力聚集到一起的，并为了实现这些目标而相互合作和共同奋斗。通常组织目标有两种形式：物质目标和社会目标。物质目标是关注组织物质需求的目标，而社会目标则是指组织与社会间的特定关系，这种关系是通过信息交流形成的。组织的终极目标通常是社会目标。在确定组织目标时，应充分认识到目标既要反映组织中个体的目标，也要反映组织的共同目标。一旦组织目标被设定，它可以被分解成多个机构目标和工作岗位目标，而这些目标都是指向最初设定的组织目标。这就确保了各个层级的目标和整个组织的目标保持一致，有利于组织整体的发展。

（2）组织的外部环境

组织的外部环境指的是组织成员面向组织以外的那个视角，它涵盖了所有组织所处并进行各种物质、能量或信息等资源交换的环境。对于外部环境，可以将其划分为宏观、中观和微观三个层面。宏观外部环境包括政治环境、经济环境、社会环境以及文化环境等；中观外部环境主要包括组织所处的行业环境，如市场环境、生产环境、科研和技术环境等；微观外部环境指的是与组织直接相关的利益相关者所形成的环境，主要包括地方政府、客户、供应商、竞争者等。对于图书馆而言，其外部环境主要包括政治环境、经济环境、社会环境、文化环境、信息服务行业环境、文化产业环境、科研需求环境、应用技术环境以及由管理部门、读者和信息资源供应者所形成的微观环境。

（3）组织的内部环境

组织的内部环境指的是组织内部成员或群体之间的关系模式所形成的环境，主要包括组织的结构环境、制度环境和文化环境等。组织内部环境的发展必须与外部环境保持一致，考虑到外部环境的发展具有很大的不确定性，组织必须根据外部环境的变化相应地调整其内部环境，以确保组织内外因素的协调性。

（4）管理主体

作为一个系统的组织，其构成元素应该是互动和相互联系的。实现组织目标的过程就是内外部要素相互作用，以及内部要素之间相互作用的过程。这种内部元素的互动是通过管理实践来体现的，即通过管理主体和被管理对象的合作来实现的。作为管理实体，他们应具备一定的管理能力，并拥有相应的权威和责任来进行协调和控制活动。

（5）管理客体

管理客体是管理主体的耦合元素，指的是被管理、协调和控制的对象。管理实体引导管理对象以实现组织目标，而管理对象完成组织目标的情况又对管理实体产生反作用，从而导致管理实体对其行为进行调整。积极的相互作用和相互影响能使组织更好地实现其目标，而消极的作用可能会导致组织走向衰败。

2. 组织功能体现图书馆文化的要求

组织的建立和维持是为了实现特定的功能，发挥既定的作用，并完成一定的任务。如果不能达到这些目标，那么建立组织就毫无必要。组织的功能指的是它在将个体转变为群体的过程中实现组合效应的能力，这是在基于协调的同一性和差异性的基础上形成的合力，从而实现高效的经济运行。尽管组织的功能通过与外部环境的互动表现出来，但其本质是组织自身的固有能力，产生于组织内部，并由组织内部组成部分的相互作用导致的。由于不同的组织具有不同的组成部分，且这些组成部分有着各自不同的互动方式。因此，不同的组织会有不同的功能。

（1）人力的整合作用

组织通过其设定的目标吸引个体，将他们汇聚成一个集体，以集体的力量进行各种活动，同时在这些活动中实现个人的存在价值。由于集体的形成基于成员之间的分工与协作关系，这使他们互相依赖、互相制约，最终形成一个整体的力量。这种整体力量并非单个个体力量的简单叠加，而是一种新的力量。例如，图书馆组织通过建立和培育富有凝聚力的图书馆文化，使图书馆的价值观念深入人心，从而使员工与图书馆形成一个有机的整体。

（2）行为的规范作用

为确保组织目标的顺利实现，对组织成员的行为进行一定程度的约束是必要的，这种约束形式通常以组织制度和纪律的形式出现，它们为成员的行为提供规范和指导。例如，图书馆会设立一系列内部规章制度，包括每日行为规范、部门职责、业务操作指南、奖惩制度，以及图书的借阅和保护规定等。正是由于这些制度的存在和执行，成员的行为才能与组织目标保持一致，尽职尽责地完成各自的任务，进而汇聚成为组织整体的强大力量。这有助于保持图书馆的正常运作和借阅秩序，并推动其走向规范化。

（3）满足人的需要的作用

人作为一种复杂的社会人，有着各种不同的物质和精神需求。当单个人的力量无法满足某种需求时，他们会寻求组织的力量以达成目标，而组织的存在也正是为了满足人们的这种需求。因此，组织在满足其成员的个人需求方面扮演了重要的角色，包括满足物质需求和精神需求，这与组织文化的激励功能是相符合的，因为一个健康的组织文化可以鼓励成员为满足自身需求和实现组织目标而更好地工作。

（三）制度载体

图书馆制度是包括图书馆的规章制度和管理制度在内的集合，它是为了保持图书馆工作的有序进行而制定、发布并实施的一系列书面规定、流程、条款和法规，既包括图书馆的制度，也包括图书馆的管理制度。图书馆制度不仅对图书馆内部的运作产生规范和约束，也起到了一定的激励作用。图书馆管理制度是图书馆文化的载体，二者之间存在相互制约、相互促进和相互转化的关系。

1. 图书馆管理制度受制于图书馆文化

图书馆文化为制定和实施图书馆管理制度提供了基础和环境，图书馆管理制度的形成与实施必须符合并体现图书馆的文化价值观。图书馆文化不知不觉、无形之中影响着图书馆人员的思想观念，影响着员工的言行举止和工作态度，且在图书馆的管理活动中得以体现，并且图书馆文化也力图依托制度来进一步扩大其自身的影响力，为先进管理制度的形成铺平道路。如果图书馆文化是落后的或消极的，它可能会阻碍管理制度的形成和积极改革。例如，在"书本位"图书馆文化下，所构建的管理制度会完全以馆藏文献信息资源为中心，所有制度制定的目的都在于保护馆藏文献，即以藏为主的图书馆管理制度。而在现代"人本位"的图书馆文化下，制定的管理制度以人为出发点和归宿，图书馆工作人员、读者、管理者等人的健康、自由、幸福、尊严是制定管理制度的依据。此外，"公约型"图书馆文化将图书馆管理制度以"公约"形式呈现，强调对读者的感召和感化，如图书馆的读者文明公约等。而"强制型"图书馆文化则体现在图书馆管理制度中的严格性和强制性，如图书馆规章制度中的一些严格规定就是"强制型"文化的具体体现。

2. 图书馆文化影响管理制度实施的效果

图书馆文化不仅在管理制度的建立过程中起到关键作用，它也深刻影响着这些制度的执行效果。虽然图书馆管理制度具有自己的流程和强制性，但最终的实施效果必须通过图书馆员工和读者的行动来实现。图书馆文化通过其内在的影响力和对社会的辐射力，塑造图书馆员工和读者对管理制度的认知和接受度。这种影响力不仅体现在他们的思想观念上，也会反映在他们对制度的实际执行行为上。馆员可能根据自身、图书馆和读者的利益权衡来决定是积极接受还是被动接受图书馆的管理制度。对于那些积极接受图书馆管理制度的人来说，他们会主动并自觉地执行这些制度，从而提高制度的执行效率。然而，对于那些被动接受的人来说，他们可能会因为对制度的不满或抵触而产生"强制型"图书馆文化的反应。这种反应可能降低员工和读者对管理制度的信任度，降低制度执行的效率，并可能阻碍制度的实施。因此，图书馆文化可以提高员工和读者对管理制度的理解和接受度，为图书馆管理制度的顺利执行铺平道路，这进一步凸显了图书馆文化在图书馆管理制度实施过程中的关键作用。

3. 图书馆管理制度和图书馆文化能够相互转化

图书馆管理制度，由于其强制性的特性，借助图书馆组织的保障得以实施。它也是图书馆内外部环境和条件的产物，其中图书馆文化起着关键的决定作用，它力图通过管理制度来展现其价值，因此图书馆的管理制度往往反映了图书馆文化的需求和特色。图书馆之间管理制度的差异性和先进程度，往往是图书馆文化差异的体现。例如，一个图书馆是否真正做到"以人为本"，是否将读者的需求视为首要关注点，都可以通过其管理制度看出来。有效执行的管理制度可以优化图书馆员工和读者的价值观，促进良好的工作环境和人际关系的形成，从而进一步塑造优质的图书馆文化。图书馆文化通过管理制度的载体，进一步转化为具有强制性规范特性的图书馆制度文化，既具有外在的规范约束力，又具有内在的约束和激励功能，由此确保了图书馆能在信息社会中保持良好的竞争地位，实现其目标。

（四）物质载体

图书馆文化的物质载体是图书馆文化的基础和核心，它以实体形态存在，使图书馆文化得以生存和发挥其作用。以下是一些主要的物质载体：

1. 图书馆环境

这类物质载体包括图书馆的建筑物、内部设施和设备、布局以及外部美化等，这些元素构成了图书馆为读者提供服务的实体，是图书馆生存的物质基础。

2. 图书馆馆藏

图书馆的文献信息资源是图书馆开展各项活动的基础，为教学、科研和读者服务提供基本保障。为了使图书馆成为信息文化中心，图书馆必须及时、准确、全面地提供各种类型、各种载体的馆藏文献。这类馆藏不仅包括采购的已成形的信息产品，如纸质文献、数字信息资源，还包括根据图书馆的特色馆藏和人才特色开发出的具有自身文化特色的产品。

3. 图书馆象征物

这类物质载体是图书馆文化的一个可视化象征，充分体现了图书馆文化的个性。图书馆象征物还展示了图书馆作为文明、智慧、进步的结晶所献给社会的价值，显示了图书馆的文化风格。

4. 员工素质的实体手段

这类物质载体包括在服务过程中为员工提供的健康、卫生、安全设施，以及提高员工文化素质和科技水平的技术培训、职业教育、文化教育等设施。

图书馆文化的物质载体是图书馆文化载体不可或缺的一部分，不仅体现了图书馆文化的内容，也标志着图书馆文化的先进与否。

第三节 图书馆文化的组成部分

图书馆文化是图书馆在长期发展过程中形成的独特文化现象，它是图书馆服务、管理、环境等各方面的综合反映，也是图书馆核心价值观的表现。本节主要围绕图书馆文化的组成部分进行论述（图1-4），以便更好地理解图书馆的功能和价值，以推动图书馆的发展和创新。

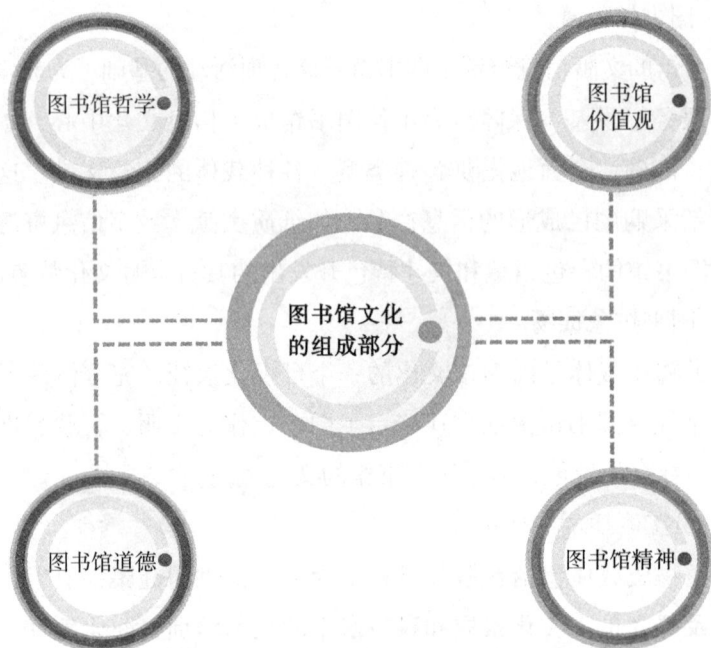

图1-4　图书馆文化的组成部分

一、图书馆哲学

同其他哲学理论一样，图书馆哲学代表了对图书馆实践和理论的总体理解和方法论，是图书馆工作中全体成员所共有的对世界事物的一般看法；对图书馆管理、信息交流、读者服务等活动起着重要的指导作用，是员工处理人际关系等活动的基础性原则。因此，图书馆哲学作为一种理论化和系统化的知识，深入揭示了贯穿于图书馆各种活动中的共性规律和原则，是图书馆文化更深层次的表现，它在很大程度上决定并影响着图书馆文化的其他元素和发展趋势。图书馆哲学作为图书馆人格化的基石，塑造并强化了图书馆的独特气质和风格。作为图书馆的灵魂和核心，图书馆哲学影响着图书馆的整体设计和规划，以及图书馆的一切行为和决策。因此可以说，图书馆哲学是图书馆所有活动和思想的逻辑起点和指导思想，它激发并塑造了图书馆独特的文化，引领并指导了图书馆的发展和变革。图书馆哲学既包括了对图书馆存在和价值的深层次理解，也包括了对图书馆未来发展方向和方式的前瞻性设想。

哲学与文化之间有着密切且复杂的联系。哲学的任务在于对各种文化思想的普遍性、法则性和系统性进行总结，并探索其根本结构和演变。因此，哲学常被看作一种"文化哲学"，指的是哲学本身带有的文化特性。哲学是一种高级的文化表现形式，是对世界观和方法论的研究。它运用独特的理性思维回答了许多关于人生和存在的根本问题，例如"世界是什么""人能否认识世界及如何认识世界""我们的存在及存在状态是怎样的，为什么会存在"等，这些深远的问题和答案形成了人们生活的基石，成为人们进行自我修炼的依据，也构成了人们安身立命的精神家园。

图书馆哲学，作为图书馆领域更高层次的文化，是对图书馆现象进行哲学思考的结果，代表着对图书馆现象的深层次理解、感知和阐释。它是一种特殊的理论思考方式，价值观和方法论。图书馆哲学的功能和价值在于利用图书馆的智慧去指导图书馆的实践活动。图书馆哲学以其独特、理性的视角去探索和洞察图书馆实践，通过哲学的判断去理解和评估图书馆实践，用其理性的洞察力和制定性，形成了对图书馆实践与人生实践、社会实践之间关系的深层次理解，从而用智慧参与到图书馆的实践活动中。图书馆哲学是指导图书馆文化其他各方面发展的重要引领者。不同的图书馆文化必将带来不同的图书馆建设和发展方向；同时，不同类型的图书馆也会拥有各自独特的图书馆哲学。这是因为每种图书馆，无论是公共图书馆、学术图书馆还是专业图书馆，都有其特定的服务对象和服务目标，因此其哲学理念也会有所不同。

总之，图书馆需要注重培育图书馆馆员的哲学思维，以改变其观念和思考方式，正确处理图书馆内部的各种关系，包括图书馆馆员之间的关系、图书馆馆员与读者之间的关系，以及读者与服务之间的关系。团结全体员工的思想，并以马克思主义哲学为指导，确立先进、具有特色的观念，包括新的物质观、价值观、道德观、知识观、信息观、系统观、创新观和效益观等，进而形成新世纪图书馆哲学的基本思想，推动图书馆文化的建设。

二、图书馆价值观

图书馆文化的核心是其价值观，它构成了图书馆哲学思想体系的中心，也决定了图书馆文化的主导方向。无论图书馆文化的具体内容有多丰富多样，其核心价值观都在其中起着指引和塑造的作用。例如，图书馆的使命反映了图书馆的根本目标和精神追求，这从图书馆的发展目标和方向上凸显了其价值观。图书馆的信仰揭示了图书馆人对于工作和生活中应该遵循的原则和理想的坚定信念，这其实是对一系列图书馆价值观的坚守和尊重。图书馆职业道德和行为规范都是图书馆价值观发挥作用的必然产物，在思想、品德和行动上具体展现了图书馆的价值观。图书馆的风貌是建立在图书馆信仰、道德规范和行为准则之上的外在体现，这是图书馆价值观的直观表现，并最终形成了图书馆的整体形象。

图书馆的价值观念受其哲学理念的深刻影响，不同的图书馆哲学造就了不同的图书馆价值观。例如，传统的图书馆以文献收藏为核心，其哲学理念以藏为本，这种图书馆哲学会塑造一套以文献收藏利益为优先的价值观念。对于这种图书馆来说，注重的是文献的收藏，并强调文献保存文化的功能。现代图书馆则倾向于以人为中心的哲学观念，这种哲学理念会产生一套以人的自我实现为重心的价值评价体系，会直接影响图书馆的管理行为和规章制度。对于以人为中心的图书馆来说，其关注的是如何通过各种手段，尤其是文化手段发挥图书馆馆员的主动性，从而提高文献信息的使用价值，强调的是文献的传播和教育功能，而非仅仅是收藏。这两种不同的哲学观念和价值观念在图书馆的运行和管理中产生了显著的影响，并且塑造了图书馆在社会中的角色和地位。

根据科学和人文两个分支，图书馆的价值观可以分为两类：科学价值观和人文价值观，这两种价值观为图书馆提供了不同的理论依据和行动指南，对图书馆的功能和服务有着直接的影响。图书馆的科学价值观是图书馆对自身现象和对社会的科学评价标准，强调理性和知识，坚守真理的存在，并鼓励科技创新。图书馆的科学价值观主张维持科学精神，创新图书馆服务以及图书馆专业的理论知识；同时倡导构建一个阅读社会，将阅读和知识获取视为社会发展的基础。人文价值观是以人文原则为基础，以平等、自由和人权为准则来评价图书馆行业的各种问题和现象，强调人文关怀，坚持所有人都能平等、自由地使用图书馆，强调图书馆应关注社会弱势群体的信息和知识需求，并倡导宽容和公正。

三、图书馆精神

图书馆精神是图书馆文化的精髓，象征着图书馆的灵魂和基石。它是对图书馆价值观的明确化和具象化，构成了图书馆对其自身属性、职责、目标、时代需求和发展策略的独特理解。图书馆精神的形成源自长期的文献信息服务实践，它是为了更好地服务读者和自身发展而经过悉心培育逐步形成的。它包含了全体员工认同的积极心态、价值方向、价值观念和主流意识。图书馆精神有着强大的凝聚力、鼓舞力和约束力，是图书馆员工对职责感、自豪感和荣誉感的集中体现，代表了团队的精神风貌。这是在图书馆发展过程中主导的思想观念、立场和精神支柱。

图书馆精神的内涵大致可以划分为两类，分别是人文精神和科学精神，每一种精神都是对图书馆职业文化现象的一种解读和理解。人文精神，包括奉献精神和民族精神，主张在图书馆的理论和实践中尊重和实现人的价值，满足人们的需求，促进人的发展，同时注重人文关怀。这一精神以营造美好与和谐的图书馆环境为最终目标，强调的是人的主体地位和人性的尊重。科学精神，如进取精神和创新精神，主张图书馆工作在追求科学真理的同时，应当利用先进的技术手段提升工作效率。科学精神强调图书馆工作的科学性和技术性，以及不断创新和提高的必要性。人文精神和科学精神是图书馆精神的两个重要方面，它们共同形成了图书馆的核心价值观，指导着图书馆的服务理念和工作方式，促进着图书馆的健康发展。

四、图书馆道德

道德是一个衡量人们行为对错的标准，它规定了人们应该如何行事。每个社会都有被公众接受的道德规则。道德可以分为两类：私德和公德。私德涉及的是个人、人际关系以及家庭等私人领域的道德规范；公德涉及社会公共领域的道德行为。根据其与现实之间的关系，道德可以分为三个层次：一是滞后于现实的落后道德；二是符合现实的一般道德；三是超越现实，与先进文化同步的高尚道德。道德的评价标准包括善与恶、公正与私心、诚实与虚假、正义与非正义等。道德的维持依赖于社会舆论、传统习俗和信仰，它涵盖了道德原则、道德规范和道德行为等各个方面。

图书馆道德的特点主要包括以下几方面：

1. 图书馆道德与社会道德既有一致性，又有独特之处

作为社会道德的一个关键部分，图书馆道德具体展现了社会道德在图书馆工作行为中的应用和体现，这就是图书馆道德与社会道德的一致性。图书馆道德也源于图书馆的特殊工作属性，并规定了图书馆在提供信息服务过程中应遵循的特别道德规范和要求，这就是图书馆道德的独特性。高尚的图书馆道德是社会道德发展的先驱，并在社会道德中扮演着先进的角色，预示着社会道德的发展方向。这不仅强调了图书馆道德的重要性，而且揭示了其在道德发展中的领导作用。

2. 图书馆道德与图书馆规章制度既有统一性，又有独立性

图书馆道德与图书馆规章制度的一致性在于：图书馆道德作为制度性的行为准则，与图书馆规章制度一样，都是调控图书馆员工行为的机制。图书馆规章制度的内容反映了图书馆道德的基本要素，同时图书馆道德也渗透在图书馆规章制度中，并通过各种规章制度和条例等形式发

挥其作用。图书馆道德与规章制度也有其各自的独立性。规章制度是对"必须这样做"的要求，它明确了禁止的后果，并通过强制力来实施。而图书馆道德更多的是关于"应该怎样做"的引导，而非通过强制来达成，是通过倡导某种优秀的道德风尚来实现的。

3. 稳定性

图书馆道德具有一种持久稳定的特性，这种稳定性源于图书馆工作的本质、图书馆馆员的职业生活以及职业需求的相对恒定。由于图书馆的工作本质，图书馆馆员的职业特征以及职位角色具有一定的稳定性，所以在实际的工作过程中，图书馆馆员会形成一种相对稳定的职业心态，职业习惯以及道德评价准则。这些心态、习惯和评价准则最终塑造了图书馆馆员稳定的道德品质，这就体现了图书馆道德的稳定性。

第四节　图书馆文化的发展

一、图书馆趋于智能化发展

如果说数字化是对图书馆文献信息收集方式的一次革命性变革，那么智能化则可以被视为对服务方式的一次重大创新。数字化技术使图书馆能够突破空间和形态的限制，将收藏范围从实物书籍扩展到数据代码，并摆脱了地域约束。智能化服务水平的提升，使图书馆可以为读者提供个性化和智能化服务的能力，同时保留了服务记录，实现了二次及后续服务的改进和升级。例如，读者在图书馆阅读后，智能图书馆能够记录相关数据，并在后续的服务中主动向读者推荐他们可能喜欢或需要的书籍和资料。这种服务方式不仅由被动变为主动，还具有一定的交互性，这是智能图书馆所具有的巨大魅力。

智能图书馆，或者说智慧图书馆，根据现有技术，通常应具备畅通的互联网连接、自助服务功能、文献信息共享、个性化服务以及自主学习和服务设施等能力。一些欧洲国家的图书馆首先实现了这些功能，中国国内的高校图书馆也在逐步推广。当前大部分图书馆已经具备了这些能力，但这仍然是一个不断进化和完善的过程，主要的完善方向包括配套设施，如接入大型数据库、构建网络学习平台以及丰富资源库等。智慧图书馆的终极目标是实现资源和读者可以随时随地连接，以方便读者的利用。

二、图书馆服务方式发生变革

随着科技的进步和互联网的发展，图书馆服务方式正在发生深刻的变革，在很大程度上提升了读者利用图书馆资源的便利性，让图书馆的服务方式不再局限于特定的时间和地点，而是真正地实现了"足不出户"的阅读体验。

图书馆的数字化和互联网化使人们能够在家中或者任何有网络连接的地方，通过图书馆的阅读 App 阅读图书，或者通过远程 VPN 系统下载学校图书馆的文献资料。这种方式方便快捷，有效地突破了传统图书馆服务的空间限制，让人们可以随时随地获取图书馆的服务。随着社区图书馆、街头自助借书机、地铁图书借阅机等便民设施的普及，图书馆的服务方式也在逐渐扩展到社区和公共空间。读者可以在这些地方轻松地借阅图书，不再需要专门到图书馆进行借阅，大大增加了读者的借阅便利性。虽然图书馆服务方式出现了巨大的变革，但这并不意味着传统的图书馆服务方式已经完全被取代。对于一些专业图书和特殊领域的研究资料，高校图书馆和专业机构图书馆仍然具有无可替代的价值。这是因为这些图书馆通常具有丰富而独特的馆藏资源，以及专业的服务人员，可以为专业读者提供更深度化和定制化的服务。

从更广泛的角度来看，这种变革正在改变图书馆的社会功能和地位。在传统观念中，图书馆是知识的宝库，也是学习和研究的场所。而现在，图书馆正在成为社区的中心，成为人们日常生活的一部分。图书馆的服务方式也正在从单一的书籍借阅转变为包括数字资源提供、阅读推广、文化活动组织等多元化的服务，这不仅提升了图书馆的服务质量和满足了读者的多元化需求，也提升了图书馆的社会价值和影响力。在未来，随着技术的进步和社会的发展，图书馆的服务方式还会继续发展和变革。可以肯定的是，图书馆将提供更加个性化、智能化的服务，真正地成为每个人的知识伙伴和文化伙伴。

三、传统图书馆功能调整

随着社会的进步和科技的发展，图书馆的传统功能正在逐步转型，并产生了一些新的服务模式和功能。从某种程度上来说，图书馆正在从一个被动的、固定的信息存储中心，转变为一个主动的、动态的知识服务平台。

首先，图书馆的借阅制度正在经历重大变革。许多图书馆已经取消了传统的借阅证，改为使用身份证进行登记，不仅简化了借阅流程，也有助于图书馆为每一位读者建立起详细的借阅记录。通过这种方式，图书馆可以更好地了解和满足读者的需求，提供更个性化的服务。其次，电子资源在图书馆资源中的比例正在不断提高。这种趋势反映了科技发展对图书馆服务模式的影响，也改变了我们评价图书馆综合实力的方式。传统的纸质藏书量已经不能完全代表一个图书馆的实力，而电子资源的数量和质量以及图书馆的数字化服务能力，正在变得越来越重要。再次，人工服务在图书馆服务中的作用正在被自动化服务替代。图书馆的服务方式正在从人工借阅转变为网络借阅、自助机器借阅，甚至有些图书馆已经开始使用机器人进行服务，提高了图书馆服务的效率，也改变了图书馆的服务模式和形象。最后，随着图书馆自动化程度的提高，图书馆需要掌握更高的技术服务能力、大数据处理分析能力以及独特的服务特色。这意味着图书馆需要在保持其传统职能的同时，不断适应科技发展和社会变化的需求，提升自身的服务能力和价值。

四、图书馆馆员知识结构的调整

随着图书馆功能的变化和科技进步，图书馆馆员的角色和职责也正在经历深刻的变革。更加丰富和复杂的职能，不仅要求馆员具备传统的图书馆管理知识，还需要他们掌握新的技能和知识，以适应新的工作环境和任务。在这个变化过程中，图书馆馆员的知识结构将会发生重大调整。

馆员需要掌握一定的电子设备使用知识和维护知识。在数字化和自动化的趋势下，图书馆的运作和服务方式正在发生变化，电子设备和信息系统的使用越来越普遍。因此，馆员需要了解如何使用和维护这些设备和系统，包括电子图书馆系统、数据库管理系统、自助借阅机、网络搜索工具等。馆员需要具备新闻记者般的敏锐度，能够挖掘出有价值的信息，并进行图书馆资源的建设。这意味着馆员需要具备信息检索、数据分析、知识管理等技能，能够从大量的信息中筛选出对读者有用的资源，并以有效的方式将这些资源整合到图书馆的资源系统中。此外，馆员还需要具备一定的营销推广意识。随着图书馆服务模式的变化，越来越多的图书馆开始重视对外的宣传和推广，以吸引更多的读者来使用图书馆资源，这就需要馆员了解如何制定和执行有效的营销策略，包括社交媒体营销、活动策划、用户关系管理等。

五、图书馆的地区资源优势地位日益凸显

在互联网技术不断发展的当下，传统图书馆的一些优势正逐渐被挑战。网络的普及性和便利性使信息获取的渠道变得多样化，人们可以在家中便利地获取到各种信息，这让图书馆的信息优势显得不那么显著。尽管图书馆在全球信息获取方式上的优势被削弱，但它们依然可以凭借其地区资源优势和独特的信息收集整理能力，发挥其不可替代的作用。这种地区资源优势和信息收集整理能力，是其他服务机构所无法比拟的。

图书馆的地区资源优势体现在其能够根据地区的特色和需求，收集、整理、保存和提供该地区的相关信息和知识。这些信息和知识，可能包括该地区的历史、文化、艺术、科技、经济、政策等各方面的内容。这些信息和知识，对于当地的居民和企业来说有着极高的价值，不仅可以帮助他们更好地了解和利用本地的资源，还可以帮助他们在全球化的背景下保持和增强本地的竞争力。

图书馆的信息收集整理能力，是指其能够从各种来源收集信息，通过整理和分类，使这些信息变得容易获取和使用。这种能力不仅包括对纸质资料的处理，也包括对电子信息的处理。在信息爆炸的今天，这种能力尤其重要。图书馆能够从海量的信息中，筛选出高质量和相关的信息，为读者节省时间和精力，提高信息利用的效率和价值。因此，图书馆需要充分利用这种地区资源优势和信息收集整理能力，建设本地区或者某一方面的优质资源，形成自己的核心竞争力。这可以通过建设特色馆藏、提供定制化服务、开展地区研究等方式实现。这不仅可以提高图书馆的服务质量和价值，也可以提升图书馆在社区和社会中的地位与影响力。

第二章 高校图书馆的特征、定位及功能

第一节 高校图书馆的特征

在现代教育体系中，高校图书馆是一个至关重要的环节，其起到了连接知识和学生的桥梁作用。本节主要从多个角度入手来描述高校图书馆的特征（图 2-1），以期对高校图书馆有一个更加全面的认识。

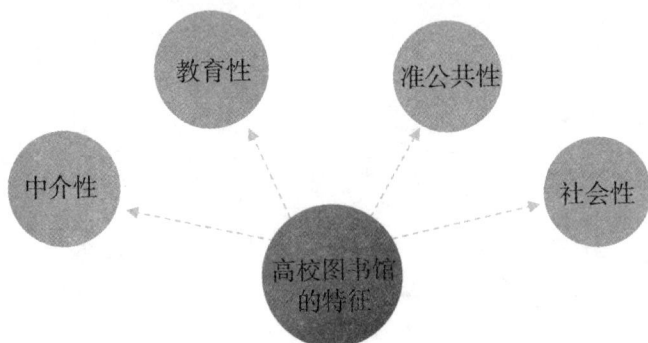

图 2-1 高校图书馆的特征

一、中介性

　　高校图书馆是学生和教师获取知识和信息的重要场所，其中介性特性在信息收集、处理、传递和提供等环节中体现得淋漓尽致。图书馆的中介性特征是其核心的属性之一。图书馆作为一种中介机构，其主要任务是收集和整理各种类型的文献信息资料，并将这些资料传递给需要它们的读者。在这个过程中，图书馆起到了连接文献资料和读者的桥梁作用，它的中介性特征使文献信息资料能够有效地传递到读者手中，同时使读者可以通过图书馆查找和获取他们所需的文献信息资料。

　　在收集和整理文献信息资料方面，由于教学和科研的需要，高校图书馆必须收集涵盖各个学科的大量文献信息资料。在这个过程中，图书馆将这些资料进行分类、编目和储存，从而方便读者查找和使用。这种整理工作在某种程度上就是一种中介服务，通过它图书馆将原本分散和复杂的文献信息整合到一起，方便读者进行查阅。在文献信息传递和提供方面，通过各种服务（如借阅服务、参考咨询服务、文献检索服务等），图书馆将其所收集和整理的文献信息资料传递给读者。此外，图书馆还会根据读者的需求，推荐适合他们的文献资源，帮助他们快速找到所需的资料，这也是图书馆中介性特征的一种体现。

　　需要注意的是，高校图书馆的中介性特征并不仅仅体现在对传统纸质文献的处理上。随着数字技术和网络技术的发展，图书馆的服务方式和内容也发生了变化。现在的高校图书馆已经能够提供电子图书、数据库、电子期刊等各种电子资源的服务，这些服务不仅改变了图书馆的服务形式，也进一步强化了图书馆的中介性特征。通过图书馆，读者可以在任何时间和地点，获取到他们需要的电子资源，这在很大程度上提高了图书馆的服务效率和质量。

二、教育性

图书馆作为一种广义的教育者，提供了全面、持久的学习资源，对教育的进步产生了积极的推动力。图书馆和课堂教学相辅相成，共同参与学生的教育过程。学校课堂的重点是对学生进行专业知识的教授，而图书馆的职责则更多地集中在提升学生的实践能力。课堂为学生传授了核心的专业知识，而图书馆则为学生提供了多样化的学习资源和多种学习方式。这意味着学生不仅能从图书馆中获取知识，还可以学习如何独立学习、探索知识世界、培养自我学习的能力。图书馆提供的教育活动丰富多样，不仅包括推荐阅读资料、指导读者阅读，还包括各种类型的讲座、学术报告、培训班等活动。这些丰富多彩的教育活动能够提高学生的学习兴趣，激发他们对知识的渴望。

图书馆已经不仅仅是传统的文献资料库。现代的图书馆已经建立了电子阅览室，购买了各种网络课程和视频资料，使读者能够学到课堂教学以外的知识，扩大了他们的知识面，增强了他们的知识储备。在使用这些数字化工具的同时，学生也在增强自己对现代教育技术工具的理解和应用能力，这也是一种技能的提升。

三、准公共性

图书馆是一个集中收集和保存人类最优秀文明成果的机构，它以其专业性为全社会提供服务。由于其经费源于国家预算，因此图书馆被视为公共产品，全体公民都有权利享用其提供的服务。图书馆的效用具有共享性、消费的非竞争性以及受益的非排他性，这些特性决定了图书馆的公共性质，并为社会提供公共产品和服务。如果图书馆不能再为社会公众提供公共服务，那么它就失去了其存在的意义。高校图书馆具有一定的特殊性，其主要为本校的师生提供服务。通常情况下，只有本校的师生才有权利进入高校图书馆，他们是本校图书馆的正式读者，而社会人士和其他学校的师生通常无法进入高校图书馆。但随着高校开放性的增加，一些高校图书馆开始允许外界人员申请借阅证，并允许他们进入图书馆进行学习。因此，高校图书馆同样具有公共性，但这种公共性是受限于一定的高校范围的，所以它被视为准公共产品。

四、社会性

社会是一个复杂的整体，由特定的经济基础和上层建筑构成，同时是由共享相同物质条件并相互联系的人群构成的群体。高校图书馆是这个社会体系中的一个重要机构，为人类提供精神和知识的资源，它充分体现了社会性的特点。

一方面，高校图书馆的资源——文献信息资料，具有鲜明的社会性。文献信息资料是人类文化资源的体现，它们积累了人类的物质文明和精神文明，是人类智慧的结晶，这些文化资源的形成和积累，是人类在征服和改造自然过程中的产物。通过这些文献信息资料的积累和传播，知识和方法论得以推广和发展，为社会变革提供了指导，为社会进步提供了精神动力和智力支撑。

另一方面，高校图书馆的服务对象具有社会性。高校图书馆是社会的一个重要组成部分，它的核心职能就是为社会提供服务，其服务对象具有丰富的多样性和社会性，服务着各自的用户群体，这些用户群体反映了社会的广度和多样性。因此，可以说高校图书馆的服务对象具有社会性。具体来说，高校图书馆服务的主要对象是大学师生，这些师生本身就是社会的缩影，他们来自全国各地，甚至全世界各地，具有各种各样的背景、专业、知识和技能。他们在大学里学习、研究、交流和创新，以期为社会的发展做出贡献。高校图书馆提供的资源和服务为他们的学习和研究活动提供了必要的支持，从而帮助他们更好地履行自己的社会职责。随着社会化进程的加深，高校图书馆的服务对象也在不断扩大，不仅包括本校的师生，还包括校外的读者，如其他学校的学生、研究人员、社区成员，甚至是全社会的公众。这些人可能来自各行各业，有着各种社会背景，但他们都可以通过图书馆获得知识和信息，从而实现自我提升，解决问题，甚至推动社会的发展。在这种情况下，图书馆的服务不再局限于一个特定的群体，而是越来越多地服务于整个社会。它的服务对象的社会性也在不断增强，与社会的联系也越来越紧密。图书馆已经成为一个真正的社会机构，为社会的发展提供了必要的支持。因此，可以说，图书馆的社会性是其最重要的属性之一，也是其在社会中发挥作用的基础。

第二节　高校图书馆的定位

一、高校图书馆的角色定位

作为学术机构，高校图书馆充当着文献信息中心的角色，其主要任务是为教学和科研提供服务。作为教育辅助单位，图书馆需要始终将学校的整体发展规划和策略作为中心，主要提供信息服务，并以教育为核心，特别是在职业技能和素质教育方面需要做出更大的努力。为了实现这些目标，首先，图书馆的领导需要端正态度，充分重视图书馆的作用，并提高图书馆管理人员的地位和待遇；其次，随着网络化的发展，高校图书馆需要提供现代化的服务设施，帮助读者有效地搜索、传播和利用信息。此外，图书馆还需要培养读者的信息收集和处理能力、新知识获取能力以及问题分析和解决能力。通过提供优质服务，高校图书馆可以为广大读者提供高质量的服务，进一步提高其服务质量和效率。

另外，高校图书馆在终身教育方面扮演着重要角色。与传统的正规教育不同，图书馆教育主要利用图书馆独特的资源优势，为读者提供再教育和补充教育的机会。这种方式不仅满足了读者对持续教育的需求，也为提升全民素质做出了贡献。高校图书馆拥有丰富和多样的文献信息资源，这为其在终身教育中发挥作用提供了坚实的保证。

二、高校图书馆办馆思路的定位

对于高校图书馆运营方向的定位，首先，需要确立的是其管理级别和组织架构，建立一个强大且专业素质高的管理团队是图书馆稳定发展的基础。其次，根据具体情况以及新技术和新知识的不断变化，需要制订图书馆的发展计划，包括馆藏的建设计划、文献资源的建设计划、员工发展计划等。只有在这些计划的引导下，图书馆的功能才能得到充分发挥，同时它的馆藏、设施和员工才能得到高校的充分重视和支持。再次，高校图书馆的运营策略中，知识管理是非常关键的一环。有效的知识管理能够确保将最适当的知识在最合适的时机传递给最需要的人，从而实现对知识资源的全面开发和利用。这就需要我们对图书馆员工进行相应的知识和技能培训，以适应图书馆工作的不断发展和变化。最后，为了激励员工的积极性和提高其业务能力，图书馆需要建立合理的激励和奖惩机制，可以通过制定明确的考核目标和相应的指标，或者设定一定的期限以实现目标，并对表现优秀的员工进行奖励，对表现欠佳的员工进行适当的惩罚。这样不仅能大幅提高图书馆员工的工作热情，也能更好地为读者提供全方位的服务。

三、高校图书馆服务理念的定位

在确定图书馆服务理念的过程中，首要的任务是确立一个以人为本的观念。图书馆的存在依赖于读者的需求，因此读者成为图书馆的根基。出于这个原因，所有的工作都需要以人为本、以读者为中心，这是图书馆管理和服务的基础理念。因此，无论是高校图书馆的文献采集，还是文献组织，都需要以满足读者需求为目标，方便读者的使用。图书馆的各项工作也需要围绕读者的需求来计划和开展，为读者提供一个舒适且美观的环境，以提高他们的阅读兴趣和效果。以读者为中心不仅是图书馆工作的基础，也是图书馆服务理念的核心，同时符合图书馆的运行规律。因此，关于高校图书馆能否及时改变观念，旨在为读者提供服务的同时提高读者利用图书馆的积极性，这是影响图书馆生存和发展的重要问题。

四、高校图书馆馆员的定位

首先，图书馆管理者需要树立新的理念，包括以服务为基础来争取支持，以效益为驱动力来促进发展。这需要创新的理念，以及管理方式和服务手段的创新，这一切都从思想理念的创新开始。其次，图书馆工作人员应该提高对继续教育的认识，积极参与职业培训，提高自己对文献信息的科学管理能力，并通过网络系统获取各种专业信息，开发和创造信息资源。这些知识和技能的积累可以增强他们的专业知识深度和广度，这是馆员的重要素质，也是提供有针对性服务、个性化服务，提升图书馆地位和服务质量的基本要求。最后，图书馆应该重视人力资源管理，对馆员进行合理的角色定位，使他们的优势得到充分发挥。合理的人力资源管理不仅可以提高工作效率，还可以帮助馆员找到自己的价值和定位，更好地为图书馆和读者服务。

五、高校图书馆服务的定位

高校图书馆作为一个信息服务的中心，不仅是信息产业的重要组成部分，而且是高校图书馆实现自身价值的最佳平台。为了尽可能满足读者的需求，图书馆必须以读者为中心，全力以赴地提供全方位的服务，并不断创新服务方式，以满足读者的多层次、全方位的需求。图书馆以提供信息资源为主要职责，为读者提供了寻求知识的途径，通过图书馆，读者可以获取广泛的学科知识。图书馆应该注意提供一系列的信息服务，包括资料检索、借阅、复制、咨询等，以满足读者的各种需求。同时需要提供各种学习环境和设施，如阅读空间、网络资源等，这些都是图书馆满足读者需求的重要方式。高校图书馆的服务模式也需要进行创新，例如开发电子资源，提供在线借阅和电子阅读服务，这样可以使图书馆的服务更加便捷和高效，更好地满足读者的需求；还可以进行个性化服务，例如根据读者的学习需求和兴趣定制个性化的信息服务，提供个性化的阅读推荐，这样可以更好地满足读者的个性化需求。

此外，图书馆可以开设各种讲座，引导读者了解最新的学术动态，或者提供一些关于如何有效利用图书馆资源的培训课程，这样可以提高图书馆的服务质量，也可以提高图书馆的知名度和影响力。图书馆还可以通过开展各种展览活动，展示图书馆的丰富资源，吸引更多的读者。

第三节 高校图书馆的功能

一、基本职能——保存和收集信息文献资料

高等教育图书馆与其他类型的图书馆在基本职责上是相同的。无论社会如何进步，图书馆的基本功能，即保存和传播知识始终如一，不会变化。在民国时期，图书馆作为图书保存的重要机关，是文化保护的重要载体。图书馆在文化保存和推广方面有着两重职责。一方面，图书馆担当文化的守护者，保管着各种形式的知识和信息。为了实现这一功能，图书馆需要收集、整理、加工、组织和管理前人留下的珍贵文献和资料。另一方面，图书馆作为文化的推广者，以散播知识为己任，将文化知识传播到社会各个角落，服务于社会文化的发展。为了更好地发挥这一功能，图书馆需要利用已经收集、整理、加工和组织好的文献资料，通过借阅、复制、查阅、咨询等方式，向社会传播知识。因此，尽管社会在不断进步，但图书馆的基本职能——保存和收集信息文献资料始终未变。而在这个过程中，图书馆起到了无可替代的角色，它既是我们珍贵历史和文化的守护者，也是知识和文化的传播者，为社会的文化发展提供了强大的支持。

二、社会功能——传播知识、服务教育文化

(一)教育功能

图书馆在中国的起源可以追溯到周代，当时其主要职能仅是收藏文献资料，作为保存文化的重要工具。然而，随着图书馆事业的发展和社会的进步，图书馆的功能逐步扩展，从单纯的文化保存转变为文化的保存和传播。因此，图书馆的教育功能开始得到政府和学术界的重视。在古代，尽管我国的图书馆具有教育功能，但其公共服务范围较小，导致其社会功能并不明显。然而，随着工业革命的发展，生产力提高对工人文化素质的要求，同时科学技术的日新月异也要求工人学习先进的技术以跟上时代的步伐。在这种环境下，图书馆逐渐成了重要的社会教育机构。对于高等教育而言，图书馆是其必不可少的组成部分。高校图书馆的主要目的是服务于教学和科研，因此教育职能成为图书馆的重要社会功能。高校图书馆的教育功能主要体现在以下几方面：

1. 思想品德教育功能

高校图书馆不仅仅是学术研究和学习的重要场所，更是学生道德和思想教育的重要平台。图书馆的职能不仅仅限于提供文献信息，更要积极地参与到学生的思想教育工作中，帮助学生全面提升自身的道德素质和文化素养。图书馆应积极贯彻国家的教育方针，致力于培养德、智、体、美、劳全面发展的社会主义建设人才。这种教育不仅仅涉及知识和技能的培养，更关乎学生的理想、道德、文化和纪律的塑造。

图书馆可以通过多种方式配合学校相关部门开展思想品德教育。比如，通过电子阅览室和校园网，提供关于爱国主义和时事政治等方面的多媒体文献服务。通过举办图片展览、读书讲座、专题报告和书刊评介等活动，吸引学生阅读优秀的书刊资料。这些优秀的书刊资料，如励志书刊，可以在学生的学习过程中潜移默化地提升他们的思想和文化水平，

加强他们的思想道德修养。对于具有专业方向的学生，如医学专业的学生，图书馆可以提供各种关于医学领域及其他学科专家学者的资料（如李时珍、马海德、南丁格尔、钱学森、裘法祖等人的治学和为人处世的经验），这对于学生的学习和形成良好的职业素养都有极大的帮助。

2. 专业教育

高校图书馆在学生自主学习中发挥着至关重要的角色，它是课堂学习的延伸、扩展和深入的重要场所。无论是本科生、专科生还是研究生，他们的学术成长都离不开图书馆的支持。同时教师的知识更新和专业发展也依赖图书馆提供的丰富文献资源。以艺术院校图书馆为例，它们不仅为教师和学生提供全面、系统的理论知识及相关学科的教学参考资料，还能根据教学需要推荐、报道和传递相关的书刊资料。图书馆通过校园网、电子阅览室、视听阅览室等方式，为师生提供电子文献的阅读和下载服务。多媒体文献以其生动形象的特点，使学生能在轻松、愉快的氛围中学习相关知识和技能。这不仅可以拓展和深化课堂学习，也有助于弥补课堂教学条件的不足，实现课堂教学与课外学习的有机结合，从而达到相互促进的效果。

3. 信息素质教育

在现代社会，信息素质已成为一项对于人才来说至关重要的技能。在 1999 年 6 月 13 日，中共中央和国务院颁布了《关于深化教育改革全面推进素质教育的决定》，强调要全面推进素质教育，并特别提出高等教育是实施素质教育的关键环节，其中重点提出了需要强化学生的信息处理能力，提升学生获取新知识的能力，即要培养学生的信息素质。信息素质是一个多维度的概念，包括三个方面内容，即信息意识素质、信息能力素质以及信息道德素质，这是大学生从学生转变为社会人角色、求得生存和发展的必备能力。高校图书馆是学校信息化和社会信息化的重要基地，具有人力资源、信息资源和信息基础设施的优势。图书馆有义务和责任通过各种手段（包括开设文献信息检索与利用课程等），对大学生进行信息资源素质教育，逐步培养学生掌握信息的获取、鉴别和利用能力。这将有力地推动高校为培养面向 21 世纪的新型人才做出贡献。

4. 扩大学生知识面

在当前的社会环境中，科学技术的发展速度空前迅猛，比之前 2000 年前的总和还要多。现代科学技术学科之间相互交融和渗透，这要求高校的教育方式也必须进行改革，通过综合教育的方式，扩大学生的知识视野，提升他们的全面知识能力，以适应当今科学技术发展的需求。以医药卫生领域为例，疾病的发生、流行、诊断、治疗以及预后，都涉及自然科学和社会科学的相关知识，这些复杂的知识体系很难通过教科书和课堂讲授而全部传授给学生，更多的是需要学生通过课外阅读来进一步扩展和深化。在这方面，图书馆所扮演的角色不可替代。图书馆拥有大量的文献信息资源，这些资源可以帮助学生全面提升他们的文化素质，塑造其人格魅力，形成科学的人生观，并掌握专业知识和最新的科技成果。通过对图书馆资源的系统利用，学生能够更全面地了解到各个领域的知识，进一步提升他们的综合素质，为未来的学习和工作做好充分的准备。

（二）服务功能

高校图书馆在社会实践中承担着服务于自身和社会教育的重要功能。作为高等教育教学和科研的重要组成部分，高校图书馆的文献信息服务是其基础工作，也是实现它的其他社会功能的基础。同时高校图书馆的学术研究服务也是对其日常教学和科研的重要支持。目前我国已经颁布并实施了《普通高等学校图书馆规程（修订）》，其中第 21 条明确指出："有条件的高等学校图书馆应尽可能向社会读者和社区读者开放，面向社会的文献信息和技术咨询服务，可根据材料和劳动的消耗或服务成果的实际效益收取适当的费用。"这一规定表明，高校图书馆为社会提供信息服务是符合信息社会发展需求的。在向社会提供服务的方面来看，高校图书馆具有得天独厚的优势，主要表现在以下几方面：

1. 文献资源优势

高校图书馆拥有大量的纸质和电子信息资源，覆盖面广泛，涵盖了从优秀的历史文化成果到现代科学技术，乃至许多交叉学科的知识成果。每年我国的高等学府都会投入资金购买最新的纸质图书和电子文献资料，因此高校图书馆在文献资源上具有其他社会图书馆难以匹敌的优势。

2. 人才资源优势

高校图书馆具有一批素质高、经验丰富的专业人才，这些人才不仅具备图书馆专业知识，还掌握信息开发技术，是一般社会图书馆所缺乏的复合型人才，而且这些人才具有信息收集、处理、整理能力，既能承担校内的信息服务工作，也能开展社会服务工作。另外高校图书馆的服务人员大多具有较高的科学文化知识水平，能够快速接纳最新的知识信息。而且由于高校的学术交流活动和知识培训会议较为频繁，图书馆的管理员能够定期或不定期地进行学习，来提升自身的知识和业务水平。

3. 技术资源优势

高校图书馆在技术应用方面的优势突出，能够满足读者对图书馆高技术水平的需求。首先，高校图书馆具备了计算机、远程 VPN 技术、数字化技术和声像技术等多样化的技术工具。由于有经费保障，高校图书馆能够保持这些技术的前沿性和实用性，这不仅促进了图书馆信息资源的开发和利用，也进一步提高了信息咨询、资源利用和远程文献传递服务的能力。其次，高校图书馆的工作人员多为掌握了专业技术和丰富知识的人才。他们能够进行行业内学习和交流，从而提升图书馆的管理和技术水平。这些人才为图书馆的技术更新和维护提供了保证，使图书馆在技术资源方面占据了优势。

（三）文化传播功能

图书馆最初的角色是作为文献收藏的机构，但随着社会的发展和变迁，它的功能逐渐扩展为知识的收藏和传播。因此，知识传播已经成为图书馆重要的社会职能之一。图书馆是收藏人类所有优秀文化成果的基础设施，这些文化成果经过分类、整理、保存和利用等专业化操作，为知识的传播提供了丰富的源泉。图书馆在知识传播方面具有无可比拟的优势，这主要体现在以下四个方面：一是图书馆拥有丰富的文化底蕴和馆藏文献资源，这使它成为知识传播的重要来源；二是通过规范化的整理和方便快捷的使用方式，图书馆能够使知识信息得到快速而广泛的传播；三是图书馆拥有专业的服务人员，他们通过先进的技术手段，有效地传播文化信息知识，为读者提供方便；四是图书馆具有广泛的社会认知度和高度的社会公信力，因此图书馆传播的知识信息能够得到社会的广泛认可和接受。

在知识信息传播过程中，高校图书馆扮演着两个关键角色：首先，通过收集、整理和服务读者的过程，高校图书馆形成了其独特的文化特色，成为高等教育机构中一道独特的风景线。它们不仅是学术信息和知识的存储库，也是高校文化和学术氛围的重要体现。其次，高校图书馆聚集了大量的科学文献，是科学研究和知识传播的重要基地。图书馆对这些文献的传播不仅推动了科学技术的进步和社会发展，也激发了更多的科学工作者进行创新研究，产生新的科研成果。这种传播活动有助于更好地为高校的教学和科研工作提供服务。

（四）休闲功能

随着社会经济的不断发展和生活水平的提升，人们的闲暇时间也在增多，对休闲活动的需求也变得越来越强烈。但休闲并非只是纯粹的娱乐或消遣，而是一种精神的提升和满足。在理想的状态下，休闲能够带来心情的愉快和精神的享受，使人在内心深处体验到审美、道德、创新和超越自我的感觉，给予人们深厚的文化底蕴和精神支持。因此，休闲是一种文化，这种文化不仅源于人们的内心和自我意识，也体现了一种生活方式。它是一种深刻的感受，一种独特的体验，也是一种深层的觉悟。它在人文性、社会性和创造性上具有极高的价值，有助于提升人们的情感、理智、意愿、价值观和思维方式，在自由的精神世界和愉悦的心境中得以升华。

　　高校图书馆作为信息和知识的中心，提供了一个优质、高雅且宁静的环境，让读者能在这里感受到学习的乐趣和轻松。这种独特的学习环境，同时具备了放松和休闲的特质，使图书馆在为读者提供高质量的休闲服务时，自然地吸引了他们，使他们愿意在空闲时间走进图书馆。这不仅充分发挥了高校图书馆的功能，也使图书馆的角色得到了深化。同时，图书馆通过传播科学和文化知识，让读者在身心放松、充分休息的同时也能够提升自身的情操，加强道德、智力和文化修养，这样不仅有利于读者的个人发展，激发他们的潜力，还有助于推动科学文化的创新。因此，随着高校科学文化研究的深入，图书馆在传承知识的过程中，也以其独特的方式，潜移默化地发挥着重要的角色。

第三章 高校图书馆文化的建设

第一节 高校图书馆的精神文化建设

一、高校图书馆精神文化的内涵

精神层面是高校图书馆文化的更深层次，主要指的是高校图书馆的价值观念等，在高校图书馆文化中占据着核心地位。高校图书馆的价值观涵盖了多元化的内容，如人才观、财富观、时间观、质量观、服务观、信誉观、效益观、审美观、利益观和文明观等。高校图书馆文化的构建是一种个体化的过程，每个图书馆都会形成自己独特的价值观，尽管这些价值观在很多方面可能存在一定的相似性，但也可能存在一些地域性和狭义的价值观。就像人类社会需要一个核心价值体系来引导道德行为和社会秩序一样，高校图书馆界也需要一个核心价值体系来引领其价值观的形成和实践。高校图书馆的核心价值观代表了图书馆工作人员所追求的理想、目标和原则，它是他们职业生涯的共同基石和最高使命。建立科学的核心价值观可以帮助图书馆馆员克服自我怀疑，提高他们的自信心，同时有助于他们形成专业信仰，并为他们提供一个评判思想和行为的标准。只有当图书馆事业拥有共享的价值观时，组织成员才能在思想上达成一致，明确他们的前进方向和努力目标。

高校图书馆的价值观可以被分为核心价值观和非核心价值观两大类，其中核心价值观关乎高校图书馆的生存核心，它反映了图书馆的核心理念和原则；而非核心价值观则是那些可以根据图书馆的战略需求进行调整和改变的理念。

二、高校图书馆核心价值的确定原则

高校图书馆核心价值的确定需要遵循一定的原则，如图 3-1 所示。

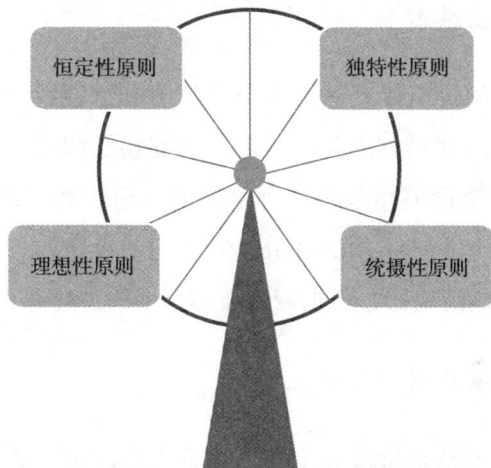

图 3-1　高校图书馆核心价值的确定原则

（一）恒定性原则

核心价值属于基本价值，具有一种相对稳定的特质，即恒定性。尽管在不断变化的时代和环境背景下，高校图书馆行业的次级价值、具体价值，甚至一部分基本价值可能发生变化和发展，但其核心价值应自始至终保持相对恒定，处于一种相对稳定的状态。在高校图书馆的核心价值体系中，高校图书馆的职业占据主导地位。同时高校图书馆行业的固有性质对其核心价值的恒定性有着决定性的影响。换句话说，如果高校图书馆的核心价值出现改变，这就可能意味着行业本身的性质发生了变化。

（二）独特性原则

高校图书馆的核心价值是其行业特有的价值内涵，是区别于其他组织或行业的重要标志。独特性原则是高校图书馆核心价值形成的基本原则，因为高校图书馆为社会提供的服务是不可替代的，它的功能只会随着时间的推移而逐渐深化。

（三）统摄性原则

高校图书馆的价值体系是由多个高校图书馆领域的价值构成的，这些价值在价值导向和精神上是一致的，能够相互解释、相互支持，并互相补充。但在这个价值体系中，每个价值的地位和作用是各不相同的。核心价值应当是起主导作用的部分，对其他的价值起着统筹的作用，它是高校图书馆的最高使命，占据着价值体系中的主导和支配地位。

（四）理想性原则

高校图书馆的核心价值观是图书馆员工共同追求的职业理想，是从对历史和现实的理解中提炼出来的，因此它应该是一个超越特定现实阶段的理想状态。这种理想状态引发了理论思想与现实实践之间的差距，而这种差距正是推动实践向理想状态进步的驱动力。

三、高校图书馆的价值观的建设路径

（一）以传统文化为基础，进行爱国主义教育

高校图书馆拥有海量的图书资源，这些资源不仅仅为学生提供了深入研究和了解传统文化、民族历史的宝贵资料，更是培养学生爱国主义

情怀的重要工具。图书馆的丰富藏书能帮助学生揭示民族文化的深层内涵，从而提升他们的民族自豪感和民族意识。因此，高校图书馆的作用并不仅限于提供信息和知识，更重要的是，它们也是传播文化、弘扬精神价值的重要阵地。高校图书馆的功能绝非单一，其在文化传播方面的重要性不可忽视。通过利用各类图书和图片展览、专题讲座等方式，图书馆可以为大学生提供丰富多样的爱国主义教育资源，通过形式多样的活动更好地引导学生深入了解国家的历史和文化，感受到爱国主义的力量，从而更有力地落实社会主义核心价值观。同时图书馆也正在积极地探索传统模式与网络数字化模式的结合，以推进社会主义核心价值观教育的发展。在数字化时代，图书馆不再是一个实体的阅读和学习空间，而已经成为一个融实体与虚拟为一体的、跨越时空的知识平台。通过依托网络数字化模式，图书馆可以把社会主义核心价值观教育的精神内涵和实践要求更广泛、更深入地传播给每一名学生。

　　高校图书馆作为学生的第二课堂，其在实施核心价值观教育，特别是进行爱党、爱国教育方面，扮演着重要角色。它们通过策划和组织各种主题的展览和活动，如"中国共产党党史""抗日战争胜利日""革命烈士和革命英雄事迹""中国各时代为社会发展做出贡献的杰出人物""中国在五千多年文明发展史上对人类社会做出的贡献"等，为学生展示了我们的祖先在人类社会发展过程中做出的伟大贡献，培养了学生的爱国情怀，也有助于他们树立正确的人生观和奋斗目标。例如，在"抗日战争胜利日"这一主题展览中，图书馆精心挑选了大量有关中国共产党的历史文献和资料，详细展示了党的发展历程和历史贡献，使学生深刻理解中国共产党为中国的独立、解放、繁荣和强大做出的伟大贡献。这不仅让学生了解到党的光辉历史，还激发了他们的爱党情怀，进一步坚定了他们的共产主义信念。"抗日战争胜利日"与"革命烈士和革命英雄事迹"可以通过展示抗日战争的历史画面和革命烈士的英勇事迹，深化学生对抗日战争的历史理解，增强了他们的爱国主义情感。

（二）以校园文化建设为载体，开展主题教育系列活动

高校图书馆不仅是一个储存和提供信息的场所，也是校园内的精神中心，有着传播知识、提升文化修养、引导价值取向等重要职责。通过举办各类主题活动，图书馆可以成为推进价值观教育的重要平台。特别是在世界读书日、国际扫盲日、非物质文化遗产日等特殊日子，高校图书馆可以通过主题展览、讲座、研讨会等方式，引导学生深入理解这些日子的意义，关注全球的文明发展，同时能激发他们对知识和学习的热爱。例如，世界读书日的活动可以让学生更加深入地理解阅读的重要性。在这一天，图书馆可以开展各类阅读推广活动，比如组织主题讲座，邀请教授和知名作家来分享他们的阅读体验和心得，这样可以鼓励学生培养阅读习惯，提升阅读技能。另外，图书馆还可以举行书籍推荐活动，向学生推荐优秀的读物，引导他们阅读更多的优秀文学作品，从而提升他们的人文素养和审美观念。国际扫盲日和非物质文化遗产日的活动则可以引导学生关注全球的教育问题和人类的文化遗产。在这些特殊日子里，图书馆可以通过展览、研讨会、主题讲座等方式，让学生了解全球的教育状况，尤其是发展中国家的教育问题，以此提醒学生珍视他们所享有的教育资源。同时图书馆也可以通过展示和讲解非物质文化遗产，让学生了解和欣赏人类的多元文化，提升他们的文化素养。另外，图书馆通过开展书香校园建设、书评大赛、阅读推广讲座等活动，也有助于提升学生的阅读热情和文化素养。

大学图书馆作为信息和知识的宝库，是传播和弘扬传统文化的重要场所。通过举行各类传统节日和古代爱国人士纪念活动，图书馆可以帮助学生深入了解和欣赏我们的传统文化，感受祖先们的智慧和价值观，同时可以增强他们的民族自豪感和文化自信。在举办传统节日活动方面，图书馆可以通过展览、主题讲座、研讨会等方式，让学生了解每个节日的起源和意义，以及与之相关的传统习俗和文化内涵。比如在春节期间，

图书馆可以举办中国传统年画展览，让学生了解年画的历史和象征意义，感受春节的喜庆气氛；在中秋节期间，图书馆可以举办关于月亮和月饼的主题讲座，让学生了解中秋节背后的文化和历史故事。这样不仅可以帮助学生更好地理解和欣赏传统节日，也可以让他们在享受节日乐趣的同时，对自己的文化有更深的理解和热爱。此外，图书馆通过举行古代爱国人士纪念活动，可以让学生了解这些人士的生平和业绩，感受他们的爱国精神和高尚品质。比如在孔子诞辰日，图书馆可以举办关于孔子和儒家文化的主题讲座，让学生了解孔子的思想和对中国传统文化的影响；在屈原逝世日，图书馆可以举办关于屈原和《楚辞》的主题讲座，让学生了解屈原的才情和他对中国诗歌的贡献。这样不仅可以让学生对这些人士有更深的了解和敬仰，也可以让他们从这些人士身上学习到良好的品格和价值观。

（三）与时俱进开辟多样化的导读途径

在数字化和网络化设施的支持下，高校图书馆的价值观教育得以更广泛和深入地展开。在网络信息时代，图书馆不仅保留了大量的纸质文献资料，更是引入了大规模的电子化设备和数字资源，将传统与现代手段相结合，为学生创造了丰富多样的自我学习空间。利用学校的局域网络，高校图书馆在其官方网站上设立了诸如"红色馆藏资源""开创未来"等专栏，以此定期推出各类精选书籍和资料，点燃学生对知识的热情，让那些可能被忽视的书籍重获新生。通过使用先进的数字化和网络化设施，图书馆成功地将物理空间的资源转化为网络空间的信息，为学生提供了更方便、更快捷的获取知识的方式，不仅提高了图书馆服务的效率，还为价值观教育开启了新的渠道。

在数字时代，社交媒体平台的力量不容忽视。高校图书馆通过微信、微博、QQ 等线上平台，可以开展"道德模范"和"必读好书"的宣传活动，将这些平台转变为知识传播和思想政治教育的强大工具，这在推动价值观教育上有着重大作用，因为它为读者创造了一个既承载了传统文化又富有时代特征的社会主义精神家园。例如，通过举办"道德模范"的宣传活动，传播道德模范的故事和事迹，提升大学生的道德情操，引导他们树立崇高的道德理想。又如，通过开展"必读好书"的推广活动，将一些有深度、有内涵的书籍推荐给学生，鼓励他们阅读更多高质量的书籍，从而开拓视野，丰富知识，提升思维能力。通过推广阅读，图书馆将阅读变成了一种学习和提升的方式，而不仅仅是消遣娱乐。通过这些宣传活动，高校图书馆利用社交媒体的广泛覆盖性和高效传播性，将价值观教育推向了更高的层次。他们把传统的道德和阅读文化融入现代的网络环境中，创造了一个既具有传统精神又富有现代特色的学习环境，不仅有利于大学生的个人成长，也有助于他们在社会中更好地扮演自己的角色。

第二节　高校图书馆的制度文化建设

一、高校图书馆制度文化的内涵与特征

（一）高校图书馆制度文化的内涵

高校图书馆制度文化在高校图书馆的成长和发展过程中逐渐形成，将高校图书馆的管理哲学、发展观念和服务精神巧妙地融入其中，是高校图书馆发展目标和价值观的具体体现。

制度文化的核心在于高校图书馆的各项规章制度，这些制度为图书馆员工和读者提供了行为准则和约束。图书馆的制度体系包括图书馆的组织章程、规则、规定、条例、实施方法等形式化的、明确的规定；还有一些非形式化的制度体系，例如图书馆员工和读者的行为习惯、图书馆的价值观念等，这些都对图书馆员工和读者产生了影响。制度文化的

形成需要一个有条不紊的系统来支持。高校图书馆制度是所有与图书馆相关的人员必须遵守的，具有一定的约束性，因此其形成和延续并不是随意的。图书馆的组织机构从上至下保证了这些制度的实施和执行，而这些制度的实施过程是图书馆的行为方式和管理规范得以具体化和落地的过程。这个过程充满了图书馆特有的行为风格，并富含了丰富的文化信息，这些制度的执行更展现出了其权威性和独特的影响力和约束力。

（二）高校图书馆制度文化的特征

高校图书馆制度文化是随着图书馆的变化而变化的，它揭示了图书馆的馆藏特色和组织价值观。更重要的是，图书馆制度文化反过来也推动着图书馆的进步。总的来看，图书馆的制度文化具有以下几个显著的特征，如图 3-2 所示。

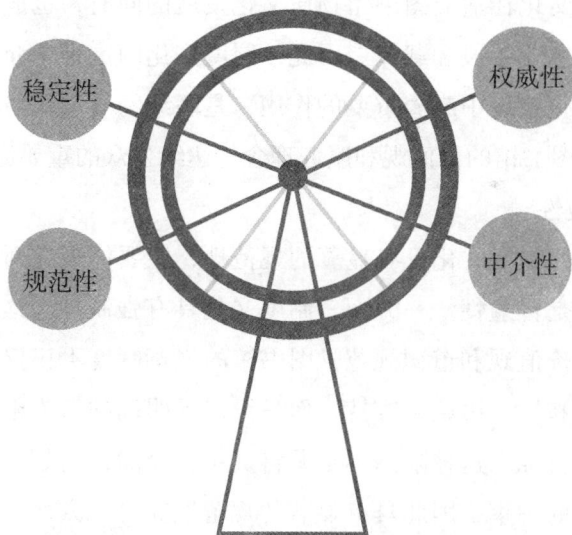

图 3-2 高校图书馆制度文化的特征

1. 权威性

图书馆的制度体系一旦建立并开始实施，便具有权威性和严肃性，它规范了图书馆员工的行为和行为准则。在图书馆的发展目标和任务的设定中，所有的图书馆活动都必须受到这些制度的约束，并且这些制度明确了图书馆员工之间、图书馆员工与图书馆之间以及图书馆与社会之间的关系。

2. 中介性

高校图书馆制度文化既体现了精神文化的元素，也作为物质文化的工具。精神文化只有通过制度文化，才能对物质文化产生影响。相反，物质文化也只有通过制度文化，才能反映出其对精神文化的影响。

随着高校图书馆从传统模式向现代化模式的演变，受到物质文明和技术进步的推动，高校图书馆的理念、价值体系和服务观念也经历了重大转变。图书馆的服务模式从被动接受需求转向了主动寻求，从而为社会提供服务，这种新的观念随着时间的推移被图书馆界接受并被内化为新的价值观，最终形成制度文化，从而对图书馆的精神文化产生了深远影响。制度文化在适应图书馆物质文化发展的同时，也成为塑造图书馆精神文化的主要手段和载体。因此，制度文化的这种中介性和传递功能在图书馆文化建设中起着重要的作用，是联结物质文化与精神文化的桥梁，也是把图书馆的价值观和服务理念传达给公众的重要途径。

3. 规范性

图书馆的制度文化具有显著的规范性，主要体现在两个方面：一是强制性；二是普遍性。一方面，制度文化具有强制性。这是因为，不同于图书馆的价值观和道德规范，图书馆的规章制度不仅仅依赖于员工的习惯、信仰和社会舆论来维持，而是设定了明确的行为限制，以实现图书馆的自身目标。这种限制不是源自员工自身的，而是一种来自外部且具有强制性的约束，因此具有显著的规范性。另一方面，制度文化具有普遍性。无论是领导干部还是普通员工，都受到图书馆制度的规范和约束。如果图书馆的全体员工对制度不认同，那么这些制度在实际执行过程中将难以实施，最终可能成为无实际效用的空文。因此，图书馆制度的制定必须充分反映广大馆员和读者的需求和意愿，制定过程中需要充分听取他们的意见。同时，制度制定后也需要通过各种途径让所有人了解并理解这些制度；在执行过程中，应增强广大群众的监督性，以促使图书馆内的所有人员自觉遵守这些制度。

4. 稳定性

图书馆的制度一旦制定之后，应保持稳定性，并且必须得到自上而下的严格遵守，这些规定不能因个人的意愿或者针对特定的情况进行随意的调整，因为随意性的制度可能会引发管理的混乱并可能招致员工的不满。这里需要强调的是，这种稳定性是相对的。随着社会的发展和进步，可能会出现某些制度已经过时或者对图书馆的工作产生了不必要的束缚的情况，这时图书馆应对这些制度进行必要的修改和更新，以确保其规章制度的适应性和有效性，同时能够更好地服务于图书馆的目标和员工的需求。

二、高校图书馆制度文化的组成要素

（一）准确合理的定义

任何事物都有其独特的定义或固定的识别符号。在制度体系中，一项精确且严谨的定义，或者说概念是至关重要的。为了确立一项规则或者制度，首先需要明确其概念。定义一个概念，对任何制度来说，都是首要工作，这个定义需要从概念的语义、内容、适用范围和衡量标准等方面进行明确，避免任何可能的歧义。对于有多重含义的概念，需要明确其具体的使用范围和特殊用途。只有概念清晰明了，图书馆工作人员才能够严格遵守，而"图书馆"这个组织也能为工作人员的活动提供精确的评价标准。

（二）健全的制度体系

图书馆是由各个不同的部门或者组织结构组成的，每个部门各司其职，以确保图书馆的各项功能得以有效发挥。图书馆既管理着大量的科学文献资料，也服务着众多的读者。因此，图书馆的制度不仅针对某一个特定领域，而且是一个综合的体系。这个体系既包括微观的操作层面（如图书的采购制度、数据库的更新制度、读者借阅制度、读者服务制度等），也包括宏观的规划制度（如"十三五"图书馆文献收集管理规划制度等），这两个方面制度的相互补充、相得益彰，构成了一个有机的整体。

（三）科学严格的管理机构

无论一项制度多么完善，如果没有得到严格的执行，它就无法发挥其应有的作用，这同样适用于高校图书馆的制度体系。高校图书馆的内部管理机构需要深入理解这些制度，并将其应用到日常的管理工作中，通过制度的执行和落实，来实现图书馆的社会职能。一个健全的制度体系的运作，离不开一个科学而严谨的管理机构的执行力。在现代社会中，更需要读者们参与其中。作为图书馆服务的接受者，读者应该遵守图书馆的各项规定，尊重图书馆员工以及他们的劳动，珍惜图书馆的资源，并积极监督图书馆的工作，这些群体可以通过各种途径，如社交媒体公众号、意见箱等，提出关于图书馆管理的合理化建议。这样的双向参与不仅有助于制度的执行和落实，也有助于提升图书馆的服务质量，更好地满足读者的需求。

三、高校图书馆制度文化的建设路径

（一）强化监督机制，保障读者权益

高校图书馆的发展方向深受读者权益保护与实际情况的影响。为了推进图书馆的全面发展和法治建设，高校图书馆必须改变旧有观念，废除与现行法律法规相违的规章制度。与此同时，提高馆员的法律意识和服务质量，开展个性化服务，并建立各种沟通渠道以促进与读者的互动

交流，这些都是必不可少的。以"以人为本"的思想意识推动教育公平和信息自由的全面发展。

首先，建立读者监督机制。根据《普通高等学校图书馆规程》（2015年修订）的规定，图书馆工作委员会应发挥其监督作用，受理和决定读者的日常诉求，确保读者诉求的公正性和权威性。其次，引入读者参与管理机制。只有当读者参与并体验图书馆管理，他们才能正确理解其内容、流程和标准，并能提出相关的问题和需求，这将有助于图书馆工作的改进和创新，有助于图书馆制度的修订和完善。再次，建立随机的、灵活的检查机制。图书馆主管部门可以根据需要，临时聘请相关人员组成检查组，对其管辖范围内的高校图书馆进行随机的、灵活的抽查和检查，并将这些检查结果与考核、评估结合起来。最后，推行图书馆责任追究机制。对于在工作中存在失职，未能解答问题或未能解决问题的责任人，应进行责任追究，并要求其在一定期限内提高职业道德、业务素质和工作能力。

（二）提高馆员素质，规划职业生涯

随着信息和通信技术的飞速发展，高校图书馆的服务环境、内容和方式都发生了重大变化，推动了图书馆服务体系的转型、升级和创新。在这个过程中，高校图书馆馆员作为知识创新和传播的驱动力，需要具备优秀的职业道德、高水平的知识修养和信息素养，以满足现代服务的需求，满足高校多层次服务和学科服务的需求。因此，馆员的素质已经成为限制高校图书馆发展的关键因素。

图书馆馆员的职业生涯规划和管理是图书馆人才战略的核心，涉及馆员实现自我价值、感到成就和尊严。为此，图书馆应了解馆员的业绩和发展潜力；明确馆员的工作愿望、能力倾向和图书馆的发展目标，制订出满足双方利益的职业生涯发展计划，以激发馆员的工作热情，提高馆员工作满意度。图书馆的发展需要馆员不断提升自己的综合素质，而

馆员的发展也需要图书馆持续的激励、关注和支持。因此，图书馆应建立多种形式的进修制度，以增强馆员的专业技能和知识；建立实际有效的雇佣制度和奖励制度，以激发馆员的积极性和创新性；建立符合图书馆馆业实际需要的职称评定制度，以便合理评价和激励馆员的专业表现；建立定期的馆际甚至国际的图书馆馆员交流制度，以增强馆员的全球视野和交流经验。只有将图书馆馆员素质的全面提升与职业生涯规划有机结合，馆员和图书馆才能共赢，才能适应信息时代的发展需要。

（三）健全民主制度，推进和谐发展

民主管理是一种在"民主、公平、公开"的原则下实施的管理方法，它通过协调组织内部各种行为，开展开放的讨论，广纳多元意见，以实现管理目标。对于图书馆来说，民主管理是实现科学管理和正确决策的基础，是解决图书馆中存在的各种矛盾、有效防止权力滥用和腐败的重要手段，是促使图书馆和谐运行最有效的机制，也是实现图书馆和谐发展的基本路径。

2010 年 7 月，中国中共中央和国务院发布的《国家中长期教育改革和发展规划纲要（2010—2020 年）》中明确提出了"完善中国特色现代大学制度"的战略目标和具体任务，其中，民主管理被视为现代大学制度的重要组成部分和基本保障力量。在高校整体建设过程中，应不断提高民主管理意识，积极实践民主管理，推动图书馆的和谐建设，为学校全方位的改革做出应有的贡献。民主管理的前提是尊重人性、人格和人道，其核心是体现公平、公正和公道；"平等参与""共同决策""有效监督"则是民主管理的本质和精髓；而民主集中制则是民主管理组织原则的基础。图书馆的民主管理是由图书馆馆员和广大读者共同参与的管理，确保馆员和读者行使民主选举、决策、管理、监督的权利。针对图书馆的民主管理，一方面，图书馆需要加强民主文化建设，营造民主管理的浓厚氛围，增强馆员和读者的民主观念和意识，推动民主管理；另一方面，

需要健全和完善民主制度，为民主管理提供保障。因此，图书馆需要坚持党领导下的馆长责任制，建立健全教代会制度与专家委员会制度，充分发挥工会的职能，全面推进馆务公开，拓展监督渠道，并建立健全民主决策、监督、审议咨询机制。

第三节 高校图书馆的网络文化建设

一、网络文化的内涵和特征

（一）网络文化的内涵

网络文化是一种与互联网相伴而生的文化形态，它以互联网为平台，以信息交换为核心，在网络所构造的开放和虚拟的空间中进行信息传播、互动和创新，进而推动社会生活的变迁和人类行为的改变。网络文化的显著特征体现在信息量的爆炸式增长和传播速度的飞跃提升。

网络文化极大地简化了人类的交流方式。由于网络信息的高速传播、交互性和动态性，人们已经打破了时间和地点的束缚，人人都能在网络上获得信息。任何人都可以通过联网设备发布自己的观点，每个人都成为网络中的一个节点，既是信息的接收者，也是信息的传播者。首先，网络将所有信息源包括图书馆在内串联起来，构建了一个庞大的信息网络，人们可以在这个网络上获取信息，这打破了传统图书馆在时间和地理上的限制；其次，随着网络的进步，各种专业数据库逐步建立，形成了更专业、内容更丰富的数字图书馆，为读者提供了更广泛的资源；最后，先进的网络技术为图书馆提供了更方便的方式收集文献信息，高效的现代化技术和储存技术扩大了图书馆的容量。一些图书馆甚至可以利用外部数据库，图书馆自身的发展也突破了实体空间的限制，无形的信息资源库成为图书馆的重要组成部分。

（二）网络文化的特征

1. 开放性

网络文化的开放性体现在它的普及性和不受地理或人为因素的限制，它是一种真正的大众文化形态。网络为所有人提供了一个平等访问和交换信息的环境，任何人只要进入网络，都可以分享世界各地的文化，自由发布信息和交流思想。在这个环境中，时间和空间、制度和风俗、主流和边缘等因素不再构成文化交流的障碍。

2. 动态交互性

网络是主客观的兼容。个体作为网络中的一个节点，不仅是网络的使用者，也是网络的主体和信息的创造者。网络信息的交流方式不再局限于传统媒体的单向传播，而能够建立双向或多向的交互式交流关系。网络交流就像面对面交流一样便捷，使信息交流更为完整、有效和及时。

3. 高时效性

网络文化具有高效快速的特性，能够突破时间和空间的束缚，这是网络时代的一个显著特征。这种高效率改变了社会的节奏，加速了各领域的活动，推动了社会的快速发展。网络为我们提供了快速的传输通道，将世界各地紧密连接在一起，拉近了人与人之间的距离，深化了全球化的程度。

4. 多样性

网络作为一个平等自由交流的平台，使人们得以突破现实生活中的身份、地位和制度的束缚，能够更自由地表达自己的观点和发表言论，因此催生了多样化的网络文化。这些网络文化在迅速传播的同时相互融合，推动了文化创新和发展，极大地丰富了文化资源，为人们的生活提供了精神上的支持和满足。

5. 虚拟性

网络空间是一个电子技术空间，以数据代码的形式传播信息，与现实生活的空间存在显著的差异。每个人在网络空间中的言论和行为，是现实生活中的交流方式在虚拟世界的延伸。网络空间可以视为由人类活动构建的一个虚拟空间，在其中人们进行与现实生活相似的行为和活动，甚至创造出一种虚拟真实的场景，如网络游戏和网络聊天。

二、互联网时代高校图书馆文化的内涵与特征

（一）互联网时代高校图书馆文化的内涵

随着网络技术的飞速进步和国家信息基础设施的逐步完善，网络用户的数量在持续增长，互联网所提供的服务也在不断增加，使网络已经成为新一代的信息媒介和通信工具。在社会和经济的发展中，网络不仅注入了新的活力，也为图书信息工作提供了更为广阔的发展空间。互联网是一个协议统一的网络，只要一台计算机连接到互联网，就可以实现相互通信，为图书馆传递大量的书目和文献信息，也为其他形式的数字化文献信息提供了必要的基础和条件。互联网连接了全球各个国家、城市和地区，不仅可以作为图书馆之间传递业务数据的资源共享平台，也可以作为向广大用户提供文献信息的网络服务平台。

从技术的角度来看，高校图书馆运用最新的信息技术收集、处理、组织、存储和传递各类资源，以此丰富其数字化馆藏，向读者提供高效的优质文献信息服务。从管理文化的角度来看，图书馆借助网络技术，加强了馆藏资源的建设和信息服务，实现了对用户、资源和读者互动的整体性管理，并推动了资源的广泛共建和共享。此外，图书馆还利用大数据等信息技术，提供个性化服务，例如网络信息自动推送等智能服务。

（二）互联网时代高校图书馆文化的特征

1. 个性化

在互联网时代，图书馆文化与各种文化正在进行交互、影响和融合，

其界限逐渐变得模糊。同时，图书馆文化已经深度融入基于互联网构建的网络文化中。评价图书馆文化影响力的一个重要指标是其读者数量，为了吸引更多的读者，图书馆必须发掘其独特之处，挖掘优势资源，服务好读者群体，同时结合服务优势，形成个性化的文化服务模式。

2. 全球化

在互联网环境下，图书馆的地理限制被打破，它不再仅仅是一个地方或一个单位的信息中心，而是成为一个地区甚至全球的知识中心。人们无论身处何地，都可以访问图书馆，查询资料，了解不同地方的人文风情。图书馆已经从一个区域性的文献信息中心，演变成了全球的文化知识中心，成为全球文化网络中的一个节点，实现了全球知识文化的共享，让每一个图书馆文化都能成为全球文化的一部分。

3. 载体丰富性

在互联网时代，图书馆文化的载体已经扩展至包括互联网技术、大数据技术、计算机技术等先进设备，以及丰富的数字化馆藏资源。通过互联网，图书馆的文献信息资源得以快速传播，打破了服务时间和地点的限制，实现了用户与图书馆服务的动态开放环境互动。图书馆的用户群体不再受地域限制，远超传统图书馆，形成了网上图书馆用户群体。同时图书馆馆藏资源的开放性也显著提高，除了实体馆藏，图书馆还利用网络信息资源建立了虚拟馆藏，为用户提供更加便利的服务，这种以网络信息资源为主的虚拟资源扩大了图书馆的馆藏资源体系，从馆内实体文献扩展到互联网资源，并随网络信息动态更新。例如，许多高校普遍使用的中国期刊数据库（CNKI），每月都有大量新文章加入，使图书馆的数据存储量持续增加。

三、高校图书馆网络文化的建设路径

（一）丰富信息资源，扩大图书馆网络文化的影响力

高校图书馆作为信息获取和交流的重要平台，经过长期积累，已经拥有了丰富的文献信息资源，这些资源在数量和质量上通常优于高校内的其他部门。许多图书馆现在正将这些丰富的文献资源数字化，创建具有独特特色的数据库。

首先，作为信息资源管理机构，图书馆的任务是以校园主流文化为主导，收集、整理、存储和传播与校园文化相匹配的知识信息。图书馆应尽可能丰富其文化信息数据库，并在网络文化信息资源的建设中发挥本地文化的优势，例如建立与学校特色专业相关的数据库。

其次，高校需要提高对跨地区和跨行业的文化资源网络建设的认识，利用互联网收集相关的知识信息，以扩大图书馆在网上的作用和影响力，可以通过与其他公共图书馆或高校图书馆合作来实现，例如实现资源共享和文献互助传递等，将具有较高价值的文献或信息资源收集到自己的文化信息资源库中。通过这种方式，高校可以利用其特有的地方文化和浓厚的地域特色来吸引社会网络资源，不断传播其图书馆网络文化的特色，不仅可以丰富图书馆的资源，也可以提升图书馆的知名度和影响力，进一步发挥图书馆在高校教育和文化传播中的重要作用。

（二）打造区域特色，提高图书馆网络文化的感染力

高校都有其独特的地域特色，这反映在其专业设置和人才培养上，以适应地方的社会经济文化发展。这种地域特色也在图书馆的网络文化建设中得以体现。

一方面，图书馆需要在服务地方经济方面发挥作用。由于高校图书馆的主要用户群体，即学生大多数来自本地并深受本地文化的影响，因

此在图书馆文化和网络文化的建设中，需要强调本地或区域文化特色。这就要求高校图书馆的网络资源应强调本地的地域特色，如优先收藏或建设与本地文化相关的电子书籍和数据库。另一方面，高校图书馆的网络文化面向全国的高校，并通过网络将校园文化展示给全国甚至全世界。因此，为了吸引信息资源，必须以其特色与其他图书馆进行交流。图书馆可以创建自己的知名品牌，例如建立地方历史文化特色资源数据库。同时图书馆的网络文化也可以将校园文化的精华传播到全国。

（三）发挥图书馆网络文化媒介作用，推动校园文化的健康发展

大学生是社会知识群体的一部分，他们对信息技术的掌握十分迅速，在图书馆网络生活中占据重要地位。如何利用网络引导大学生形成健康的网络文化和核心价值观，已经成为许多高校思想政治教育的重要议题，而图书馆网络文化在解决这个问题上起到了关键的作用。首先，大学生的学习和知识获取主要通过图书馆实现，因此高校需要抓住这个机会，通过健康的网络文化引导他们形成核心价值观。高校在提供人性化服务的同时，可以开设电子阅览室，使学生能够在线查阅文献和借阅图书。同时，还可以安排专门的自习室和计算机室供大学生查阅资料，从而在服务过程中向读者传递图书馆文化。其次，通过图书馆的网络平台，可以发布各种相关信息和图书资源，比如失物招领信息，并在网上对行为表现出色的人进行表扬。发布读者阅读指南，派出志愿者值班，解答读者的问题，这些人性化的服务可以逐渐培养学生的优良品质，如乐于助人和诚实守信。

第四节　高校图书馆的服务文化建设

一、高校图书馆服务理念

高校图书馆的服务应以读者为中心，把读者的需求置于优先位置，并积极挖掘他们的潜在需求。图书馆的目标是提供高质量、高效率的服务，使读者的每一次访问都充满愉快和满足感。这需要高校图书馆营造一个宁静舒适、和谐愉快的文化氛围，以人性化的方式对待每一位读者。

（一）尊重理解读者

作为服务对象，读者是图书馆的生命线。为了赢得他们的认可，高校图书馆需要尊重、理解、信任和关爱他们，提供人性化的关怀和支持，体现"以人为本"的理念。图书馆馆员应从读者的言行举止中展现对读者的尊重和信任。图书馆也应为读者提供更多的自主空间，尊重他们的权利，在制度层面关心读者，让他们在愉快和自主的状态下获取信息，与他们建立平等、亲切及和谐的关系。在这样的环境下，读者可以在轻松、愉悦的阅读环境中体验到图书馆文化的浓厚氛围。

（二）平等对待读者

图书馆应坚持所有读者都有平等的阅读权利，并由图书馆馆员以平等、真诚的态度对待每一位读者。对于违规行为的读者，图书馆应着重于引导和教育，尽量避免惩罚，保证所有进入高校图书馆的读者都能够感受到图书馆文化的浓厚氛围。

二、高校图书馆服务内容

在开放、智能和多元的信息时代，高校图书馆的服务范围变得更为广泛。由于信息技术的快速发展，人们可以方便地从网络上获取海量的信息，这对高校图书馆的发展提出了严峻的挑战。为了吸引和保持读者，高校图书馆必须提供更加人性化的服务。高校图书馆服务内容主要包括以下几方面，如图 3-3 所示。

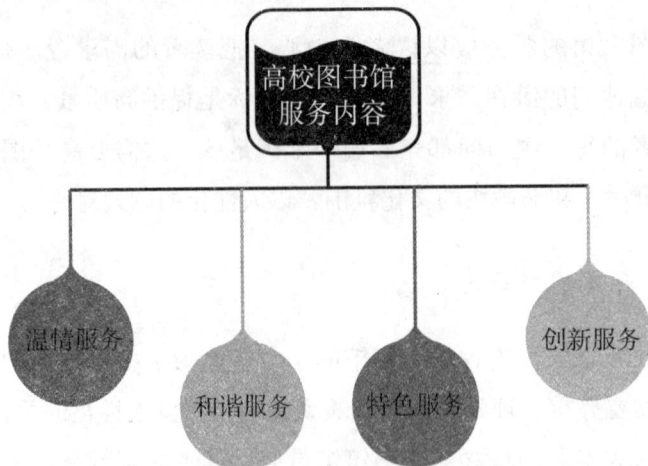

图 3-3 高校图书馆服务内容

（一）温情服务

随着高校图书馆数字资源的增多，信息资源变得越来越丰富和多样。为了方便读者，图书馆还延长了开放时间。然而，读者在图书馆长时间地学习和阅览会导致大脑、视觉和身体疲劳。为此，高校图书馆坚持以人为本，提供人性化的服务。例如，高校图书馆设立休闲娱乐区，提供餐饮服务和饮水设施，甚至开设图书和文化用品超市，以满足读者的多种需求。图书馆可以在阅览室设立"国际角"，提供各国原版书籍、杂志和报纸，以服务外国读者和外语水平高的本国读者。同时，图书馆还可以举办各种公益活动，如名家讲座、电影放映和音乐欣赏，让读者享受到图书馆的温馨服务。图书馆可以将现代化的信息服务直接送到读者手中。例如，在部分座位上安装电脑，提供网络接入服务，创造出一种幽雅、祥和、舒适的图书馆文化氛围。

（二）和谐服务

和谐服务是一种人性化的知识服务，它基于对用户信息需求的深入理解，依靠图书馆馆员的专业知识和技能，对馆藏的信息资源进行提炼、分析、重塑和整合。这种服务旨在提供经过深度处理、高度浓缩，并具有独特价值的个性化深层次增值服务，以科学、高效、友好及和谐的方式满足用户的个性化信息需求。例如，高校图书馆为用户提供个性化的信息查询服务、信息推荐服务和知识决策服务等，用户可以通过电话、电子邮件和多媒体等方式享受这种人性化服务。

（三）特色服务

在数字时代的竞争环境中，要想使高校图书馆保持竞争力，就必须始终以人为本，形成自己的特色服务。这些特色服务的形式多样，比如创建具有特色的馆藏以提供特色服务，根据地区特点开展特色服务，或者利用本馆的人才优势和技术设施提供特色服务等。通过这些开放的、主动的、有针对性的和多样化的特色服务模式，图书馆可以展现其活力，并彰显其人性化服务的理念。在全球政治经济一体化的大环境下，只有打造自身的服务特色，高校图书馆才能创造出最佳的社会效益和经济效益。

（四）创新服务

在信息技术广泛应用和高校图书馆数字资源日益增加的背景下，高校图书馆必须积极拓展新的服务领域，更新服务方式，为读者提供全面和多层次的人性化创新服务。这样做的目标在于实现文献资源的开放性和信息资源的全球共享。为此可从以下几方面入手：

1. 技术创新。通过建立多媒体图书馆和提供专业数据库等信息服务，高校图书馆可以使用多媒体电脑来控制一系列多媒体设备，处理、传输和存储各种文本、图形、图像、声音和视频信息，为读者创建一个丰富、真实、自然、综合的视听环境。此外，随着网络技术的应用，图书馆还可以扩展导读工作，建立导读系统，利用搜索引擎对网络信息资源进行分类、排序、链接，建立信息导航库，指导读者正确检索网络信息，编制在线导读目录，开设新书通知专栏，向读者推荐网络上的优秀作品。

2. 管理创新。高校图书馆需要打破传统的部门管理和分层管理体制，实施以读者需求和图书馆自身发展为目标的多功能"一体化"管理。例如，高校图书馆可以开展信息增值服务、跨库检索、馆际互借等服务，实现不同文献资源间的交流，尽可能保持知识体系的完整性，提高读者利用信息资源的效率。

3. 模式创新。高校图书馆需要认识到信息是一种财富，图书馆通过收集、整理文献，对原始文献进行信息加工，这是一项复杂的脑力劳动，具有其自身的价值。因此，高校图书馆需要打破传统的面对面服务模式，开设在线读者指南、在线咨询和网络培训等服务。利用网络环境，开展在线提问和解答，为读者提供高质量的参考咨询和培训服务，同时可以方便地接收读者的反馈信息，调整策略，改进不足，纠正错误。

三、高校图书馆服务文化

服务不仅仅是人与人之间的互动，更是一种文化交流。当服务被赋予文化的内涵，它将变得更生动、更深入、更有品质。一旦服务内化为员工的心理需求，员工的积极性和创新性将被持续激发，推动服务走向规范化、常态化，并鼓励创新和愉快地服务。一旦服务文化被确立，它能在制度层面上整合文化和观念，充分发挥服务文化的影响力、塑造力和推动力，不断提升服务品质。员工的品格和素质在优质服务中得到培养和提升，同时读者在优质服务中感受快乐，得到满足，这将有助于高校图书馆的健康和持续发展。因此，高校图书馆需要培育服务文化，使服务理念深入每一个员工，提升到文化层面，渗透到图书馆的所有活动中，促使高校图书馆成为一个服务读者的温馨家园，既提供丰富的知识资源，又提供温馨舒适的阅读环境。高校图书馆服务文化主要表现在以下几方面，如图3-4所示。

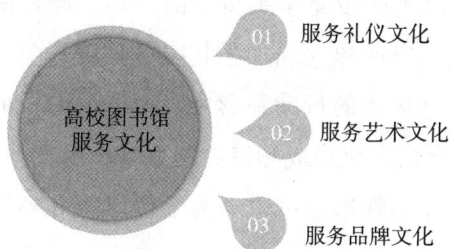

图3-4　高校图书馆服务文化

（一）服务礼仪文化

微笑服务是所有服务行业，包括高校图书馆倡导的基本服务规范。这是因为读者需要在良好的心情下阅读，微笑服务能使读者感到愉快。同时，当图书馆馆员看到读者的满足反馈，他们也会感到工作的价值。此外，图书馆馆员的仪容仪表，如整洁的衣着、得体的举止、文雅的言谈和友善的态度，也是服务礼仪的重要部分。这不仅让读者在接受服务的同时体验到美，也提升了图书馆文化的品位和风格。因此，高校图书馆可以通过设定统一的工作服装、规范礼貌用语和行为方式等措施，全面提升服务礼仪文化。

（二）服务艺术文化

任何服务都可以被视为一门艺术，从茶楼的传统茶道，到商场接待员的礼仪，无不给人以美感。同样高校图书馆也需要创造自己的服务艺术，即形成自己的服务特色。服务人员需要熟悉馆藏及其分布，这样在回答读者的咨询时，可以准确、迅速地提供信息。同时服务人员也需要理解和分析读者的心理，以便用符合情理、合乎人情、适应环境的方式解决读者的问题。

（三）服务品牌文化

在服务行业中，品牌建设是至关重要的一环。高校图书馆也可尝试塑造自己的服务明星，以此建立和加强其服务品牌形象。榜样的力量是无比强大的，他们通过具体的行动和形象，把抽象的价值观和文化精神具体化，起着推动图书馆文化形成和发展的重要作用。

高校图书馆的服务品牌形象可以分为个体形象和整体形象。个体品牌形象的建设需要通过挖掘和培养一部分具有良好品质、敬业精神、专业素养以及优秀技能的图书馆馆员。这些图书馆馆员需要具备良好的职业道德，有能力承担起图书馆现代化建设、服务和管理的重任，具备合理的信息知识结构和明确的专业方向；同时他们还具有较高的计算机、外语和通信技术等技能，以及强大的语言表达、写作和交际能力。他们在读者中具有良好的声誉，代表着图书馆文化的伦理，是图书馆文化的支柱和希望。表彰和宣传他们的精神业绩，不仅可以提高图书馆的知名度，也可以激励更多的图书馆馆员，以他们为榜样，学习他们的优秀品质和技能，从而提高图书馆的整体服务水平，最终实现整体品牌形象的塑造和提升。

四、高校图书馆服务文化的建设路径

（一）降低用户利用高校图书馆的成本

使用高校图书馆的成本不仅涉及经济支出，还包括用户在时间、精力和体力上的投入。一个优秀的高校图书馆应提供普通个人难以获得的信息资源，并构建一种机制，使大多数用户能够轻松获取这些信息。在这一方面，高校图书馆的目标是降低用户使用图书馆资源的成本，并提高用户体验。

1. 降低服务费用

高校图书馆具有公益性质。因此，关于某些服务项目是否应收费的问题一直备受争议。无法收费的项目可能会因为资金不足而无法维持，而收费又可能与图书馆的公益性冲突，还可能引发用户流失的问题。因此，高校图书馆应尽可能寻找其他资金来源，例如从企业获取赞助，或向上级管理部门申请项目开发和维护资金。如果将高校图书馆视为纯粹的公益事业，那么就需要将其纳入社会公益机制中，提供必要的管理和服务费用。同时在开发信息产品时，高校图书馆也需要关注开发成本，尽可能利用各种免费资源，这都有助于降低图书馆的服务费用。

2. 节省用户的时间和精力

高校图书馆馆员的首要任务是"节约用户的时间"。图书馆提供有序的文献信息服务，目的是减少读者寻找文献的时间。在当前的信息社会，尽管大量的信息和便捷的搜索引擎为人们的查找带来便利，但也增加了寻找精准信息的难度。因此，高校图书馆需要重新构造传统的服务模式，从以文献管理为中心的服务模式转向以信息处理、信息开发和信息服务为主的模式，并构建科学、高效的新型业务和相应的组织架构，例如建立信息共同体模式。在这种模式下，可以把相关专业的印刷型、电子型、音像型和网络型的各种载体的信息资源集中在一处，实现物理文献和数字化信息的借阅、宣传、导读、检索、咨询等一体化服务。这样用户在一个地点就能以最短的时间和最简便的手续获得最大的信息收益。

3. 注重发展数字馆藏

数字高校图书馆的出现正在对用户的阅读和查找资料的习惯带来改变，其最显著的特征在于其强烈的整体性。虽然每个独立的数字图书馆都拥有自己的存储空间、数字文献和专业团队，但是它们不能脱离其他数字图书馆而单独存在，必须与其他数字图书馆共同发展和繁荣。创建数字高校图书馆并非一蹴而就的过程，因此许多学者提出了"复合高校图书馆"的概念，这一概念涉及在传统高校图书馆中发展数字资源，包括引入已经开发好的各种数据库以及将图书馆自身的特色信息资源数字化。这样的做法不仅避免了等待数字图书馆完全实现的被动情况，还能利用先进的信息技术和网络技术，最大限度地发挥图书馆信息资源的作用。因为相对于用户无法借阅到一本书，一个网络数据库无法使用的影响可能更大。通过将传统图书馆与数字资源相结合，可以提供更有效、更广泛的服务，同时逐步推进数字化进程。

（二）加强与用户的互动与交流

1. 听取用户意见

高校图书馆的核心目标是为用户提供服务，因此用户的反馈和意见对图书馆的运营和服务改善至关重要。在构建信息资源和提供服务的过程中，图书馆需要积极听取和吸纳用户的反馈，以打造更适应用户需求的信息资源体系，以及提供更符合用户需求的服务项目。传统的图书馆服务模式实行的是"首问必答"制度，即无论用户询问哪位图书馆馆员，图书馆馆员都应认真听取用户的需求，并尽其所能地提供全面、细致、热情和耐心的回答。若遇到自己不熟悉的问题，应指导用户找到相关的专业人员进行咨询。无论是传统图书馆、复合图书馆，还是数字图书馆，用户进入图书馆都希望能得到热情的服务。因此，只要"图书馆"这个实体存在，这种以用户为中心的服务模式就应该被保留和弘扬。无论技术如何发展变化，以人为本的服务理念始终不变。

2. 正确处理用户意见

即便是优秀的高校图书馆，也无法避免在一些方面让用户感到不满的问题。在高校图书馆与用户的交流和互动过程中，图书馆的领导和管理者需要充分认识到这一点，不应该盲目地要求图书馆馆员一味地迁就用户的观点和需求，而是需要适当地处理这种潜在的矛盾。一些图书馆设立了"馆员委屈奖"，以表彰那些在面对不理智的用户时能保持冷静和忍耐的图书馆馆员。但是这种做法也应当因情况而异。如果用户的意见是建设性的，图书馆馆员应认真考虑并接受，此时谈不上委屈。如果用户的行为和意见是无理的，图书馆馆员就有责任承担起对用户进行教育的任务，让用户了解高校图书馆的立场和原则，同时引导用户遵守信息伦理和道德，不滥用便捷的网络技术，更不应在网络上恶意攻击或诋毁高校图书馆的形象。这是图书馆馆员在面对挑战时需要肩负的责任，也是他们工作的一部分。

第五节 高校图书馆的艺术文化建设

一、高校图书馆建设的物质文化艺术

提及学校文化，人们通常会立刻想到校园建筑和环境，以及学校长期积淀下来的校训、校风、教风、学风，乃至知名教师和著名校友。学校文化是物质和精神财富的结合，是学校在长期办学过程中创造的产物，它是一种知识、信仰和艺术的综合体现。学校文化不仅拥有社会控制和社会化的功能，还具有激励和团结的力量，以及熏陶和潜移默化的影响。它还能自我反思和约束，产生扩散和影响的效应。因此，学校文化的建设应从"物的部分"开始，而学校的核心竞争力源于学校文化的物质部分和精神部分的完美结合。因此，为了提升学校文化的竞争力，学校需要构建其独特和持久的竞争优势，同时灵活把握学校文化结构需求的变化。

（一）图书馆装饰与园艺文化

图书馆装饰包括两个方面的含义：一方面，它涉及图书馆构图和装饰元素；另一方面，它还指明这些装饰元素需要符合图书馆的通风、采光和隔音等实用性要求。

美化自然环境不仅是一项技术，更是一种艺术形式。它强调审美感，注重环境元素之间的协调性，通过对比大小、明暗、动静、曲直、聚散等元素，来构建一个和谐而美好的环境，带给人们愉悦和欣赏的感觉。在图书馆内部，装饰、通风、采光、隔音等物理因素的设计更多的是为了创造出一个适宜阅读的环境，满足读者的生理需求。在美化自然环境方面，中国自古以来就有很高的要求和独特的理解，古代的藏书楼建筑多是顺应着周围的自然环境进行设计和建造的，比如明代的天一阁，其建筑精致，材料考究，构造精巧，庭院优雅，显示了我国古代对于图书馆装饰的高尚追求。

（二）园艺与绿化

法国城市规划理论家勒·柯布西埃提出了城市住宅三大不可或缺的元素：阳光、空气和绿化，他认为绿色是生命的欢乐和希望的象征，草地带来舒适、宁静和开放的意境。① 绿化是建筑环境基本的要素。除了美化环境，绿化还可以增强艺术效果，改善微气候，净化空气，减少噪声，调节温度，防风减沙，减少污染，还能使人们有接近自然的愿望，陶冶人们的性情。图书馆的外部环境、绿化设计和建设，通过巧妙地运用点、线、面等元素，使图书馆成为一个各部分相互融合的整体。

（三）图书馆园林

除了绿化，图书馆的外部空间也需要充分利用，可以建设形态各异、风格独特的园林空间，为读者提供阅读和休闲的优美环境，不仅可以增加图书馆的美观度，更为读者提供了接触和亲近大自然的机会，从而为读者在图书馆内阅读、学习或休闲提供了一个良好的环境。

第一，高校图书馆的建设要充分发挥地形优势。把山、树木等自然元素融入建筑环境设计，使图书馆建筑与周围环境融为一体，互相辉映，

---

① （法）柯布西埃（L. Corbusier-Saugnier）. 走向新建筑[M]. 吴景祥，译. 北京：中国建筑工业出版社，1981：144-146.

形成一幅立体的自然画卷。第二，利用水体为环境增添魅力。水体不仅可以抑制尘埃，湿润空气，调节气温，而且水面还能反射出图书馆周围环境的宁静。第三，灵活运用园林雕塑和园林小品。雕塑、叠石、喷泉、水池等可以与绿地、树林巧妙结合，使雕塑与环境互衬，相映成趣，让环境具有独特的个性，并与整个图书馆建筑和谐相协调，形成一个完美、和谐、优美的图书馆自然环境。

园林绿化并非多余或浪费，反而是展现图书馆整体形象和优美氛围的重要手段。优雅的图书馆环境能够提供给读者清新舒适的阅读空间。疲惫的读者可以在自然的怀抱中放松身心，清新的空气可以帮助他们消除疲劳。因此，园林绿化也是吸引读者的重要因素，可以想象一下，如果一个图书馆位于闹市中心，而且没有任何绿化，那么在这样的环境中阅读就变得难以想象了。

二、高校图书馆的布局

在进行图书馆布局设计时，需要从静态和动态两个角度出发来考虑空间的划分。在静态层面，图书馆的内部空间可以被划分为读者阅读空间、图书馆工作和办公空间；在动态层面，共有三条关联的线路，即读者路线、文献流通路线以及管理人员活动路线。在设计图书馆布局时，需要清晰地理解和处理好这三个静态空间和三条动态线路之间的关系，这样就可以抓住设计的关键，精确地掌握使用功能划分的核心。

（一）高校图书馆布局的基本原则

1. 提供方便给读者的原则

图书馆的布局设计应根据馆藏需求和读者的阅读习惯以及阅读心理而进行的，设计的出发点应是提高读者使用图书馆的便利性，使其能快速地获取所需的服务，从而最大限度地发挥图书馆的功能。现代图书馆通常采用开放空间布局，利用广阔的空间进行图书的收藏、借阅和阅读工作，为读者提供便利并创造互动的可能，减少与读者之间的距离，体现图书馆的人文关怀。方便读者的原则可以通过"三上三下"来进行概述，即读者使用多的窗口在下，少的在上；普及性的窗口在下，研究性的窗口在上；开放时间长的在下，短的在上。

2. 体现发展的原则

随着现代科技的飞速发展，高校图书馆需要与时俱进，不断地加以调整，以不落后于社会发展的步伐，并满足读者持续增长的需求。这种变化在图书馆的空间布局上表现为持续调整和优化，传统图书馆中的阅览室通常占据了大部分空间，但随着数字资源的增多，高校图书馆不得不划出大片空间来建立数字阅览室。随着无线互联网技术的发展，高校图书馆无须提供大量的上网阅读设备，只需要提供便捷快速的网络接入服务，这使得传统的阅览空间与电子阅览空间逐渐融合，形成了一个整体。因此，高校图书馆的布局设计不能一成不变，而需要展现出对现代潮流的理解，体现出不断发展和适应的原则。

（二）高校图书馆布局的发展趋势

随着互联网的持续发展，图书馆在空间布局上也进行了相应的调整和更新。以前的图书馆设计主要侧重于方便读者查阅和阅读实体图书，现在的图书馆则不仅保留了原有的布局，还增设了各种配套设施，以方便读者使用电子设备阅读和自我学习。这些设施包括各种插座、网络连接设备等，同时现代图书馆也通常配备有专门的电子阅览室。

为了方便读者尽快熟悉和利用图书馆资源，图书馆可以在入口处设置明显的指示标识，并通过发布图书馆手册等方式，为读者提供图书馆利用的最优指南和建议。这样做的目的在于帮助读者以最短的时间了解和熟悉图书馆，最大限度地利用图书馆资源。

三、高校图书馆视觉识别

图书馆的视觉识别系统是图书馆理念的物化表达方式，是一种重要的形象标识方式。它涵盖了一系列视觉识别的方法和手段，如标志、标准字体、象征图形，将这些视觉识别元素融入图书馆的自然环境，便构成了图书馆独特的物化表达。视觉是人们感知外界、获取信息的主要方式，图书馆的视觉标识应当能够突出图书馆的独特性，强调其核心服务或理念，并体现在图书馆的服务标志、指示标识、图书借阅证、员工工作证等多种元素上，进而形成一套简洁且代表图书馆的标识系统，让图书馆展现出独特的个性，形成一个完整的、具有标识性的整体。具体来说，高校图书馆视觉识别主要体现在以下几种意识，如图 3-5 所示。

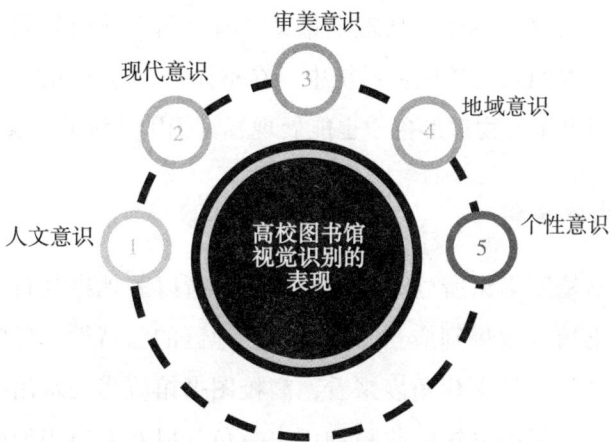

图 3-5　高校图书馆视觉识别的表现

（一）人文意识

作为一种表达图书馆理念的物化表达方式，图书馆的视觉识别体现"读者第一，服务至上"的理念，其在读者心中建立了一个强烈的图书馆形象，这种形象不仅是公共性质的，也让读者从视觉上直观地、真切地感受到图书馆的环境和氛围。因此，在设计高校图书馆的视觉识别时，必须兼顾社会利益和读者利益。

（二）现代意识

作为一个兼具文化服务和教育职能的机构，高校图书馆必须履行其保存文献信息资料和组织社会文化教育活动的功能，这是高校图书馆在发展社会生产力和推进先进文化中的重要角色。因此，高校图书馆的视觉识别系统需要充分体现出现代化意识。

（三）审美意识

视觉识别系统的设计是以审美为基础的。虽然视觉形象可以通过设计来创造，但视觉识别系统本质上具有审美意义，其基本的审美要求是美观、和谐、大气、得体。从宏观意义来看，图书馆内外的所有物理和自然元素都可以融入视觉识别系统中。在整体上，这些元素应和谐统一，既能反映出图书馆的物理形象，也能展现视觉识别系统的审美意义。

（四）地域意识

不同的高校图书馆所处地域多有差异，所以表现出其自身独特的特点。高校图书馆视觉识别应当体现其所在地区的独特性，反映出地区的经济和文化特征。从文化角度来看，高校图书馆应当展示出不同的民族和民俗特色，凸显图书馆的收藏和历史特色，以及突出当地的名胜和名人等元素。从经济角度来看，高校图书馆可以挖掘地方特色产业和产品。总之，地域独特性是高校图书馆视觉识别需要反映的重要对象。

（五）个性意识

图书馆视觉识别需要强调图书馆的个性。不同的图书馆具有不同的类型、级别、地域和特色，因此在设计识别系统时，应寻找并突出图书馆的特点和优势，从而创建出独特的视觉形象，使图书馆在众多图书馆中脱颖而出，给人留下深刻的视觉印象。作为一种图书馆形象识别的方式，视觉识别的主要功能在于通过各种方式展示图书馆的文化内涵，形成统一而鲜明的信息，让读者能够快速接受，这不仅能提升图书馆工作人员的工作热情，增强图书馆的凝聚力，也能协调图书馆与公众的关系，提升图书馆的知名度和声誉。

第四章 高校图书馆文化的创新

第一节 基于创新思维培养的高校图书馆文化

一、创新思维的基本内涵

作为一种思维方式，创新思维的运作必须遵循一系列步骤。只有具备创新意识和创新人格的人，才能利用多元的思考方式，萌生出与众不同的想法，并将其转化为实践，最终形成创新成果，从而实现创新活动。在这个过程中，创新人才是基础，创新思维是核心，创新意识是动力，创新人格是保证，创新实践是要点，创新成果是效益。创新思维的培养与提升是创新人才培育的核心任务，要想培养更多高素质的创新人才，就必须深入理解创新思维的基本内涵。

思维研究是一种科学探究活动。思维是人脑独有的精神活动，是个体对外部世界进行观察、分析和评判的综合认知过程，其结果是获得观念、意识和理念。思维是个体对各种形式、多样性信息进行主动处理的过程。通常情况下思维跟随现实，即信息的出现促使人类进行主动的处理，这种主动的处理可能是按部就班的，也可能是新颖且独特的，这就产生了两种不同类型的思维：一种是再现性思维；另一种是创新性思维。再现性思维确保了知识的积累、遗传和传播，而创新性思维则是创新的根本。

创新思维，作为一种高级的思考方式，对信息有独特、新颖且超前的处理方式，其目标是解脱束缚、超越现实。美国心理学家科勒斯涅克说过："创造性思维就是指发明或发现一种新方式用以处理某件事情或表达某种事物的思维过程。"① 更具体地说，创新思维是一种独特的、待验证的、有意义的思维，它是在特定知识背景下，由社会或实践触发和引发的，可以突破常规思维的观点、路径，甚至信仰。创新思维需要有一定的知识背景作为支持，但同时需要摆脱原有知识的限制和束缚。创新思维需要灵活、丰富的联想力，以清晰、连贯、恰当的语言来表达，并不断探索和研究，用实践来不断检验自己的想法。最终，创新思维的目标是产出或获得新颖且具有原创性的研究成果，即创新成果，这才是让创新思维发挥作用的终极目标。

二、创新思维的思维方式

创新思维是一种可以被培养和训练的技能，同时它也可以成为人们日常生活和成长的方式，并在人们的实际生活和职业生涯中得到呈现。美国心理学家戴维斯曾指出，"创造性思维是一种生活方式，是一种人格特质，是一种知觉世界的方式，是一种与人相处的方式，是一种生活和成长的方式。活的创造力是发展自己的天赋，变成一种有创造力的人，这个人能发现新领域和产生新思想，能解决别人解决不了的问题"。② 通过培养和塑造创新思维能力，人们可以更好地发掘自身的潜力，展示自身独特个性，并实现个人价值。在很多情况下，创新思维需要个人的直

① （美）科勒斯涅克（W. B. Kolesnilk）. 学习方法及其在教育上的应用 [M]. 张云清，译. 太原：山西人民出版社，1981：94-113.
② （USA）G. A. Davis. Creativity is Forever[M]. Madison：Wisc. Badger Press，1981：242.

觉、想象、洞察力、预测能力以及捕捉机遇能力的发挥。而这些能力的施展，则受制于个体的思维方式，尤其是创新思维方式的影响和限制。创新思维的思维方式主要包括以下几种，如图 4-1 所示。

图 4-1　创新思维的思维方式

（一）发散思维

发散思维是一种探索从多个角度去想象和审视问题的方法，其基础在于挑战传统、习俗和既有模式，打破现有边界的约束，摆脱固定的思考和处理策略，以创造新的理念、观念和策略。从空间视角来看，发散思维致力于突破点、线、面的限制，利用立体思维来解决问题，形成多角度、多维度、多层次、多关系的认知。从时间视角来看，发散思维在过去、现在和未来三个不同的时间节点进行思考，这是一种延展性的思考方式，旨在解读过去、洞察现在、预测未来，而不仅仅局限于目前的情况。发散思维在多方面思考、长时间跨度、流畅的思维以及其独特性上展示了其独有的优点。

（二）逆向思维

逆向思维是一种与传统和常规思维方式大相径庭，有时甚至与之相反的思考方法，它代表了一种反向的思维方式。逆向思维通过采用反向或对立的视角来思考和解决问题。与常规思维方式不同的是，逆向思维采用了与传统思维方式相反的方式来思考问题，这使它具有创新性和新颖性。当人们面对任何事物时，为了全面理解它，需要考虑其反面。很多创新的发现都源自这种反向的假设和设想，并通过进一步的验证实现了创新的结果。例如，速算法发明人史丰收通过逆向思维，采取反向求证法发明的从左到右的"速算法"就是一个有力的例子。

（三）批判思维

批判思维指的是人们在面临的问题或现象时始终保持怀疑态度，再通过逻辑推理和充分的理由进行有依据的分析，最终得出肯定或否定的结论。正如法国哲学家狄德罗所说："怀疑是通往哲学的第一步。"① 这不仅适用于哲学，实际上在所有知识领域都是如此。创新往往要求我们对已有的观点、权威或他人的思想和结论提出疑问，提出新的问题，发现并质疑其不足，进而产生新的思考。当人们能对所学的知识提出疑问，这意味着人们已经对所学的知识有了独立的思考，这才是教学的真正目标。正如美国科学哲学家托马斯·库恩在《科学革命的结构》中所指出的那样，所有的科学创新都始于对过去科学家普遍接受或常规认识的全面颠覆。② 这就需要创新者有决心和勇气去打破旧有的规则和传统。因此，批判思维是一种打破束缚、极易实现创新的重要思维方式。

（四）非线性思维

非线性思维，这一概念自20世纪80年代末期正式被提出，与线性思维形成鲜明的对比。它并非直线式的思考方式，而是一种曲线的、螺

---

① （法）狄德罗.哲学思想录[M].书琴，译.南昌：江西美术出版社，2019：1-46.
② （美）T.S.库恩.科学革命的结构[M].李宝恒，纪树立，译.上海：上海科学技术出版社，1980：43-55.

旋式的复杂科学思维方式，是一种突发的、瞬时的、创新的思考方式。事实上，世界本身就是非线性的。在混沌的现象中，非线性思维能更好地掌握事物的本质，不会在研究过程中过度简化事物的现象，具有全面性的特点。在混乱看起来复杂的无序中，非线性思维能够及时捕捉到灵感，准确掌握其内含的有序规律，拓宽思路，寻找和探索解决问题的方法，从而更容易发现新的规律，极具创新性。擅长非线性思维的人能够抓住突然来的灵感，并将其转化为稳定的认识，使其他人感觉他们非常聪明，甚至带有一些神秘性。

（五）非理性思维

非理性思维，是一种与理性思维相对的思维方式。理性元素如经验和知识，构成创新思维形成的基础条件；相比之下，非理性元素则成为直接推动创新思维的驱动力。非理性涵盖了包括意愿、直觉、经验、洞察力、灵感等在内的主体积极情感因素。非理性思维是由一系列因素——情感、意愿、欲望、直觉、体验、灵感和顿悟所引发和激发的一种思维方式，是一种突然而非感知的思维方式，但由于其易于消失和不稳定，创新往往在一瞬间的直觉、灵感或顿悟中形成。这些元素最初只存在于潜意识之中，只有当它们进入人们的显意识时，才能为创新思维提供必要的素材。人们能否抓住这些非理性思维元素——直觉、灵感和顿悟，是因人而异的。但人们可以通过提升人们对自身非理性思维的重视程度，依靠积极且正确的引导，来提高非理性思维的捕捉和利用。

从创新思维的基本方式可以看出，无论哪种思维模式，其目标均在于激发直觉、灵感和顿悟，这些都被视为创新思维的核心要素。如果将思维的基本形式分类，那么概念、判断和推理就构成了逻辑思维的基础；意象、形象识别、联想和想象则构成了形象思维的基础；而直觉、灵感和顿悟则是创新思维的基础形式。这些创新思维的基础要素——直觉、灵感和顿悟，是大脑在接触到知识和想象之后，经过瞬间加工得出的结果，它们主要在创新活动的开始阶段发挥作用。直觉、灵感和顿悟并不是独立的思维形式，而是各种不同思维层次，如形象思维和抽象思维等的集合，并体现了创新思维的基本形式。直觉不仅是天生的，而且与一个人对特定领域的熟悉度、经验丰富程度，以及思维流程的高效性和概括能力密切相关。灵感的出现则需要联想、想象、启发和类比等各种思维加工。至于顿悟，它主要依赖于对知识模式的抽象迁移过程。因此，直觉、灵感和顿悟是创新思维的基本形式，它们集合了各类思维方式和方法的应用。

三、高校图书馆文化对大学生创新思维培养的促进作用

（一）文献服务对大学生创新思维培养的促进作用

尽管人类的进步和科学技术的发展具有内在的规律，但这些进步和发展往往都与前人知识和文化的积累紧密相关，也构成了人类知识和文化发展的重要组成部分。科学家们的发明和创新需要借鉴前人的科学、技术、知识和文化，并从整个人类的知识和文化积累中汲取灵感，以激发创新热情，从而得出新的发现、创新和成果。可以说，科学的进步建立在人类知识和文化积累的基础之上，科学的历程实际上就是人类文化积累和扩大的历史。瓦特蒸汽机的改良过程就是一个例子，这一过程经历了从希龙的气涡轮到巴本的带活塞和汽缸的蒸汽机，再到萨维里的蒸汽机和纽科门的空气蒸汽机，最后由瓦特在这些先前经验的基础上改良的蒸汽机，这个过程就是工业革命的关键步骤。因此，要想实现创新思维和创新成果，必须深入研究和理解前人的知识和文化。只有对人类文化的积累和发展过程有深入的理解，才能更好地进行新的科学研究和创新。

大学生作为创新思维培养的主体，必须深化对知识积累的重视，因为这是走向创新的关键步骤，同时是提升思维能力和激发创新灵感的有

效方式。大学图书馆是一个重要的知识资源库，其中收藏了不同学者、不同时期的科学著作、期刊论文等研究成果，这些知识资源大都是记录性和描述性的，但对于大学生这样的知识消费主体来说，他们不应满足于传统知识的机械记忆，而应该寻求在现有知识基础上创造新的精神和物质财富。如果大学生能在设定清晰的研究目标后，投入大量的时间阅读文献和积累知识，则更有可能在创新的道路上取得成功。很多国内外的学者和科学家就是通过大量阅读书籍，积累知识，获取灵感，最终为提出新理论和发现新成果奠定基础的，如中国数学家陈景润、美国发明家爱迪生、英国科学家查德威克。

（二）信息检索对大学生创新思维培养的促进作用

图书馆通过运用现代通信技术和先进设备，为读者提供信息检索服务，以及帮助读者查找、浏览和利用文献资源的服务，就是所谓的信息检索服务。这种服务的普及和使用对于增强大学生的信息素养，包括他们获取和处理信息的能力具有极大的帮助。在这个信息化的时代，提升大学生的信息素养不仅满足了现代高等教育改革的内在要求，也是为了培养具备高素质的创新人才。信息素养的培养旨在加强学生对信息的认知和评价能力，以及提升他们的信息应用和实践能力。通过信息素养的训练，大学生能更熟练地运用信息技术，实现信息的识别、获取、处理、传递和使用。信息素养的提升具有三个重要的优点：一是可以增强大学生对信息和问题的洞察力和敏感度，提高他们运用和创新知识的能力；二是可以帮助大学生建立起终身学习的观念，培养他们的终身学习能力和习惯；三是能使他们在众多的信息中筛选出有价值的信息，降低低质量信息的负面影响。

信息素养是培养大学生创新思维所必需的关键要素。具备优秀信息素养的个体，能够快速、准确地识别并获取对自身有用的新颖信息，这种敏锐的信息意识使他们在知识的广度和深度上都具有优越性。因此，这样的人通常拥有更丰富、多样化的创新思维方式，更有可能产生科技创新的火花，甚至独特的新成果。信息素养是创新思维活力的源泉。其实创新思维的进程，实际上是一个不断与获取并处理的信息进行交融和碰撞的过程。在吸收、解析、评估大量新信息的过程中，新的见解和构想有可能激发出独特的创新灵感，产生深度的洞察，这经常是创新成果诞生的关键环节。在当今这个信息爆炸的时代，提高信息素养是每个大学生必备的能力。只有这样他们才能在繁杂的信息中寻找到真正有用的、能够激发创新思维的知识和信息。因此，高校图书馆需要进一步强调信息素养在大学生创新思维培养中的重要性，并积极推动信息素养的教育和培训，为培养具有创新思维的优秀大学生奠定坚实的基础。

（三）学术交流对大学生创新思维培养的促进作用

学术交流活动是学术研究与知识探索的重要舞台，它为参与者提供了一个开放、民主且自由的环境，使他们能够讨论和表达自己的观点。这样的环境不仅展现了各种学术观念，而且成为各种思想相互冲撞和融合的空间。在这个过程中，信息被不断地筛选和深化，新的理论和视角被揭示并传播。学术交流的本质远超信息的传播，它还涉及激发热情、启发智慧、获取灵感和抓住机遇等诸多层面，这些特性使学术交流成为培育大学生创新思维的富饶之地。在这个环境中，学生们可以接触到新颖的理论和视角，从而优化他们的知识体系，拓宽他们的创新思维，并激发他们的求知欲。因此，学术交流在创新成果的形成过程中具有至关重要的作用。通过这种交流活动，新颖的想法和理论得以产生并得到验证，对于大学生的创新思维培养产生了积极的推动效果。因此，学术交流是大学生创新思维培养的重要环节，其对于促进大学生的创新能力和创新成果的产生具有深远的影响。

学术交流活动可以划分为两种不同的类型，分别为正式交流、非正式交流。正式交流通常在活动开始之前，通过书面的方式（如图书和期刊等）将主要的观点和理论以简明扼要的形式传递给他人，便于在活动中进行深入的交流和评价，这种方式具有一定的系统性和权威性，但互动性和及时性可能存在一定的滞后。非正式交流不受地点、内容、时间和参与者的限制，以更为自由的形式进行，更侧重于面对面或网络环境中的直接交流，整个过程中，信息的完善和全面化不断进行，使传递的信息更加准确。高校图书馆的学术交流活动大多以非正式交流为主，这为大学生的创新思维培养提供了丰富的条件。一方面，这种交流方式能够让学生及时了解到学科的最新发展趋势，积累知识，拓宽思维，激发学习积极性；另一方面，它也为学生提供了研究方向和创作灵感，进一步推动了他们创新思维的发展。

（四）专题讲座对大学生创新思维培养的促进作用

专题讲座在类型和主题上呈现出了丰富多样的特点，吸引了大量的参与者。中国的国家图书馆设有专门的部门负责策划、宣传和执行各类讲座活动，现已开发出数十种专题讲座系列，比如历史文化讲座、知识讲坛、读书沙龙、经典著作系列讲座等，一些专题讲座甚至已经发展出自己的品牌。高校图书馆的专题讲座类型同样丰富，主要包括信息检索类专题讲座以及关于创新、创新思维与科学关系的讲座，并且覆盖了多个专业领域，如时政、文化、法律、社会、艺术、教育、科技和技术，对于塑造大学生创新思维有直接影响。其中，信息检索类讲座能够提升学生们的信息筛选、整合能力，增强他们的独立研究能力，从而提升他们的创新思维能力。关于创新、创新思维与科学关系的讲座则能够让学生们深入理解创新在科学研究中的重要性，激发他们的创新精神，培养他们的创新思维。

关于创新、创新思维与科学关系的讲座，旨在帮助大学生深入理解创新思维的生成机制、所需的环境和其所带来的益处，主要目的在于激发更多的大学生对创新理念的热情，使之意识到其在日常生活和学术研究中的关键作用，进而培养和提升他们的创新思维能力。此外，大学生通过积极参与这类讲座，可以深化其自身对大学教育目标的理解，即培养他们获取和应用知识的能力。国际上对创新和创造机制课程的设立和推广得到了高度重视。例如，早在 1948 年，麻省理工学院就开设了专门以培养创新力为目标的课程。随后哈佛大学和加利福尼亚大学等高校也纷纷设立创新学课程，用于深入研究和传播创新思维理论。美国甚至设立了专门研究创新思维相关课题的研究机构。总之，高校图书馆通过举办一系列关于创新、创新思维和科学关系的专题讲座，为大学生提供了一个轻松的学习环境，使他们有机会深入理解创新思维的发展条件。在此过程中大学生可以逐步构建自己的创新思维理论体系，为创新思维的培养提供理论基础和引导。

（五）竞赛活动对大学生创新思维培养的促进作用

高校图书馆的竞赛活动具有强烈的趣味性、知识性和激励性，鼓励大学生主动研究、探索和使用图书馆资源，对大学生具有较强的吸引力，有助于图书馆使用度的大大提高，同时利于传播丰富的知识，增添校园文化的多样性。[①] 对于大学生来说，图书馆举办的竞赛活动增强了他们的动手动脑能力，同时在活动中他们有可能发掘出自己在特殊领域的潜力，这为他们的创新思维提供了基础。竞赛活动不仅激发了学生的求知欲，让他们以积极的态度追求知识，也提供了一个平台，让他们可以自由地表达自己对于特定问题的独特观点和想法。在这个过程中学生可以从别人的观点中获取灵感，有所领悟，从而提炼和深化自己的思维。灵感和领悟是创新思维所需要的重要元素，是推动创新思维形成的内在动力。因此，图书馆的竞赛活动是对大学生创新思维培养的有力推动。

高校图书馆的竞赛活动为大学生构建了一个充满自由、开放、共享

---

① 曹玉枝．近 5 年"双一流"大学图书馆经典阅读推广活动调查分析 [J]．图书馆学研究，2020（23）：73-80．

和尊重的学术环境，使他们在体验到知识乐趣的同时，也深刻认识到自己是知识的主人，具有掌控学习的能力。竞赛的趣味性能激发学生们的潜力，推动他们在多样化的环境中启动创新思维。更具体地说，这些竞赛活动以奖励为激励，鼓励大学生在竞赛中表达自己的观点和理解，并有勇气对他人的观点进行批判。这种敢于发声、勇于挑战的精神，对于培养大学生的创新思维和批判性思考是至关重要的。竞赛活动的开放性则能激发学生的主动学习和创新意识，它让学生明白，如果想在比赛中胜出，就需要借助创新和全面性的思考。这意味着学生需要在信息收集过程中提高思维的活跃度，寻找和产生获胜的灵感和想法，这无疑对深化他们的创新能力有着积极的推动作用。竞赛活动的合作性使大学生学会了知识的主动分享和互相尊重。这种实践的体验让他们感受到合作研究的好处，并愿意在未来遇到问题时更加开放地接受他人的意见和建议。如 DNA 分子双螺旋结构的研究和确定就是物理学家克里克、数学家格里菲思和生物学家沃森的合作成果，这样的学习态度对于培养大学生的创新思维起着重要的推动作用。

四、基于创新思维培养的高校图书馆文化建设的路径

（一）明确图书馆文化以学生为主体的重要性

明确学生在图书馆文化上的主体地位，是创造有利于创新思维形成的条件。但这远远不够，还需要通过实际行动和措施使学生真正认识到自己的主体地位，由此更有效地激发学生参与图书馆文化建设的积极性，并能让他们更好地利用图书馆的独特资源来培养自己的创新思维。那么图书馆应该采取什么样的措施和行动，才能让学生真正认识到自己的主体地位呢？这里图书馆文化活动可以起到关键的作用。在传统观念中，图书馆仅仅被视为收藏各类书籍的场所，被看作一个无法进行自主行为的物质实体。人们对图书馆的认知已经从单纯的书籍收藏中心逐渐升华

到文化交流的平台。图书馆通过举办各种活动，如学术交流、专题讲座、竞赛，不仅展现其独特的文化风貌，也与读者产生了深度的互动。这些活动使图书馆的功能不仅限于存储和提供信息，而是更进一步地参与到学术和文化的传播中去，让学生们意识到他们在图书馆文化中的主导地位，不再是被动接受知识的对象，而是主动的文化参与者。学生通过参与这些活动，可以得到学术上的启发，也享受到了文化的乐趣。因此，图书馆的文化活动对于学生们的学习和成长具有重要的促进作用，也是图书馆服务功能的重要组成部分。

例如，图书馆的学术交流、专题讲座、竞赛活动等活动的活跃开展，可以有效地吸引学生与图书馆接触并产生深度交流，使学生深入认识到参与图书馆文化活动能够极大地丰富他们的知识储备、拓宽思维视野，并激发学术兴趣。这种深层次的认识鼓励着学生积极参与图书馆文化活动，也给图书馆文化活动的开展提供了强大的动力。从最初的无意识或被动地参与，到后来积极主动地参与各类活动，学生开始意识到图书馆的资源是可以由他们自由掌控的。图书馆的资源一直都在那里，等待着主人随时来探索和利用，这种认识逐渐塑造了学生对于自己在图书馆中主体地位的认知，是学生利用图书馆文化培养创新思维的前提。因此，在开展图书馆文化活动时，要特别强调图书馆在资源上的独特优势，同时要注重提升活动的学术性、开放性、自由性、平等性、激励性和趣味性，这样才能吸引更多的学生积极参与图书馆文化活动，通过活动提升自我认知，塑造良好的品格，建立对图书馆的归属感。

（二）提升图书馆学术交流活动的水平与质量

高校图书馆长期并有效地开展学术交流活动，能够帮助学生扩展视野、锤炼思维，并促进创新思维的形成。学术交流的核心在于鼓励争议和质疑，因为这正是推动思考深入，进而产生新思想、新观点、新想法，甚至新成果的关键所在。只有充满争议和质疑的学术交流活动，才能被视为高水平和高质量的。在开展学术交流活动时，如果没有积极地鼓励学生对权威和专家观点提出疑问，那么将会错失推动思想碰撞和学术探索的机会，更难以引发学生的学术创新热情。这样一来学术交流活动的真正目的就无法实现，对于培养大学生的创新思维也无法起到应有的作用。

为了保证学术交流活动对大学生的创新思维培养有深远的影响，高校图书馆必须注重提升活动的质量和效果，而不只是停留在形式化的层面。具体可从以下几个方面进行深化和提升：首先，高校需要在资金、人力等资源上给予充足的支持，以保证学术交流活动的数量和质量得以优化。只有充分的资源才能保证这些活动的顺利进行，也只有在数量和质量上的提升，才能有效地吸引和影响学生。其次，学校应当构建合理的政策体系，完善奖励机制，以刺激和激发学生更加积极地参与到学术交流活动中。这一步骤是关键，因为只有学生自身感到有所收获和提升，他们才会持续和深入地参与其中。最后，活动的组织者应对学术交流的成果进行重视，对可能的研究方向进行挖掘。通过这种方式，可以充分发掘学生的创新潜力，提升他们的知识体系，进一步激发他们的热情。

（三）开展形式多样的图书馆学术交流活动

当前，尽管高校图书馆的学术交流活动主要以专家的学术报告和科学研究主题为主，但还有许多其他形式的学术交流活动，如学术沙龙、在线学术交流，同样能有效地促进大学生创新思维的形成。其中学术沙龙具有其独特的开放性和自由性，为参与者提供了一个轻松自由的学术氛围，使他们可以自由地交换思想，倾听他人的观点，勇于参与争辩并从中得到相互的启发，对参与者创新思维的形成大有裨益，同时有助于参与者提出创新成果。在学术沙龙中，发言时间和顺序没有严格的规定，这意味着所有的参与者都有平等发言和交流的机会，不存在任何形式的学术权威，进一步鼓励了大学生们更广泛、更深入的交流和思考。例如，清华大学的研究生们经常举办学术沙龙活动，他们常常会选择一些前沿和热点的学术话题，这些主题通常是学生和学者都十分关心的问题。在这样的活动中，学生们在开放、轻松、悠闲的氛围中交换观点，这种环境极大地鼓励和激发了学生们进行学术讨论的积极性。英国剑桥大学的学术沙龙活动也备受教授和学生的欢迎，他们常常利用下午茶的时间，来自不同学科背景的与会者在一起进行学术交流和探讨，这种自由、开放的讨论环境，促进了不同学科之间的思想碰撞，进而激发了各种新的想法和创新成果。

随着信息化和网络化的发展，人们的生活和交流方式开始逐渐展现出这些特性。互联网和通信技术现在已经成为人们交流的重要手段，这使学术交流也开始朝着数字化、信息化、网络化的方向发展。这一变化使学术交流的参与者不再受到地理位置的限制，而且交流的开放性、共享性以及及时性也得到了增强，这降低了交流的成本。对于图书馆来说，利用这些新的技术进行学术交流能够增加交流的数量并提高交流的质量。因此，图书馆应当适应时代的变化，设立学术交流的网站，并成立在线交流的组织。在这个信息化的时代，网上专家讲坛、视频在线会议也成为可能。依托在线学术信息交流平台，大学生可以表达他们自己的观点和想法，并与其他学者进行交流和质疑。这样的互动交流激发了学生的研究热情，并不断发掘他们的创新潜力。这对于培养和塑造大学生的创新思维具有积极的意义。

（四）开拓高效性的信息资源检索工具

随着科技的快速发展，高等教育图书馆的信息检索服务已逐渐成为读者获取信息资源的关键途径。从技术角度来看，图书馆的信息检索工具也经历了从传统的书本式、卡片式和缩微型，发展到现代的机读检索工具的进程，这些技术的迭代更新不仅带来了使用上的便利，也使信息资源得到了更全面的利用。图书馆的信息检索工具需要不断进行更新和优化。这是因为尽管信息检索工具的不断改进使信息资源得到了更深入、更广泛地开发和利用，但实现信息资源的完全开发和利用却是不可能的。随着科学技术的不断进步和人类认识的深入，人们可以借助新的信息检索工具来进一步开发和利用信息资源，实现信息资源的更高效应用。

社会的进步和变化导致网络读者和用户的需求、兴趣和爱好也在不断发生变化，这就对图书馆的信息检索工具提出了持续优化和更新的挑战。为了确保图书馆网络服务能够满足读者的需求，高校图书馆需要充分地分析、理解和管理这些需求，借助计算机网络技术，可以积极分析读者的访问记录，进而更准确地了解和满足他们的各种需求、兴趣和爱好。图书馆的主要服务目标之一就是满足不同读者对于文献知识和信息的需求。因此，图书馆的文献信息服务方式必须能适应读者的需求变化，顺应电子化、信息化、数字化的发展趋势。信息检索工具的不断更新和优化推动了高校图书馆向网络化、信息化、数字化的转型，这不仅满足了科技广泛应用背景下，大学生对于文献信息检索方式的需求，实现了信息检索的便利性和及时性，也为大学生提供了形成创新思维所必需的知识积累，提供了更全面、更优质、更快捷的服务。同时这一变化也提升了高校图书馆信息资源的开发利用价值。只有当读者能够方便快捷地检索和获取他们需要的信息，图书馆的信息资源才能真正发挥其价值。因此，图书馆应当持续优化和更新其信息检索工具，以更好地满足读者的需求，发挥其作为信息中心的角色，最大限度地发挥其资源的价值。

（五）开拓多元化的馆藏文献阅读方式

人们正生活在一个快速发展的时代，其中大学生的阅读习惯、方式和需求正在发生着各种变化。在这种环境下，图书馆的建设也需要积极适应这种变化，通过加强数字化建设，以更好地服务于大学生群体。在现代社会，电脑、平板和智能手机已经在大学生中普及，并且在这些设备上阅读图书和文献已经成为一种趋势，这就是所谓的数字阅读。数字阅读是一种以数字化方式获取和传递知识的过程，不受载体、场合或形式的限制。它可以通过任何数字化终端进行，可以采用任何格式，可以通过任何技术手段实现，可以是跨越时空的社会性阅读，也可以是私人的阅读。数字阅读具有的特性包括快餐式地获取信息、跳跃性的阅读方式以及碎片化的知识结构。

随着数字阅读时代的到来，人们可以实现随时随地的阅读，这在一定程度上减少了人们对图书馆纸质书籍的需求。但如果高校图书馆希望在数字阅读日益普及的环境下继续更好地履行其职责，就必须进行必要的变革。虽然信息时代的到来为大学生提供了丰富多样的获取知识的途径，使数字阅读在他们的学习和生活中普遍存在，但这可能会使图书馆的纸质书籍变得鲜有人问津。现阶段，尽管数字书籍和文献的数量正在逐渐增长，但其数量和质量都远不及图书馆的纸质文献和书籍。在数字阅读广泛普及的背景下，学生似乎有了更广泛的知识获取途径，但在进行深入的学术研究和寻找灵感的过程中，数字文献还是无法取代纸质文献的地位。海量的信息可能会让学生沉浸在信息的海洋中，甚至可能让他们过于依赖信息，形成思维的惰性，这也是需要关注和思考的问题。

图书馆的未来可能在于将纸质书籍和文献转化为数字形式，以适应数字阅读的趋势，这不仅方便大学生获取大量的高质量知识，而且符合时代的需求，有利于图书馆的长期发展。当前大部分国内大学和公共图书馆已经开始提供多样化的移动数字图书馆服务，以便于在互联网环境下提供服务。这种改变显著增加了大学生对图书馆书籍和文献的访问量。在大量阅读的同时，大学生不仅可以获取更多的知识，还可能从中得到解决问题的灵感，使图书馆在培养学生创新思维的过程中发挥更大的作用。因此，高校图书馆应该利用现代科技加大对文献资源的数字化建设力度，丰富藏书的阅读方式，以创造出更多有利于塑造大学生创新思维的条件。图书馆不再仅是一个存储和提供书籍的地方，而是成为一个数字化、信息化的知识服务平台，引领学生在知识的海洋中自由探索。

第二节　高校图书馆文化创新

一、高校图书馆文化创新的必要性

（一）信息化和全球化使高校图书馆面临新挑战

在信息化和全球化的背景下，高校图书馆正面临着前所未有的挑战和机遇，这种形势的变化不仅影响了高校图书馆的工作方式，也对图书馆的文化创新提出了更高的要求。

信息化的浪潮为高校图书馆带来了巨大的挑战。随着信息技术的快速发展，越来越多的信息被数字化，这使高校图书馆不再仅仅是书籍的储藏所，而成为信息的中心。传统的图书馆服务方式已无法满足现代人们的需求，人们期望能够随时随地获取信息。因此，高校图书馆必须进行文化创新，以适应信息化时代的需求。信息化对图书馆服务的影响显而易见。随着网络技术和移动设备的发展，图书馆的用户更希望能够通过各种在线服务获取所需的信息，而不是通过传统的线下服务，这就要求图书馆需要构建新的服务模式。例如，开发在线查询系统，提供电子图书和期刊服务，创建数字化的学习空间等。这种转变需要图书馆对其文化进行创新，以适应新的服务模式。

全球化的进程给高校图书馆带来了挑战。随着全球化的推进，高校图书馆需要提供更多涵盖各种语言和文化的资源，以满足多元化的需求，这就要求图书馆具备丰富的文化资源，也需要具备适应多元文化的服务能力。全球化对图书馆文化的影响主要体现在文化交流和服务方式上。高校图书馆需要积极参与全球的文化交流，收藏各国的优秀文化资源，为全球的读者提供服务，同时图书馆的服务方式也需要根据全球化的趋势进行创新。例如，提供多语言的服务，增强跨文化交流的能力等。

（二）高校图书馆文化创新是图书馆各方面创新的首要条件

图书馆的各种创新活动，包括知识创新、技术创新、服务创新和制度创新，都离不开文化创新。实际上，文化创新是所有这些创新的首要条件，只有构建开放、包容、灵活、创新的图书馆文化，才能有效地推动图书馆的各项创新。

从知识创新角度来看，知识创新是高校图书馆作为知识服务机构的核心职能之一，也是其持续发展的动力源泉。任何一种创新都不是一个孤立的事件，都植根于一种特定的文化环境，也就是人们所说的创新文化。在一个尊重知识、鼓励探索和积极学习的文化环境中，知识创新能够得到更好的促进和发展。首先，尊重知识的文化是知识创新的基础。在高校图书馆中，无论是图书馆馆员还是读者，都应该把知识当作最重要的价值和资产，而不是仅仅看作工作或学习的工具。这种尊重知识的文化不仅能够引导人们更深入地挖掘、探索和理解知识，还能够鼓励他们对知识有更深的敬畏和尊重，从而形成一种积极的知识创新态度。其次，鼓励探索的文化是知识创新的动力。在这样的文化氛围中，图书馆馆员和读者都会被鼓励去探索未知的知识领域，挑战自我，不断提高自己的知识水平和能力。这种探索精神是知识创新的重要动力，它可以推动人们不断尝试、不断失败、不断学习，从而形成一种积极的知识创新习惯。最后，积极学习的文化是知识创新的保障。只有在一个积极学习的环境中，人们才能够不断吸收新的知识，扩充自己的知识库，提高自己的知识水平，从而为知识创新提供更丰富、更深入的素材。这种积极学习的文化不仅能够保障知识创新的质量，还能够提高知识创新的效率。

从技术创新角度来看，技术创新是高校图书馆的重要创新方向之一。在信息化、全球化的背景下，技术不断发展和进步，为图书馆提供了无数的可能性和机遇。但成功的技术创新并不是简单地应用新技术，而是需要在文化的支持下进行的。在一个鼓励尝试、宽容失败、愿意接受新事物的文化环境中，图书馆馆员会更有信心和勇气去尝试和使用新技术，这对于推动图书馆的技术创新至关重要。首先，鼓励尝试的文化是技术创新的基础。这种文化鼓励图书馆馆员积极地尝试新的技术和方法，不怕失败，不怕困难，使图书馆馆员能够积极地去接触、学习和使用新技术，从而推动技术创新的进行。其次，宽容失败的文化是技术创新的动力。在技术创新过程中，失败是不可避免的，甚至是必要的。一个宽容失败的文化能够让图书馆馆员在失败中吸取经验、提高技术，从而更好地推动技术创新的发展。最后，愿意接受新事物的文化是技术创新的保障。这种文化使图书馆馆员更愿意接受和适应新技术，而不是抵制或排斥它，这对于保证新技术的顺利应用和推广是至关重要的。

从制度创新角度来看，制度创新对于图书馆的发展和提高具有决定性的作用。制度创新并不是一蹴而就的过程，而是在一种鼓励改变、支持改革、注重效率的文化环境中进行的。只有在这样的文化环境中，图书馆才能有勇气和动力去推动制度的创新，打破陈规陋习，提高工作效率。首先，鼓励改变的文化环境是制度创新的基石。图书馆需要这样的文化环境来敢于质疑现状，探索新的可能性，这种文化环境鼓励图书馆馆员挑战现有的制度和工作模式，通过改变推动图书馆的发展。其次，支持改革的文化环境是制度创新的推动力。这种文化环境鼓励图书馆馆员提出和实施改革，同时能使他们相信改革的价值和必要性。在这种环境下，图书馆馆员不会因为改革的困难和压力而感到沮丧，反而会有动力去推动改革，以实现图书馆的改善和发展。最后，注重效率的文化环境是制度创新的导向。在这种文化环境下，图书馆馆员会更加关注制度改革的实效性，更加注重通过制度创新提高工作效率。这种对效率的追求，可以推动图书馆馆员更加积极地去探索和实践新的制度和工作模式，从而推动制度的创新。

二、高校图书馆文化创新的基本原则

高校图书馆文化的创新需要遵循一定的原则，如图 4-2 所示。

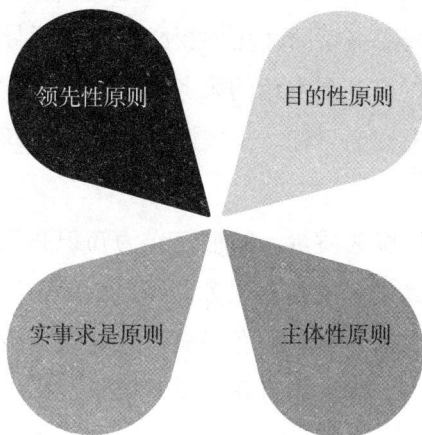

图 4-2 高校图书馆文化创新的基本原则

（一）领先性原则

领先性原则的本质在于高校图书馆在文化创新上应保持前瞻性的视角，以适应和引领社会的发展。图书馆应主动寻求并利用新的思想、新的知识、新的技术和新的方法来提升其服务质量和影响力。

一方面，领先性原则强调图书馆需要主动探索和应用新的知识和技术。在信息化和全球化的今天，图书馆作为知识的守护者和传播者，必须保持与时俱进的态度，主动适应新的科技和信息环境，以提供最新、最准确、最快速的信息服务。这意味着图书馆需要不断更新自身的知识体系，学习和掌握新的技术，如人工智能、大数据，从而能够更好地服务于读者。

另一方面，领先性原则强调图书馆需要引领文化创新。作为文化的重要载体，图书馆在文化创新中具有不可替代的作用。图书馆不仅需要保存和传承文化，还需要主动推动文化创新，如发掘和推广少数民族文化、地方文化等，推动多元文化的交流和融合，以丰富社会的文化生活。

（二）目的性原则

目的性原则强调图书馆的文化创新必须是目标导向的，即所有的文化创新活动都应该以提升图书馆的服务质量、优化读者的使用体验、促进图书馆的可持续发展为目标。高校图书馆文化创新的目的性原则主要表现在以下三方面：

第一，图书馆的服务质量。图书馆作为知识和信息的中心，其首要任务是为读者提供高质量的信息服务。因此，图书馆的文化创新应以提高服务质量为目标，通过创新服务模式、优化服务流程、提升服务效率等方式，满足读者多元化、个性化的信息需求，来增强图书馆的吸引力和影响力。

第二，读者的使用体验。在信息化、全球化的今天，图书馆不仅需要提供高质量的信息服务，还需要关注和优化读者的使用体验。因此，图书馆的文化创新应以改善读者体验为目标，通过提供舒适的阅读环境、友好的服务态度、方便的使用流程等方式，让读者在图书馆中感受到尊重和关怀，提高读者的满意度和忠诚度。

第三，图书馆的可持续发展。随着社会的发展和变化，图书馆面临着各种挑战，如资源有限、竞争压力大、用户需求变化快等。因此，图书馆的文化创新应以促进图书馆的可持续发展为目标，通过构建学习型图书馆、绿色图书馆、数字图书馆等模式，提升图书馆的竞争力和生命力。

（三）主体性原则

主体性原则是指在高校图书馆文化创新中，应充分认识并尊重图书馆馆员和读者的主体地位，他们的需求、想法和行动是推动文化创新的重要力量。

第一，主体性原则强调图书馆馆员在文化创新中的主体地位。图书馆馆员是图书馆文化的创造者、传播者和维护者，他们的观念、态度和行为直接影响着图书馆文化的形成和发展。因此，图书馆馆员应被赋予更多的决策权和创新权，允许他们根据自己的专业知识和实际经验，提出并实施新的服务模式、管理方式和技术应用等创新方案。

第二，主体性原则强调读者在文化创新中的主体地位。读者是图书馆服务的接受者，他们的需求、满意度和反馈是衡量图书馆服务质量和效果的重要标准。因此，应充分考虑并满足读者的个性化需求，尊重他们的使用习惯和反馈意见，鼓励他们参与到图书馆的服务设计、活动策划和决策制定等环节中来。

第三，主体性原则强调图书馆和学校在文化创新中的主体地位。图书馆是学校的重要部分，也是高校文化的重要载体和传播者，而学校的教育理念、发展策略和管理制度等会对图书馆产生重大影响。因此，图书馆应积极响应和配合学校的发展需求，与学校的其他部门和个体共同推动高校文化的创新和发展。

（四）实事求是原则

实事求是，简单来说就是对于任何事物，都必须本着科学和真实的态度来研究和处理，不能凭借主观愿望或者是想当然的态度来推测和处理问题。这一原则在高校图书馆的文化创新中体现在以下几个方面：

图书馆在文化创新的过程中，应以实事求是的态度对待图书馆的现状，这就需要对图书馆的资源、设施、服务、管理等各个方面进行全面且准确的了解和认识，包括图书馆的硬件设施、软件资源、服务模式、人员配置、管理体制等各个方面的深入研究和精准评估，需要综合运用多种研究方法和评价手段，保证结果的科学性和真实性。在资源方面，需要了解图书馆的藏书量、结构、特色，以及数字资源的数量、类型、质量等，这对于确定图书馆的服务特色和发展方向，制定藏书和数字化政策等具有重要指导意义；在设施方面，需要了解图书馆的建筑面积、阅读座位、电子阅览室、学习空间、咨询服务台等硬件设施的情况，这对于提升读者的使用体验，优化阅读环境，提高服务效率等其有重要影响；在服务方面，需要了解图书馆的服务项目、服务模式、服务效果，以及读者的服务需求、服务满意度等，这对于改进服务质量，创新服务模式，提升服务满意度等具有重要参考价值；在管理方面，我们需要了解图书馆的组织架构、管理制度、管理效果，以及员工的工作态度、工作能力、工作满意度等，这对于提升管理效率、优化管理体制、提高员工满意度等有重要启示作用。

图书馆在实施文化创新的过程中，应以实事求是的态度对待创新的过程和结果。在面对创新过程中出现的问题和困难时，不能回避，也不能夸大，而是要冷静分析，寻找原因，制定对策，及时解决。在这个过程中，既不能过于乐观，忽视了问题的严重性，也不能过于悲观，对问题的解决失去信心，由此才能在实践中不断完善和改进创新方案，提高创新的成功率。实事求是的态度还要求我们对创新结果进行真实反映和公正评价，不能因为是自己的创新成果就对其进行过分的美化和夸大，也不能因为是别人的创新成果就对其进行贬低和否定，而是要根据创新的实际效果，结合创新的目标和要求，对其进行客观、公正、全面的评价。这对于进一步推动创新、完善创新、提升创新具有重要的意义。

图书馆在评价和反思文化创新的过程中，应以实事求是的态度对待创新的经验和教训，包括对创新的成功和失败的公正评价，对创新的得失和影响的客观分析。在创新过程中，成功和失败都是我们成长的阶梯，从每一个成功中，学习到的是方法和策略，从每一个失败中，学习到的是反思和改进。因此，面对创新的成功，高校图书馆需要深入剖析其背后的原因，将其转化为经验和知识。面对创新的失败，更需要勇敢地面对，从中找出问题的症结，以便于及时调整策略，改进工作。同时实事求是的原则也意味着高校图书馆需要对创新的得失和影响进行客观的分析，看清楚每一个创新带来的变化，包括它带来的正面影响和可能的负面影响。对于正面的影响，如提高了图书馆服务的效率，优化了图书馆的环境，提升了读者的满意度等，应该继续保持和进一步优化。对于可能的负面影响，如可能带来的工作压力、可能产生的新问题等，需要早做准备，提前应对。

三、高校图书馆文化创新的践行

（一）明确图书馆文化传承创新的职能定位

1. 将文化传承创新作为图书馆的核心职能

从图书馆诞生的那一刻起，它就承载着传承文化遗产的神圣使命。高校图书馆不仅仅是文献资料的宝库，更是时代先进文化和优秀文化成果的深藏之处，肩负着文化传承与创新的重任。依据教育部于 2015 年 12 月 31 日发布的《普通高等学校图书馆规程》可知，高校图书馆是一种学术性机构，是校园文化和社会主义文化建设的重要基地。图书馆的主要职能被划分为教育职能和信息服务职能，而图书馆应当在人才培养、科学研究、社会服务以及文化传承创新等方面发挥重要作用。其中，文化传承创新是图书馆最核心的职能，它构成了实现人才培养、科学研究、社会服务等其他职能的基础和前提。人才培养是教育的手段，科学研究是知识的创新，而服务社会则是理论与实践的结合。人才培养实际上是对文化知识传承人的培育；科学研究则是在理解和掌握现有文化成果的基础上，舍弃过时观念，创新新知识的过程；社会服务则是将文化传承与创新的具体成果运用到实际生活中。换句话说，文化传承与创新的过程就是在进行人才培养、科学研究和社会服务的过程；通过实现这些职能，图书馆完成其文化传承与创新的职责。简而言之，文化传承与创新是目标，而人才培养、科学研究和社会服务则是实现该目标的手段。

高校图书馆将文化传承与创新作为其核心职能，这不仅是对高等教育职能的新定义、新丰富和新拓展，也是对高等教育文化本质属性的重新认识，以及对高等教育发展规律的进一步深化。将文化传承与创新作为高等教育的新职能，有助于提升高等教育的质量，培养创新文化，提升国家的整体创新能力。同时，这也有利于推动不同文化间的交流与沟通，增强我国的文化软实力，以及提升中华文化在国际上的影响力。

2. 把履行文化传承创新职能作为图书馆工作的重中之重

文化传承与创新不仅是图书馆的职能，也是高等教育的主要职能，更是高等教育新阶段发展的关键职能。在当前图书馆面临深刻变革的大背景下，新的理论和技术不断被引入图书馆的运营中。在这样的背景下，只有紧紧抓住图书馆文化传承与创新的职责，明确实施这一职责的发展方向，并结合实际情况，有效运用先进的图书馆理念和技术，才能准确把握高校图书馆的发展方向。

规划是指导未来行动的重要手段，对于图书馆的发展具有战略性作用。良好的图书馆发展规划对于实现图书馆的可持续发展以及更好地实施图书馆文化传承与创新职能具有重要意义。因此，高校需要将图书馆发展规划与实施图书馆文化传承与创新职能有机地结合起来。

在制定高校图书馆的发展规划时，高校需要充分考虑学校的整体发展规划、本图书馆的实际情况以及图书馆行业的发展趋势等多方面的因素，并且需要将短期目标和长远规划有效地结合起来。同时应该将图书馆的发展规划融入学校的整体发展规划中，让图书馆能够借助整个学校的发展势头得到更好、更快的发展，同时推动学校的整体发展。另外，高校还需要将图书馆的发展规划与整个图书馆行业的发展趋势结合起来，实现跨越式的发展。

3. 依据文化传承创新职能调整图书馆的工作思路

在履行文化传承创新职能以及开展相关工作时，图书馆必须尊重文化传承创新的文化属性，遵循文化事业的内在规律。高校图书馆的文化传承创新重点在于"文化"的创新，并且注重"文化传承"的过程。对于各地方高校图书馆而言，除了重视学术研究和挖掘特色文化，也要注重文化成果的传承。"文化传承"的过程不仅仅是学习知识的过程，而更多的是读者与文字背后所体现的作者观点、思想、价值和道德取向进行交流和共鸣的过程，这是一个传承者与被传承者之间进行文化交流和精神沟通的过程。因此，文化传承更强调交流和互动，不仅是读者与作者之间，也包括参与文化活动的所有参与者。在新媒体时代，图书馆提供的文化传承创新服务不仅强调服务的互动性，也强调服务的主动性，这需要图书馆馆员突破图书馆的物理空间限制，主动寻找和创造服务对象，主动提供服务。这就要求图书馆改变旧有的相对封闭、以藏书借阅为主的"坐等"服务的工作理念和模式，转变为开展主动性、外向型的文化推广服务。

首先，图书馆需要坚定不移地树立以主动服务为核心的理念，这种理念是以用户为中心的服务理念的新发展。以用户为中心的服务理念强调以人为本，提供优质的服务来满足用户的需求，但随着互联网和移动客户端的迅速发展，新一代的用户需求已经发生了变化，他们需要的不再仅仅是图书馆传统的"坐等"服务。因此，图书馆需要主动地去寻找和创造服务对象，主动提供服务，这需要图书馆馆员拥有更高的服务精神、积极性和创造性。

其次，图书馆需要调整其内部机构设置，以更好地提供文化传承创新的服务。比如，可以设立专门负责对外联系和组织活动的部门，如对外活动部或外联部，负责对外沟通和组织各类活动，以提供文化传承服务。此外，可以设立专门的团队负责移动图书馆、图书馆官方微博、微信等新媒体的运营，借助新媒体的平台提供文化传承创新的服务。同时，图书馆也需要重视其空间价值和空间功能，改造内部空间布局，美化内部环境，营造良好的阅读氛围。

最后，图书馆需要关注提高馆员的综合素质。当图书馆承担文化传承创新的职能，推动文化传承创新工作时，对馆员的综合素质提出了更高的要求。文化传承，尤其是先进文化的传承，需要馆员具有深厚的文化素养、高尚的文化品位和全面的知识结构，他们需要用自身的人格魅力和学识魅力来感染读者，使读者主动接受文化的传承。为了适应时代发展的需要，进行文化传承创新，图书馆需要借助新媒体平台，与读者进行有效的交流和沟通。这就需要提高馆员的专业技术能力，特别是对新媒体、新技术的熟练掌握和操作能力。为了提高馆员的综合素质，需要加强在道德、理论、技能等方面的教育培训。可以通过组织馆员参观先进的图书馆以获得直接的体验，也可以定期开展理论和业务的集中学习，广泛交流，统一思想认识。

（二）加强图书馆文化创新平台的建设

文化传承创新是一种在继承传统文化的基础上，将其创新转化为先进的文化，并加以推广和弘扬的过程。为了实现这个过程，高校需要一个合适的平台，而图书馆正好提供了这样的平台。作为高等学府的信息和文献资源中心，大学图书馆拥有丰富的文化资源，并依托虚拟空间以提供文化服务。一般来说，大学图书馆位于校园的中心位置，拥有充足的空间和完备的服务设施，是深受学生喜爱的文化聚集地，也是大学生进行学习、文化交流和休闲的"第二课堂"，提供了物理空间以供提供文化服务。为了顺应时代的发展趋势，大学图书馆应将文化科研和文化推广相结合，打造成一个"一站式"的教学研究平台，将图书馆的虚拟空间和物理空间有机地结合起来，将图书馆建设成为大学文化传承创新的主要阵地。这样图书馆就能够获得更多的学校资金和人力资源的支持，使文化传承创新的工作更为丰富多彩。图书馆将真正成为学校重要的学术机构和文化机构，履行其在文化传承和创新中的重要职责。

（三）创新图书馆文化传承创新的机制

1. 加强新媒体在图书馆文化创新中的应用

新媒体的广泛普及，在为用户获取信息提供了前所未有便利的同时，也让用户在如何筛选所需信息的过程中遇到了困惑。新媒体的广泛使用对图书馆的传统运行模式产生了严重的冲击，但同时为图书馆的转型和发展创造了巨大的机遇，特别是在文化传承的工作中。

移动图书馆、微信、微博等新媒体具有传播速度快、互动性强和信息共享的特点，它们打破了图书馆的开放时间、使用地点和载体形式的限制，使用户可以随时随地获取他们需要的信息，从而扩大了图书馆在文化传承中的作用和影响力。新媒体的交互性和互动性使信息的传播和交流成为双向的，每个用户既是信息的接收者，也是信息的传播者，可以围绕自己感兴趣的话题进行互动，这使图书馆可以利用新媒体进行文化传承，激发用户的兴趣，增加用户的参与积极性和主动性。新媒体可以提供文字、图片、视频等多种格式的快速传播和内容共享，使用户可以实时接收新闻热点。因此，图书馆利用新媒体进行文化传承，具有很强的吸引力和亲和力。

2. 健全图书馆文化创新的合作共享机制

（1）健全资源合作共享机制

丰富而独特的馆藏文献为文化传承创新工作提供了重要保障。然而由于图书馆的经费有限，馆藏资源往往无法满足所有读者的需求，这限制了图书馆在开展文化传承创新工作方面的能力。因此，与其他图书馆建立合作关系，实现文献资源的共享显得尤为重要。同时，随着电子图书对已出版文献实现全覆盖，图书馆之间的合作和文献资源共享面临的障碍已经大大减少。对于一般性的文献，可以通过建立馆际联盟，由联盟统一采购数据库文献。这样就可以用最小的成本获取更多、更优质的数据库文献。针对每个图书馆的特色文献，可以通过互相开放的方式实现共享，这不仅可以更好地利用有限的资源，也可以为图书馆的文化传承创新工作提供更强大的支持。

（2）健全平台合作共享机制

在进行文化传承创新的过程中，图书馆需要关注建立和强化文化传承平台的重要性。这需要我们建立一个合作和共享的文化传承平台，并不断扩大其规模和影响力。同时，也要加强平台渠道的建设，并建立稳定的联系和合作机制。具体来说，高校可以加强图书馆与学校团委、学生处的合作，通过自主举办或合作承办的方式，将图书馆的文化传承活动融入学校的校园文化建设中，吸引更多的学生参与。高校也可以与当地的公共图书馆等文化部门建立联系，吸引当地居民参与，将图书馆的影响力扩展到当地社区。除此之外，高校还要注重平台内容的创新，通过创新文化传承活动的内容和方式，采取多样化、吸引读者的方式，以激发他们参与到文化传承活动中来。只有这样才能有效地推进文化传承创新的工作，使图书馆真正成为文化传承的重要平台。

第三节　生态文化与高校图书馆创新文化

一、生态文化是人类文化发展的新阶段

人类社会的发展与文化紧密相连，自从有了人类，便产生了以人类的社会活动为核心的文化，文化反映了人类的存在方式和发展模式。总的来看，人类文化的发展主要经历了三个阶段：第一阶段是绝对的以自然为中心的"原始文化"；第二阶段是绝对的以人为中心的"人本文化"；第三阶段是追求人与自然互利互惠、协调发展的"生态文化"。"原始文化"将人类置于自然环境中，让人们与自然界共存并依赖其生存；随着社会的发展和科技的进步，"人本文化"逐渐成为主流，强调人类的主观能动性和对自然的征服；随着工业化的加速，给人类带来了严重的生态危机，如自然灾害和生态破坏，这使人类开始重新审视与自然的关系，追求"生态文化"，强调人与自然的互利互惠，协调发展。如果人类不改变征服自然的态度、不改变牺牲生态环境来开发自然的生产方式、不改变奢侈浪费的生活方式以及不改变对生态环境有损害的社会制度和不公正的国际关系体制，将无法有效地阻止地球生态的失衡，最终可能会因

为不适应生态环境而自我毁灭。

近年来，频繁的自然灾害和生态危机向人类社会提出了严重的警告，一系列关于人类灭亡的预言时常浮现，但幸运的是，人类还未见到它们的真正实现。其中的关键因素在于，人类开始了自我反思，认识到了自身行为对环境的深远影响，并已积极探索调整人与自然的关系，以修复由此而产生的破坏。在这样的觉悟下，人类社会开始寻求生态化的实践活动，以解决因自身行为带来的问题，从而创造出一种全新的生态文化。这是一个深思熟虑的选择，它将人类与自然的关系重新塑造为一个基于和谐与共赢的新框架。在这种新的关系中，人类以更加可持续和谨慎的方式与自然环境相处，尊重自然，以保持地球的健康和安全。实践生态文化的意义重大，它指示着人类社会的一个可能方向。当人类社会大规模地投入建设生态文明的道路上，人类才能真正恢复并保持地球生物圈的健康和安全。在这样的环境中，人类的长期生存将得到保障，人类社会将能在地球上持久繁荣。

生态文化是一种新兴的文化理念，是人类从古至今对于自然界认识和探索的高级形式体现，揭示了人类与自然环境关系的发展演变，显现出与传统的人本主义文化有着本质区别的新形态。可以说，生态文化是对传统人本文化的一种创新和超越。生态文化与传统文化最核心的区别在于其价值观的差异。作为一种新的文化选择，生态文化的价值观发生了翻天覆地的改变，它摒弃了传统文化中"以人为中心"的观念，转向尊重自然，强调人与自然的和谐共生。这种新的理念要求人类把人、社会、自然看作一个有机的整体，共同构建一个和谐发展的复合生态系统。在这种新的理念下，人类不再是自然的主宰者，而是自然的一部分，人类必须尊重自然、保护自然，实现人与自然的和谐共生。这种理念具有深远的意义，它将引领人类走向一个全新的、和谐的、可持续的未来。

人类思维方式的革命是行动改变的先驱，随着整体的生态学思维逐渐取代以前的机械论分析思维，这一变革会影响每一个社会成员的生活行为，使他们的生态文化教养在生态文明建设的实际行动中得以体现。社会每一个人的生活方式，如衣食住行等都会直接影响到自然资源的开发和利用，从而对生态环境产生深远影响。因此，人类需要改变过去模仿西方发达社会的奢侈的物质生活方式，降低物质生活的需求，提倡低物耗、低能耗且对环境友好的低碳生活方式，这对于实现人与自然的和谐共生、构建可持续的生态文明具有重要意义。

二、高校图书馆生态文化是高校图书馆的创新文化

生态文化的观念已经超越了单纯的环境科学的范畴，并延伸至人类学、社会学，甚至整个人文社会科学领域，其影响力已渗透到了人类日常生活的每一个方面，这预示着一个全新的生态化社会正在形成，而作为社会大系统的一部分，高校图书馆也必须拥有自身的生态文化。从 20世纪 50 年代开始，传统的工业化发展模式所带来的负面影响开始逐渐显现，全球性的环境问题日益凸显，这促使人们开始重新审视自己的行为，对人与自然、人与人之间的关系进行更深层次的理解，并开始从生态文化的视角来思考问题。在这个过程中，人类文化逐渐从科学文化转变为生态文化。同时，传统的思想观念也发生了一系列的变革，人们开始倡导多元价值观，形成新的可持续发展理念。在这个新的文化发展框架下，人类的社会实践既要有益于人类自身，也要有益于自然界，这就是可持续发展的核心理念。在某种程度上，可持续发展实际上是一种关于人类生存和发展的文化战略，是一个系统性的整体结构型发展观，主要包括经济可持续发展、社会可持续发展以及生态可持续发展这三个要素。从其精神文化的本质来看，这种全面的发展观念体现在物质文明、精神文明和生态文明这三个方面的协调发展和整体推进上。

人类对于生态文明的渴望以及可持续发展理念的兴起，无疑将推动人类资源观发生根本性的变化。在这个背景下，作为文化实体的高等学校图书馆，自然也会受到这种影响。高校图书馆的形成与发展受到社会

经济和政治发展的深刻影响，它从古至今始终扮演着保护和传播知识的角色，但现在更是成为一种集成和传播信息的文化机构。高校图书馆的文化不仅是其管理和运营机制的一部分，也是运营过程中涌现出来的精神风貌、制度架构和服务形象。在生态文化的引领下，高校图书馆强调自我组织的重要性，同时认识到人的主导地位的不可替代，信息服务和环境被视为一个交互性强、密切连接的立体网络，重视和谐与融合。在这种理念的照耀下，高校图书馆得以在"生态气候的湿润"中茁壮成长。

（一）高校图书馆生态文化改革了高校图书馆的信息观

传统的科学对人们的思维有着潜移默化的影响，无形之中也在影响着人们获取信息的思想、方法与手段。信息是一种描述事物变化的动态概念，从物质世界和物质领域的角度来看，信息是无大无小、无始无终、无量无边的，是可以被识别、转换、跨空间传播和共享的。从哲学的本质上看，信息是物质与精神之间相互联系的介质。在信息处理和传播方面，传统的高校图书馆展现出了显著的机械论特色，馆员习惯性地根据其自身的偏好来确定哪些信息是积极的，哪些是消极的，并在传播过程中有意识地引导用户。虽然这种行为对于用户来说在快速高效地从海量信息中找到自己所需要的信息方面起到了重要的引导作用，但同时这也使用户难以完全体验前人在知识发现和探索过程中的经历，难以全面了解文化和科学思想的反复升级的发展过程，以及各个学科之间纵横交织的广泛联系，缺乏对知识整体网络结构的掌握。

为了摆脱机械论的信息观，高校图书馆有必要建立与生态文化相适应的信息观。生态文化视人类生态系统为一个富有弹性和代谢性的有机整体，通过整体的方式持续调节其内部运行机制与环境的互动，并维护着动态的、相对的平衡，推动人类社会的发展。因此，生态系统是一个有机的、整体的系统，其中的知识和信息是系统的必要组成部分。这种新的生态信息观认为信息是网络式的，而不是孤立的，信息系统由多个互动元素组成。观察者和学习者并非处于网络之外，而是成为网络的一部分。图书馆馆员同样处于这个网络之中，引导观察者和学习者找到正确的路径。在这个过程中，图书馆馆员应遵循客观性原则，即使这些客观性被赋予了某种主观意义，但相对于机械论的视角，这些主观因素对学习者的学习并不会造成阻碍。

生态化信息观是在传统信息观的基础上融入了信息推动社会、经济和环境全面与协调发展的深层含义，这是人类从可持续发展的战略视角对信息内涵的理解。这种可持续发展的信息观呼吁人们改变传统的生产和消费模式，要求生产过程中投入较少的人力，但产出更多的产品，在消费过程中则多利用、少排放，旨在纠正那种依赖高消耗、高投入、高污染和高消费以刺激单纯经济增长和物质财富积累的发展模式。可持续发展的信息观是建立在人类与自然平等相待的基础之上的，它使人类的发展和自然的演变在一种平衡关系中互相促进、共同进步。在这样一个平等、有序、高效的大环境中，大学图书馆事业必将实现持续发展。

（二）高校图书馆生态文化致力于创设和谐的文化氛围

现代生态学致力于人类与自然的和谐共存，专注于解决环境、资源和发展等方面的问题，主要目标是利用生态环境优化作为手段，实现资源的有效利用，并充分地发挥生态功能。作为文化的产物，高校图书馆为文化服务，同时在其发展过程中形成了自己独特的文化特征，这些特征共同构成了图书馆独一无二的文化氛围。这种氛围历久弥新，渗透在整个图书馆之中，既体现在文字中，又体现在广大成员们公认并践行的行为准则中。如果图书馆的文化氛围是和谐和健康的，那么生活和学习在这个文化共同体中的个体将会从中受益。他们能在这样的环境中，获得更多的学术成就，同时能更好地体验到与他人的和谐共处。这不仅满足了人类对知识的渴望，也满足了人类对社会和谐的向往，同时与现代生态学的目标紧密相连。

高校图书馆的文化氛围与社会文化紧密相连，二者之间的关系是一个双向交互的过程。在一定的时期内，高校图书馆文化会借鉴历史和现实社会的各种成果，可以被看成社会文化下的一种"亚文化"。当社会文化发生变革时，作为亚文化的大学图书馆文化也会从这种变革中吸取新的元素。进入21世纪，追求生态文明成为社会文化的主要发展趋势之一。因此，高校图书馆应当从可持续发展的角度出发，适应知识经济时代的要求，构建和谐的文化氛围，追求人与自然的和谐共生。从生态文化的视角出发，大学图书馆应建立一个注重互相关心、和谐合作，共同进步的绿色人际关系环境。在图书馆环境建设上，无论是选址还是场地布局，首要考虑的因素应是人的健康。所有的决策和行动都应以最大化利于用户和图书馆工作人员的健康，并有益于人类生态环境保护为目标，这也是可持续发展理念在图书馆环境中的体现。再者，生态文化在图书馆设备的使用中也应得到体现，特别是在设备材料的选择和能源消耗方面。图书馆应优选环保且能源效率高的设备，比如使用节能照明设备、选择由环保材料制成的书架，以及尽可能避免使用人工通风和照明设备等。这样的设施选择既不会污染环境，也不会过度消耗能源。

在21世纪的中国，许多地方尤其是在经济发达的地区（如北京、浙江、广东和江苏等）均建立了众多绿色、生态的高校图书馆，这些图书馆之所以能取得成功，主要秘诀就在于其积极向上的精神态度。只有接纳并实践这种积极向上、与时俱进的精神，高校图书馆才能充满活力，成为驱动其发展的积极因素。因此，为高校图书馆提供和谐的物质和精神文化环境，以促进其积极、可持续的发展，无疑是21世纪高校图书馆的发展趋势和目标。

（三）高校图书馆生态文化着眼于构建良好的学术生态

随着人类文化的发展，高校图书馆在保护、积累和传播人类智慧方面发挥了特殊的地位和作用，对现代文化的繁荣和发展产生了直接的影响和广泛的作用。可以说现代社会的每一个进步都与高校图书馆的工作紧密相连。高校图书馆不仅是一个知识的仓库，还具有深厚的学术性质，这一点几乎在所有经典的高校图书馆基础理论教材中都有详细论述。高校图书馆是科学研究的重要基地，为研究提供了必要的文献资料。图书馆工作本身就具有科学研究的特点。高校图书馆是整个科学研究系统中的一个子系统，而图书馆工作是一种学术活动，许多图书馆工作人员都是科技专业人员。因此，高校图书馆的生态文化应专注于营造健康的学术生态环境，以促进社会的可持续发展。

构建学术生态是一个复杂的系统性工作，这个过程涉及学术个体、群体与社会的联动发展。在当前环境下，单一的建设方法可能无法产生理想的结果。英国哲学家维特根斯坦曾经指出，时代的病用改变人类的生存方式来治愈，哲学的病则用改变思维方式和生活方式来治愈。[①] 由此可知，"改变思维方式和行动方式"是治理和预防学术问题的有效方法。

构建高校图书馆的学术生态，必须坚持学术自由的原则。在图书馆的学术生态中，学术自由是核心的元素，因为只有在自由的学术环境中，自然科学和社会科学的创新思维才能得以孕育和发展。没有学术自由，就不能期待有学术创新。因此，21世纪的高校图书馆生态文化建设的任务就是要构建一个充满自由精神的学术环境，为创新型人才的出现提供平台，为学术巨匠的诞生提供无限的成长空间。

（四）高校图书馆生态文化应扩大社会辐射力度

作为社会大体系中的一个分系统，高校图书馆通过其丰富的知识内容和高质量的服务，向社会传递着无尽的知识和崇高的精神理念。并且随着网络和信息技术的发展，高校图书馆的社会辐射力度也在不断增强。数字化的高校图书馆以及其与互联网的连接链都代表着高校图书馆正在

---

① （英）维特根斯坦. 哲学研究[M]. 楼巍，译. 上海：上海人民出版社，2019：10-21.

进入社会的中心，实现对社会的开放。这种开放性是高校图书馆加强社会影响力的基础。高校图书馆已经从社会的边缘步入社会的中心，成为推动社会全面发展的重要力量。

高校图书馆的生态文化不仅改变了人们对信息的认知，也构建了一个和谐的学术和文化环境。要实现这样一个健康的学术生态，必须强化高校图书馆对社会的影响力，这是生态文化中创新特性的需求。高校图书馆生态文化一旦形成，将不仅在内部发挥作用，激励图书馆员工行动，为高校图书馆创新和发展创造一个良好的内部环境，也会通过各种方式影响社会，为图书馆的创新发展营造一个宽松的外部环境。由此一来，高校图书馆的生态文化将渗透到社会公众的精神世界中，使图书馆的创新文化得到社会的广泛认可，这一切都展现了高校图书馆生态文化的强大影响力和深远意义。作为社会文化体系的重要组成部分，高校图书馆文化的创新对社会文化发展产生了深远影响，图书馆内部的创新精神进一步赋予了社会文化新的活力。因此，高校图书馆不仅应努力实现内部生态文化的平衡，也应推动外部生态环境的优化，增强其对社会的影响力。换言之，高校图书馆不仅应关注其内部生态文化的健康与和谐，也要积极推动对外部社会环境的改善，进一步加强图书馆对社会的积极影响。在创新与发展中，高校图书馆与社会文化共同进步，相互影响，彼此促进，形成了一个良性的互动循环。

（五）高校图书馆生态文化肩负着"泽被人类"的重任

综观人类当前面临的环境、生态和资源等问题，可以发现很多问题的根源都来自人类自身。在演进至"文明"社会的过程中，人类为了彰显自己作为"万物之主"的地位，追求更多的物质享受，而忽视了对自然的敬畏和对生命的尊重，成为"生命的孤独者"，这种做法违背了自然界的规律，会引发一系列环境问题，甚至可能导致地球资源的衰竭。在此背景下，高校图书馆有责任和义务建立起生态文化，承担起"泽被人类"的历史使命，重视人类精神家园的建设。高校图书馆作为知识和文化的仓库，自古以来就承担着记录、继承和传播人类优秀文化传统的责任，塑造并反映出人类文明的演进轨迹。因此，在现代社会，高校图书馆更应积极承担起倡导和普及生态文明理念的责任。这就要求图书馆将生态文明的核心理念融入其日常运作和服务中，通过典藏与传播相关的知识和信息，引导读者对自然环境和生命产生深厚的敬畏与尊重。同时，高校图书馆还应以实际行动积极推动生态文明的实践，如实施绿色采购、减少废弃物、提高能源效率等。通过弘扬生态文明理念，高校图书馆不仅能在人类文明的历史长河中留下深刻的印记，更能促进人类社会和地球的持续健康发展，为子孙后代留下一个充满活力和希望的世界。

所谓生态文化的价值意识，实际上就是立足人与自然的全面关系来看待自然界。按照生态学的观点，人类与自然是共生共存的关系，这就要求人类必须具备强烈的生态意识。随着时代的发展，人类文化也在从科学文化向生态文化演进，人类必须站在人类与自然互动关系的角度来理解生态文化的价值。生态学理论强调人类与自然环境是一个共生的关系，这意味着人类需要培养和强化自身的生态意识。生态价值主要体现在自然环境及其资源对人类社会的生存和发展的重要性。作为人类生存的基石，生态资源的保护至关重要。同时，人类文化从科学文化向更加尊重和保护自然环境的生态文化转变。

在 21 世纪，高校图书馆有责任肩负起保护和繁荣人类精神家园的重大历史任务，这需要高校图书馆专注于生态文化的研究和构建，致力于实现人类、信息以及环境之间的和谐与平衡，为自身发展创建全新的生态空间，推动现代高校图书馆的持续发展。同时，高校图书馆还需要强化对用户的生态教育，让每一个用户都能深深地理解并接受生态意识。

第五章　高校图书馆的阅读服务

第一节　高校图书馆阅读服务的概念、特征与意义

一、高校图书馆阅读服务的概念

赵俊玲等在其著作中明确指出，尽管阅读经验具有高度的个性化，但许多人过于偏重看待阅读为个体行为的观念。他们进一步阐明，一个有能力的阅读者应该不仅具备阅读的意识，而且应具备一定的阅读能力。这些能力涵盖选择文献的能力、理解内容的能力，以及解释和进行批判性分析与创新的能力。[①] 张兆华认为，图书馆阅读服务指的是图书馆充分利用自身的馆藏与设施，面向读者开展资料、文献及情报等一系列活动，又名图书馆的读者工作。[②] 魏彩霞提出，高校图书馆阅读服务，是一项以提供读者服务为中心的公共事业，应当与时俱进地提升自身的服务功能。[③]

---

① 赵俊玲，郭腊梅，杨绍志. 阅读推广：理念·方法·案例 [M]. 北京：国家图书馆出版社，2013：2-4.
② 张兆华. 新时代图书馆阅读服务途径 [M]. 哈尔滨：黑龙江美术出版社，2021：3.
③ 魏彩霞. 高校图书馆的阅读服务现状与创新对策思考 [J]. 产业与科技论坛，2022，21（12）：283-284.

　　根据已有文献研究，笔者认为，高校图书馆阅读服务是一种由高校图书馆利用自身资源，包括馆藏资源、空间资源和人力资源等，向公众提供的与阅读相关的种类繁多的服务，包括阅读推广活动、数字阅读服务、阅读空间的打造、新书推荐以及阅读指导等直接或间接地推动了国民阅读的进步。随着信息载体形式的多样化，阅读的方式、内容和目的也随之发生了连锁反应式的变化。信息载体现在有传统、数字、多媒体等多种形式，阅读方式也从传统的方式发展到了移动阅读、滑屏阅读、交互阅读和体验阅读等多元化的阅读方式，它们共同构成了今天的阅读形态。

　　阅读并不只是个体的、单向的行为，它也是一种双向的、互动的社会活动。图书馆提供阅读服务的出发点和目的是激发国民对阅读的兴趣，帮助他们培养阅读习惯，并提高他们的阅读能力。此外，阅读研究所涵盖的学科范围非常广泛，包括但不限于教育学、心理学、社会学以及图书馆学等诸多学科领域。

二、高校图书馆阅读服务的特征

　　高校图书馆阅读服务具有以下几个显著的特征，如图 5-1 所示。

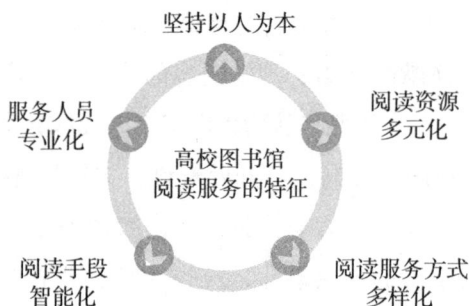

图 5-1　高校图书馆阅读服务的特征

（一）坚持以人为本

　　"人本主义"始终是阅读服务的核心理念。随着社会的演变和人类需求的变化，阅读方式和图书馆服务也在不断发展和适应。尽管"人本主义"理念在外部看起来始终如一，但实际上它与公众的需求呈现出同步演进的趋势。在传统阅读的时代，图书馆主要提供传统的阅读服务，而在数字化的阅读方式出现后，图书馆开始开展移动阅读服务等数字阅读服务。人们从一个安静的阅览空间转变为热闹的分享交流空间，并享受到丰富多样的阅读活动服务。与此同时，图书馆的角色也在发生变化，从一个信息中心逐渐变成了一个创造、分享和休闲娱乐的第三空间，这个变化体现了高校图书馆阅读服务理念中"以人为本"的深刻内涵。①

（二）阅读资源多元化

图书馆的资源建设已经从传统资源扩展到了多元化资源。尽管传统资源仍然是高校图书馆的重要组成部分，但现在的高校图书馆已经拥有各种形式的资源，包括纸质资源、数字资源、多媒体资源、三维信息资源以及其他形式的资源，多样化的资源构建为图书馆提供高质量、全方位的服务奠定了良好的基础。

（三）阅读服务方式多样化

阅读服务变得越来越多样化，包括流动服务、阅读空间打造、数字阅读服务、虚拟阅读体验服务以及阅读推广等各种不同的服务。这些服务已经深入读者的生活、工作和学习中，使得高校图书馆从一个信息中心转变为一个兼具学习、休闲、娱乐、交流和创造等多功能的"第三空间"。

（四）阅读手段智能化

在信息技术快速发展的推动下，图书馆的服务也在逐步智能化。大

---

① 徐小婷，李悦萌，乔妍. 高校图书馆开学迎新季服务创新探索——以大连医科大学图书馆为例 [J]. 内蒙古科技与经济，2020（23）：133-135.

数据、云计算、智能感应技术、智能导航技术、增强现实和虚拟现实技术、人工智能、5G 等新技术被广泛应用在阅读服务中，推动了图书馆阅读服务的智能化进程。新技术的不断更新与发展推动着高校图书馆阅读服务的变革和提升。

（五）服务人员专业化

图书馆阅读服务人员的专业化是保证其服务质量和水平的关键，因此对图书馆服务人员的专业化和知识结构层次化的需求日益突出。高校图书馆不仅追求服务的专业性，也重视服务的深度，尤其是阅读服务，这是图书馆服务的核心。专业化和深度化的阅读服务是图书馆的基本要求，因此提升图书馆服务人员的专业素养变得尤为重要。目前，社会各界对于阅读推广人才的培养展现出了强烈的关注。图书馆界已经开始了阅读推广人才的培养和培训，并对此给予了高度的重视，这体现出图书馆越来越关注提升专业服务水平和深度，以更好地满足读者需求。

三、高校图书馆阅读服务的意义

高校图书馆作为人们的终身学习场所，是公众公平获取知识的信息中心，也是捍卫平等和自由的社会机构。它通过开展阅读服务，对社会文化建设、图书馆事业发展以及个人的成长都产生了重大的影响。高校图书馆阅读服务的意义，如图 5-2 所示。

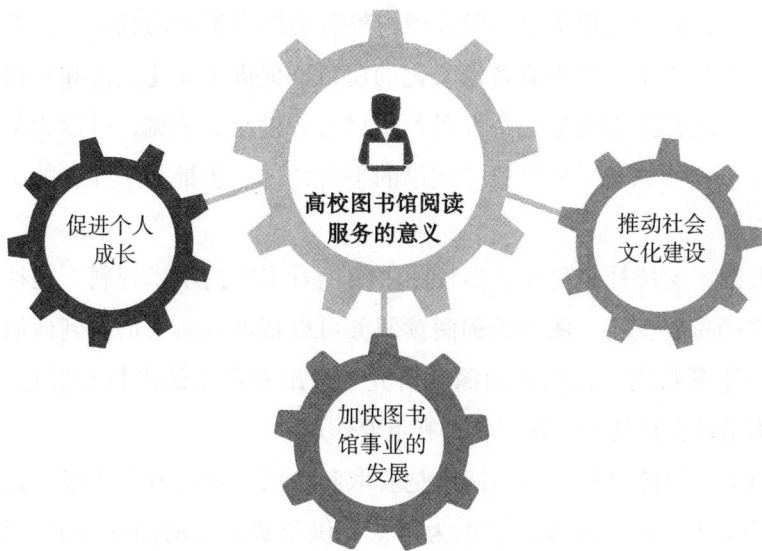

图 5-2　高校图书馆阅读服务的意义

（一）推动社会文化建设

高校图书馆是知识的仓库，它既是高校教学、科研的重要支撑，也是社会文化建设的重要力量。图书馆的阅读服务对推动社会文化建设的意义体现在以下几个方面：

第一，提升社会文化素养。图书馆是知识的殿堂，通过阅读服务，不断滋养和提升公众的文化素养，使他们能够更深入地理解世界，增强他们对社会发展和文化多样性的认识。阅读可以提供一种全新的视角，帮助读者理解和欣赏不同文化和观点，从而打破文化隔阂，增强社会的文化认同感。

第二，传承文化遗产。高校图书馆馆藏丰富的历史、艺术和科学资料，是社会文化遗产的重要承载者。通过对这些资料的整理、保存和公开展示，图书馆可以使公众更好地了解和欣赏人类的文化遗产，为其提供历史背景和文化语境，使其在理解和批判现代社会的同时不忘历史的教诲，从而有效地传承和推广文化遗产。

第三，促进文化交流。通过国内外各类图书资料的共享，高校图书馆为读者提供了了解世界各地文化的窗口，促进了文化交流和互相学习的机会。高校图书馆通过举办各种研讨会、讲座和展览，可以为学者和公众提供交流思想、分享研究成果的平台，进一步推动了社会的文化交流和创新。

第四，支持社会科研。高校图书馆拥有丰富的学术资料，是社会科研工作的重要支持。图书馆的阅读服务可以帮助科研人员找到他们所需要的信息和数据，提供他们深化研究、提出新理论的素材和思想火花，对于推动社会科技和文化创新具有重要作用。

第五，保障公民权利。阅读是获取和发展知识的基本手段，是每个公民的基本权利。高校图书馆为公众提供免费开放的阅读环境和服务，是保障这一权利的重要途径。这也是图书馆在推动社会公正和民主建设中的重要角色。

（二）加快图书馆事业的发展

在当今信息化社会，阅读服务已经成为高校图书馆的一项核心功能，对于加快图书馆事业的发展具有深远的影响，其中包括但不限于提升图书馆的核心功能、实现资源的优化配置、推动信息科技的应用以及提升图书馆的社会价值。

第一，阅读服务的发展有助于提升图书馆的核心功能。图书馆不仅仅是知识的仓库，更是知识的发源地。提供高质量的阅读服务，有助于吸引更多的读者来图书馆获取信息、学习知识，使图书馆在高校中的地位得到提升。而且阅读服务的优化也能够帮助图书馆更好地完成其教育和研究的职责。

第二，阅读服务能够推动资源的优化配置。为了满足读者多元化的阅读需求，图书馆需要开展个性化的阅读服务，这就需要对资源进行优化配置，既包括图书的选购、分类和存储，也包括人员的培训和安排。

图书馆通过资源的优化配置，可以更有效地满足读者的需求，提高资源利用率。

第三，阅读服务能够推动信息科技的应用。在数字化和网络化的大背景下，阅读服务的提供方式和形式也在不断地变化。图书馆需要利用信息科技（如人工智能、大数据等）来提供更便捷、更个性化的阅读服务，这既可以提高阅读服务的质量和效率，也能够推动图书馆的数字化和智能化进程。

第四，阅读服务有助于提升图书馆的社会价值。优质的阅读服务不仅可以满足读者的阅读需求，也可以引导读者形成良好的阅读习惯，提高阅读能力。此外，图书馆还可以通过开展阅读推广活动，推动读者对阅读的热爱和对知识的追求，从而提升图书馆的社会影响力和文化价值。

（三）促进个人成长

高校图书馆的阅读服务对于促进学生个人成长具有深远的影响。无论是扩宽知识视野，还是提升学习技能、培养独立思考的能力、激发创新精神，或是提供个人发展机会，阅读服务都起到了至关重要的作用。因此，高校图书馆应当高度重视阅读服务的提供，不断提升其服务质量和水平，以更好地服务于学生，促进他们的个人成长。[1] 阅读服务能够拓宽学生的知识视野。图书馆是知识的海洋，提供了大量的书籍、期刊和电子资源。通过阅读服务，学生可以接触到各个学科领域的最新知识和研究成果，从而拓宽他们的知识视野，提升他们的文化素养和学术素养。

第一，阅读服务能够提升学生的学习技能。图书馆提供的阅读服务包括信息检索、文献利用、阅读指导等，可以帮助学生掌握高效的学习技巧和方法。此外，图书馆还可以通过开展读书讨论会、阅读分享会等

---

[1] 张兰芳，阿依江，李芳. 高校图书馆文化服务育人研究 [J]. 内蒙古科技与经济，2021（24）：140-142.

活动，帮助学生提高他们的口头表达能力和沟通交流能力。

第二，阅读服务能够培养学生的独立思考能力。在图书馆阅读，学生需要自己选择阅读材料，理解和消化所阅读的内容，这对于培养他们的独立思考能力和批判性思维能力非常有帮助。此外，图书馆还可以通过举办研讨会、辩论赛等活动，鼓励学生表达自己的观点，发展他们的思辨能力。

第三，阅读服务能够激发学生的创新精神。在阅读中学生不仅可以获取知识，还可以发现新的问题，提出新的观点，这对于激发他们的创新精神非常重要。同时，图书馆还可以通过开展创新项目、创新大赛等活动，提供一个平台让学生将他们的创新想法变为现实。

第四，阅读服务能够提供个人发展机会。通过阅读学生可以发现自己的兴趣和才能，找到自己的职业目标。同时，图书馆还可以通过提供实习、志愿者等机会，帮助学生实践他们的技能，提升他们的职业素养。

第二节　高校图书馆阅读服务的基本原则

高校图书馆的读者服务致力于满足读者获取知识和精神建设的需求。借助纸质文献、电子资源、信息技术及数字设备，图书馆能提供定制化的服务，满足不同读者的需求。随着21世纪信息社会和知识经济的发展，高校图书馆的读者服务也面临着新的挑战和机遇。在这个新时代，如何适应网络环境的变革，如何使用新兴技术为读者提供更人性化、高效的全方位服务，已经成为高校图书馆读者服务工作研究和实践的核心问题。对于读者服务，高校图书馆必须坚守以下基本原则，如图5-3所示。这些原则是图书馆服务工作的基本需求，也是服务指导方针的实践展现。

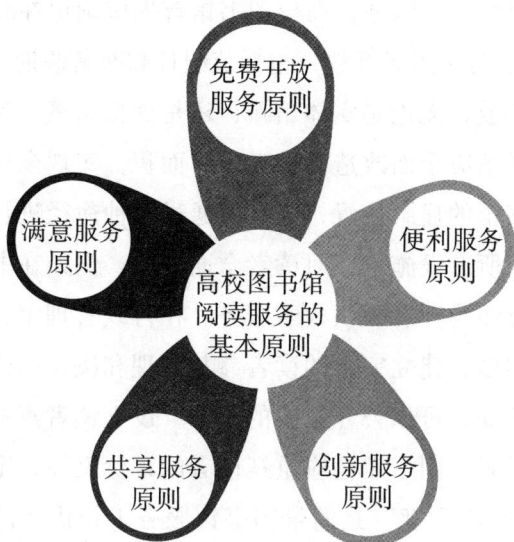

图 5-3 高校图书馆阅读服务的基本原则

一、免费开放服务原则

自成立以来，高校图书馆的阅读服务工作经历了一系列的变革，从封闭到开放，从单一到多元，从被动服务到主动服务，从手工管理到计算机管理，以及从"重藏轻用"到"以读者为中心"，这些都体现了阅读服务工作的发展和进步。免费开放服务已经成为现代图书馆的标志性特征，这也是高校图书馆服务的基础和首要原则。现代的高校图书馆追求全社会范围内的资源共享，旨在满足社会公众的期待。同时，这也是高校图书馆拓宽服务范围、提升自身发展的机会。免费开放服务的实现，不仅体现在服务时间的延长，也体现在图书馆馆藏资源的无偿使用，还包括图书馆空间的开放。高校图书馆的首要服务对象是本校的师生，这种"开放"既体现在高校图书馆阅读服务的民主性、宽松性与和谐性，也体现在高校图书馆阅读服务的不断发展、提升和与时俱进，展示了人文关怀，主要目标在于为本校师生提供文献保障。由于高校图书馆主要服务于特定的教育机构，所以其馆藏资源的专业性和学科性比较强。

　　为了实现免费开放服务，高校图书馆首先应确保在时间上的无障碍访问，实现 24 小时全天候开放，包括节假日和寒暑假期。图书馆的馆藏资源也应全面开放，无论是实体馆藏，还是虚拟馆藏。为了进一步方便读者阅览，图书馆应全面改造并扩大书库面积，实现全部馆藏资源的开架借阅。在图书馆的显眼位置，应定期通过各种途径进行新书通报和宣传。图书馆内的所有设施也应对读者全面开放，例如在书库的多个地点放置检索机，方便为读者提供检索服务。在行政管理上，高校图书馆应实行馆务公开制度，建立完善的读者参与管理和决策的机制，并开通读者监督途径。例如，可以公开馆长的电话，设立读者意见箱，设立读者反馈意见日等形式。图书馆还应重视读者的评价反馈，定期进行读者回访和测评。"读者满意度"是衡量图书馆服务工作优劣的重要标准。因此，高校图书馆应尽最大的努力，为在校师生提供全方位的文献信息服务，多措并举以更好地满足读者的需求，提供优质的服务，从而实现高校图书馆的真正开放。

　　当前，许多高校图书馆已在努力满足本校师生的阅读需求，尤其是在考试期间，馆内座位、馆藏资源的复本数量以及网络环境的宽广度都成了待解决的问题。这些因素使图书馆在短期内难以向公众免费开放。因此，大学图书馆需要逐步进行前期开放工作的准备，并建立相应的制度保障，以实现逐步开放的目标。高校图书馆不仅是一个阅读场所，也是读者进行观光、交谈、休闲和娱乐的场所，它是一个综合功能的社会文化中心。在文化层面上，高校图书馆的服务具有无可替代的存在价值。因此，高校图书馆向社会免费开放需要得到国家政策的引导和财政的有力支持，以确保这一惠民工程的持续、稳步进行，为推进社会主义文化事业和全民终身学习做出贡献。此外，高校图书馆应致力于向社会上的所有人开放，这将成为现代图书馆服务最具吸引力的魅力所在。

二、便利服务原则

便利性原则是高校图书馆服务的一个重要原则。在设计和提供服务时，图书馆必须关注如何使服务对象获得便利，这也是所有服务行业共同追求的目标。从实质上看，便利性是服务的基础，因此它在高校图书馆为读者提供服务的过程中占据核心地位。在具体操作上，高校图书馆便利服务原则主要体现在四个方面：馆舍位置的选取、资源的配置、服务设施的设计以及服务方式的实施。即便在当前网络条件下，时间和空间距离已经不再是限制使用图书馆的关键因素，但"去图书馆是否便利"仍然是大多数读者首要关心的问题。因为亲自去图书馆享受其宁静舒适的阅读环境，是网络环境无法提供的。尽管网络环境可以提供快速、适用的服务，但它并不能完全取代"高校图书馆"这个物理场所。因此，当规划和建设高校图书馆时，一定要充分考虑其地理位置是否方便全校师生使用。为了满足读者的需求，高校图书馆必须在馆舍的位置、资源的配置、服务设施的设计以及服务方式上，都尽可能地考虑到便利性。只有这样才能确保高校图书馆服务满足所有读者的需求，真正做到"以读者为中心"。

高校图书馆的馆藏资源配置应当遵守两个关键原则：一是全面收集并充分揭示文献信息资源；二是根据本校读者的需求来组织资源。这意味着在馆藏资源的物理配置和内容组织上，高校图书馆都应致力于方便读者使用。在物理配置上，高校图书馆应优化馆藏资源的空间布局，尽量缩短读者与资源之间的时间和空间距离。高校图书馆可以采用类似大型超市的管理和排列方式，使书库和阅览室采用开放空间的设计，将所有的书库和阅览室布置在同一层或者邻近位置，实施藏书、阅读、借阅、咨询等一体化的服务系统，以提供给读者全方位的便利服务；也可以设立新书展示架，保证新到的书籍在编目加工之前就可以被读者借阅到，以此来缩短读者和新书资源之间的时间距离，尤其是针对那些由读者推荐购买的新书，这种做法更能体现出其便利性。在内容组织上，高校图书馆需要构建一套科学且完善的馆藏资源检索系统，不仅要易于操作，而且要尽可能地实现"一次检索即可找到"的快捷服务，以便读者使用。这样的系统可以大大节省读者的时间，提高阅读和研究的效率，从而实现高校图书馆便利服务原则的目标。

在服务设施的设计上，为了方便读者，高校图书馆也需要采取一些有效的措施。首先，高校图书馆应在建筑布局和书架设置方面充分考虑读者的使用体验，可以采用大开放空间和灵活隔断的布局模式，设置不同高度的书架，并且需要充分考虑自然光线的使用，以科学合理地组织空间，为读者创造一个相对私密的个人阅读空间，配备柔和舒适的光源。一旦读者进入图书馆，他们就能立即看清各个主题区域的位置，快速找到所需的文献资源。在服务设施的便利性方面，高校图书馆还需要特别考虑弱势群体的需求，例如，为视障人士和身体残疾人士提供专门的设施和服务，如设置轮椅通道、提供专用电梯和专用厕所等，以充分体现人性化服务的特点。这不仅是为了符合包容性和平等的原则，也是为了使所有人都能方便地使用图书馆资源，从而达到图书馆服务的最大化。

在服务方式上，高校图书馆应以方便读者为核心，采取灵活多样的服务形式。例如，定期在社区或街道开展服务日活动，以一种有效的方式来接近读者并满足他们的需求。为了满足不同读者的个性化需求，图书馆可以提供简洁明了的用户界面和专业化的信息内容。个性化服务不仅改善了用户的信息检索环境，也为数字图书馆提供了了解读者信息需求和资源使用情况的窗口。个性化服务通过智能代理能自动跟踪和学习用户使用数字图书馆的模式，及时准确地获取读者信息需求的变化，从而更好地改善和完善数字图书馆的服务。这将有助于调整数字化资源的收集、组织方式，提高信息资源的使用效率。在制度方面，图书馆应尽量减少对读者的限制，从细节处考虑如何方便读者。例如，允许用身份证或工作证代替借书证，提供免费的热水、一次性水杯、纸巾、洗手液和储物柜等。此外，停车、复印和电话等辅助设施也应设施齐全，方便读者使用。

三、创新服务原则

创新是高校图书馆发展的关键驱动力，它不仅保证了图书馆保持其核心优势，而且通过持续的改进和优化，使图书馆能够更好地满足读者的需求。在服务提供的过程中，图书馆需要坚持创新原则，这里指的是要有针对性地创新内容、形式和方法。这就要求图书馆积极主动地理解读者的需求，依据这些需求进行相应的创新。创新的过程旨在兼顾多元性和个性化。一方面，图书馆要确保其服务满足大部分读者的信息需求；另一方面，也要注意满足少数读者的特殊需求。为此，提供的服务必须具备易用性和易获取性，以便满足各类读者的使用习惯。通过持续的创新，图书馆可以在稳定的发展中实现自我提升，同时能通过其特色服务形成品牌效应，从而提高自身的竞争力。值得注意的是，图书馆服务的创新包括渐进式的持续性创新和变革性的创新，其中渐进式的持续性创新通常占据主导地位。此外，坚持创新原则也意味着图书馆需要保证其服务的连续性，这是因为只有通过连续、稳定的服务，图书馆才能赢得读者的长期信任和支持，从而建立和保持高度的读者忠诚度。总的来说，创新对于高校图书馆的发展至关重要，它不仅能够提升图书馆的服务质量，也能够帮助图书馆建立并保持其在竞争中的优势。

高校图书馆阅读服务创新涵盖了理念创新、内容创新和方式方法创新等多个方面。其中，信息服务理念作为开展信息服务工作的思想指导和理论基础，被视为信息服务的核心和灵魂，这种理念是确定服务策略、方式和模式的准则，也是推动创新的基础。为了适应和引导服务实践，高校图书馆必须对服务理念进行创新。这就需要图书馆不仅关注现有的服务方式和内容，也积极寻求新的方法和理念，以提升服务质量和效率。

创新的服务理念可以帮助图书馆更好地适应信息时代的变化，以满足读者日益增长和多元化的信息需求。

（一）理念创新

在高等教育机构中，图书馆的服务创新原则包括知识服务理念、个性化服务理念、用户关系理念和特色化服务理念。首要的知识服务理念强调了提炼和传递知识的过程，它要求图书馆从丰富多样的显性和隐性信息资源中，根据读者需求提取出知识。这不仅仅是关注给读者传递、检索或提供什么类型的文献信息，更关注通过图书馆服务如何解决读者的信息需求。在知识经济的时代，产品和服务的知识化特性日益凸显，读者对于网络环境下的知识需求急剧增长。这就促使图书馆必须有效地收集、组织和储存信息资源，以便根据读者的需求进行深度开发，挖掘出隐含的知识，以解答具体问题。高校图书馆的知识服务将推动知识信息的传播、利用和再生产，帮助读者掌握知识，并将知识创新转化为新技术，这也正是高校图书馆信息服务的价值所在。

高校图书馆信息服务的最终目标是满足每个读者的个性化需求。因此，图书馆提供和开发的信息产品和服务必须具有广泛性、快速性、精确性和特殊性等特点，以满足不同用户的各种信息需求。首先，个性化信息服务是基于每个读者的特定需求提供的，或者是通过分析用户的个性和使用习惯来主动组织资源，创建适合用户的个性化信息环境，并提供他们需要的信息服务。其次，个性化服务也是一种培养个性、引导需求的服务，这将推动社会多样性和多元性的发展。这种个性化服务包括服务方式的个性化、服务内容的个性化和服务时空的个性化。换句话说，高校图书馆提供的服务要满足每个读者的具体需求，让每个读者得到他们所需要的服务。

高校图书馆的用户关系理念关注于优化图书馆与其用户之间的关系，这是一种集科学技术和方法于一体的综合性活动，旨在解决读者遇到的各种问题。其核心理念是视用户关系为一种宝贵的资源，深入分析用户的需求，并通过优化服务以满足这些需求。图书馆需要将关注点放在用户的发展上，将潜在用户转化为实际用户，进一步转化为永久用户，以建立长期稳定的关系并扩大服务范围。服务人员需要始终保持与读者的实时沟通，这将进一步加强读者与图书馆的紧密联系。

在网络环境下，由于信息质量良莠不齐，用户对信息服务的期望和质量要求提高了，这就要求高校图书馆更加注重服务的特色化和精品化，树立服务品牌意识，做到人无我有、人有我优，以在激烈的竞争中生存和发展。

（二）内容创新

从高校图书馆服务的发展趋势角度看，服务内容需要延伸和扩大。例如，信息服务部分包含便利的信息导航系统和人性化的导读服务，提供高效的电子邮件服务和个性化的主动定制服务，还需要进行专业化的课题服务和虚拟参考咨询服务。所有这些服务都是为了增强高校图书馆服务的知识性，将其从文献服务推向知识服务。

（三）方法创新

在服务方法方面，高校图书馆需要注重创新，改变传统的馆藏文献借阅服务模式，转向使用数字网络平台，提供诸如数据库服务、智库服务以及各种在线和离线信息服务，如信息推送、知识发现、网络呼叫、智能代理等。这种改变还包括积极实现网络参考咨询和强化网络信息服务，以提升图书馆服务的技术含量。这些新的数字服务模式具有智能性、交互性和实时性，能够提供全新的个性化数字服务。此外，提供实体馆藏与虚拟馆藏服务的交互模式，不仅丰富了高校图书馆服务的内容，也增强了其功能。

四、共享服务原则

图书馆的共享服务涉及图书馆信息资源和服务的共享性，这是由信息资源自身的特性所决定的，与普通的实物产品不同，信息资源不具有单独占用和消费的特性。一旦信息和知识进入公共领域，它们就变成了可供大众使用和消费的共享资源，不具备排他性。共享服务是将单一图书馆的服务整合到图书馆的总体协作服务中，更好地利用信息资源的优势，以提高图书馆业务的整体服务功能。这种服务模式基于共建信息和知识资源，连接信息，联合服务，共享资源。它涵盖了各个图书馆在资源建设上的协调和协作，包括合作编目、书目信息交换，实施馆际互借，开展合作服务等项目，不仅有助于提高资源的使用效率，也有助于增强图书馆的服务质量和效益。

高校图书馆的资源共享是一种基于馆际协作的有偿服务模式。在这种模式下，当读者需要的文献或书籍没有被本馆收藏时，图书馆可以依据相关的规定、协议、操作流程和收费标准，从其他图书馆获取这些资源。在这种服务形式中，一方面，文献传递通常采用电子邮件的形式提供复制的文献；另一方面，馆际互借则是一种允许读者直接从其他图书馆借阅书籍的方式，并在规定的借期结束后返回书籍。这两种方式都能大大扩充本馆的资源覆盖范围，使读者可以访问到更广泛的知识资源，从而提高图书馆的服务能力和质量。

人性化"畅通无阻"的服务是高校图书馆资源共享必须坚守的理念，这意味着图书馆需要从读者的视角来考虑服务的各个细节，提供"一站式"服务，包括实体馆藏资源和虚拟馆藏资源。这需要对各个图书馆的文献服务进行有效的统筹、引导和协调，以尽可能地满足读者的各种文献需求。通过构建面向图书馆群和读者群的网络知识服务社区，可以开展在线阅读、参考咨询、知识共享等服务。图书馆共享通常采用面向服务的架构（SOA）来建立图书馆服务共享体系，通过遵循相关的书库标准和互操作标准，实现各成员馆间所需业务的互联互通，保证读者在各个成员馆都能享受到无障碍的服务。为实现对读者的统一认证和成员馆之间的结算，应该建立数据交换中心，忽略对成员馆内部业务的管理和影响，重视满足读者的共享需求。在此基础上成员馆开展相关的共享服务，并加强互动交流，以充分实现文献互助、资源共享的效益。

五、满意服务原则

满足读者需求是衡量高校图书馆服务质量的关键指标，也是图书馆服务的核心原则。只有当读者对图书馆的实体和虚拟馆藏资源、图书馆馆员的服务、图书馆的设施、空间服务能力以及数字图书馆的应用体验都满意时，高校图书馆的价值才能得到充分体现。随着信息环境的变化和读者需求的个性化与多样化，图书馆服务也必须遵循多样化原则，将读者置于服务的中心。这需要通过提供各种服务模式、服务内容和服务方法，以满足不同类型的读者以及同一读者不同个性的需求。只有在满足这些需求的基础上，图书馆服务才能真正做到"以读者为中心，让读者满意"。

近年来，图书馆界开始广泛采纳客户满意度（CS）理论，它为如何实施以读者满意为导向的图书馆服务提供了重要的理论支持。图书馆 CS 管理以追求读者满意为其基本精神，以满足社会和读者期待为理想目标。CS 理论主要涉及三个方面：图书馆理念的满意度；图书馆行为的满意度；图书馆视觉的满意度。图书馆理念满意度是指读者对图书馆办馆宗旨、管理策略等的满意度，它的中心理念是正确的读者观，其核心精神是"一切为了读者满意"。图书馆行为满意度是指读者对图书馆行为状况的满意度，这是图书馆理念满意度的外部表现。它包括了读者对图书馆服务方式、规范以及效果的满意度。其中，图书馆工作人员的服务态度是最直接的满意度表现。图书馆视觉满意度是指读者对图书馆各种可视性外在形象的满意度，包括对设施、设备性能和外观的满意度，以及对工作人员职业和业务形象的满意度。它是图书馆理念在视觉层面的表现形式。

在高校图书馆的服务理念中，满意原则是极其关键的，它定义了现代图书馆服务的最终目标。免费开放原则为所有其他原则提供了基础和平台。共享服务原则揭示了现代图书馆服务的基本方向。便利原则揭示了现代图书馆服务的内在质量。创新原则揭示了现代图书馆服务持续发展的驱动力。

在信息技术爆炸式发展的社会环境中，新技术不断涌现。图书馆的服务通常具有延续性、继承性和稳定性。新技术的快速更新和采用给图书馆服务带来了很大的冲击，让图书馆服务既需要不断应对新技术的创新，又需要面对馆员素质、设备适应性、读者接受度等多方面的挑战。

如何适应新时代的变化和革新，正确把握未来高校图书馆读者服务的发展趋势，以此来提高服务质量和水平，是高校图书馆服务工作在理论和实践上所面临的重要课题。毫无疑问的是，面对新时代的背景，高校图书馆必能积极应对各种挑战和困难，以优质的服务应对大数据信息时代的需求。

第三节　图书馆阅读服务的发展演进

一、图书馆阅读服务的发展演进历程

一直以来，人们习惯于通过纸质和其他传统的载体来阅读，图书馆提供的服务也都遵循这样的模式，更多的是被动地满足读者的需求。在20世纪初，随着人们对图书馆需求的改变以及社会发展对图书馆服务的影响，图书馆开始由重视收藏转变为重视使用，由重视藏书转变为"启迪民智"，这标志着图书馆服务理念从"重藏轻用"向"以用为藏"和"以人为本"的转变。在这个时期，图书馆的主要阅读服务以馆藏资源的外借和阅览为主。从古代重视"藏书"的藏书楼，到以"启迪民智"为目标的公共文化服务，图书馆阅读服务仍处在传统的服务阶段。

（一）传统阅读服务

1. 服务内容

在图书馆传统阅读服务时期，图书馆的主要服务内容包括文献外借、阅览式开放、参考咨询服务和传统阅读活动等，如图5-4所示。

图5-4　传统阅读服务内容

（1）文献外借

在传统阅读服务时期，图书馆的主要服务内容之一就是文献外借，从闭架服务到开架借阅服务，不仅节省了读者的时间，也使读者更方便地选择了书籍。在这个时期，文献外借服务主要包括传统的手工借阅、馆际互借以及流动图书馆等借阅方式。

（2）阅览室开放

在传统的阅读服务时期，图书馆主要作为收藏空间、流通空间和阅读空间而存在。随着开架服务的发展，藏书空间和阅览空间逐渐融为一体，借阅、阅览、查询、参考服务也逐步合为一体。阅览室作为图书馆传统阅读服务的实体空间，是早期阅读空间设定的主要体现。它利用图书馆的空间资源为读者提供服务，致力于为读者打造安静、优雅的阅读环境和氛围。

（3）传统阅读活动

图书馆从"为书找人"的角度出发，组织和实施了形式多样的阅读活动，如阅读推荐、阅读指导、交流会、培训班和图书展览等。这些活动不仅向大众推广了图书馆，让更多的人了解并走进图书馆，也为阅读服务带来了新的视角和启示。

2. 服务特点

在传统阅读服务时期，由于受到古代藏书楼的"重藏轻用""重管轻用"思想和现实条件的影响，图书馆的服务工作经常性地受到忽视。这一阶段的阅读服务在其服务模式、观念、方式和重点等方面都有其特定的特征。

（1）服务理念被动

在传统的阅读服务过程中，主要围绕"书"和"馆内"来提供服务，重点在于"藏书"和"管书"。因此，图书馆无法根据读者的需求主动提供服务，而是在等待读者走进图书馆后才开始提供服务。尽管已经开始提供流动服务，但并未根据读者的需求进行提供，因此服务的被动性较强。

（2）服务内容单一

在传统阅读服务时期，主要的服务包括图书借还、实体阅览、书目推荐、传统阅读指导、读书交流会、培训班以及图书展览等。然而，阅读活动存在形式化的问题，读者参与的活动较少，对读者满意度的调查与回访等方面也未引起足够的重视。

（3）服务范围局限

图书馆传统阅读服务的局限性主要体现在空间距离、开放时间以及管理制度方面。空间距离即指读者与图书馆的距离，这是影响读者利用行为的直接因素之一。此外，在过去的很长一段时间里，图书馆的开放时间与读者的工作时间基本相符，这使读者的利用受到了限制。最后，严格的借阅、阅览和检索制度对读者造成了限制，甚至有些书库未对外开放，从而导致了服务的局限性和封闭性。

（二）数字阅读服务

在信息技术迅速发展的今天，社会正逐步进入信息化和数据化的时代，这使人们获取信息的方式和手段也在不断变化。随着纸质馆藏和数字馆藏的并存，图书馆的资源建设已经进入了新的阶段，这也意味着图书馆的阅读服务不能再仅停留在传统的层面上。电子书、阅读 App 等数字阅读媒介的出现和普及，更是推动着图书馆对阅读服务模式进行改变。现在的阅读方式不再单一，传统的阅读方式、互联网阅读、移动阅读等各种阅读方式并存，这些变化正在改变着图书馆的阅读服务模式。在这个过程中，数字图书馆的建设已经被提上了日程，图书馆的资源建设、管理和服务方式都在发生着重大的变革。

1. 服务内容

（1）阅读导航

阅读导航是数字阅读服务的第一步，其核心是以用户易于理解和操作的方式来组织和展示信息，从而帮助用户更轻松地找到他们所需要的资源。这通常通过图书馆网站的栏目设计和布局来实现，旨在为用户的资源发现和检索提供指导性的服务。

（2）阅读提供

阅读提供是解决用户"如何阅读"的问题。与传统的纸质文献阅读方式相比，数字阅读提供了在线阅读、资源下载和数字阅读器借阅等多样化的服务，使用户能够更加方便地获取和使用图书馆的资源。

（3）阅读互动

阅读互动涉及图书馆的活动参与和社区建设，主要目标是促进读者与图书馆工作人员以及其他读者之间的交流。图书馆论坛便是实现这一目标的有效平台，它提供了一个自由开放的虚拟空间，让读者可以在其中分享自己的想法和建议。同时，图书馆工作人员则需要在论坛中进行有效的管理和引导，确保论坛的秩序，为读者创造一个良好的阅读交流环境。

（4）移动阅读服务

移动阅读服务是在移动设备上提供图书馆资源的新型服务形式，这主要通过开发数字图书馆的 App 或数字阅读平台实现。这种服务模式的特点在于其移动性和即时性，它为用户提供了更方便的图书馆资源获取方式，并使用户可以随时随地了解图书馆的最新动态。虽然国内的数字阅读平台建设还存在许多问题，但上海市民数字阅读平台和南京图书馆移动阅读平台的成功经验为未来的发展提供了借鉴。

（5）"微"服务

"微"服务则是利用微博和微信等社交平台进行阅读服务的形式。这种服务方式不仅在图书馆的宣传推广方面发挥了重要作用，还在与读者的互动交流以及咨询服务方面展现出了巨大的优势。"微"服务是数字阅读推广活动宣传的有效手段，它可以结合线上线下的方式，引导更多的读者学会利用图书馆资源进行阅读，从而提升他们的个人素养和能力。

（6）数字阅读推广活动

数字阅读推广活动是图书馆利用网络平台为读者提供的阅读活动服务。这种服务方式打破了传统阅读服务受众和服务时间的限制，让无法亲临图书馆的读者也能享受到图书馆的阅读服务。数字阅读推广活动的形式多样，从最初的"网络书香"主题活动，发展到了现在包括视频、讲座、征文比赛、信息检索等内容丰富的服务。

2. 数字阅读服务特点

图书馆数字阅读服务的特点主要包括以下几方面，如图 5-5 所示。

图 5-5　数字阅读服务特点

（1）服务模式主动化

在数字阅读服务时代，图书馆服务模式经历了从被动到主动的转变，这体现在图书馆如何基于读者的阅读方式改变来调整其资源建设的类型和内容。由传统的资源建设转向体系化、特色化的数字资源建设，为数字阅读服务提供了强大的资源基础。同时，通过网络媒体和新媒体等新的传播渠道，图书馆可以向读者推送相关信息，从而实现主动服务。

（2）服务方式多样化

服务方式的多样化也是数字阅读服务时期的一个重要特点。图书馆利用互联网和新媒体提供各种不同形式的阅读服务，包括电子阅读器外借、数字阅读 App 资源、扫码阅读、阅读平台资源整合以及数字阅读推广活动等。这些多样化的服务方式，结合新技术的应用，使图书馆能够不断提高其服务效率、服务水平以及读者满意度。

（3）服务平台在线化

数字阅读服务平台的在线化，标志着图书馆的服务从实体空间扩展到了网络空间，拓宽了图书馆服务的空间范围，从服务馆内读者转向了通过互联网和新媒体等方式服务馆外读者，而且可以将潜在的读者转化为实际的读者。由此一来，不仅缩小了图书馆阅读服务与读者的距离，也为引导读者走进图书馆，充分利用图书馆资源提供了可能，进而实现了图书馆的社会价值。

（三）智能阅读服务

随着智慧城市的发展和建设，图书馆的阅读服务也进入了一个全新的时期，即智能阅读服务时期。这个时期的到来主要得益于大数据、数据挖掘技术、物联网技术、情境化技术、RFID 技术（射频识别技术）、3D/AR/VR 技术以及人工智能等技术的成熟和广泛应用，为图书馆的发展带来了新的机遇。对于智慧图书馆的建设，应用这些技术的目的并不是"技术至上"，而是提升服务质量和满足用户需求，这是"图书馆学新五定律"的应用原则。智慧图书馆的建设不仅需要人工智能技术的支持，更需要智慧图书馆馆员的参与。智慧馆员是智能服务的核心，而技术只是辅助工具。

1. 服务内容

（1）智能机器人

在图书馆阅读服务中，智能机器人发挥了重要作用，推动着智慧图书馆的建设。智能机器人通过交互系统和语音系统与读者进行交流，为读者提供图书定位和智能导航，给出最便捷的取书引导路线。这不仅为读者带来了新颖的体验，也节省了他们寻找资源的时间，提高了服务效率。此外，智能机器人还能提供读报、读书以及分享其他读者阅读感悟等服务。

（2）虚拟阅读体验

图书馆正在利用虚拟现实技术（VR）为读者提供一种全新的阅读体验。通过穿戴式设备，读者可以体验到虚拟场景，使他们的阅读过程更加轻松、愉快并且更沉浸于阅读之中。虚拟现实技术可以应用于各种阅读体验，包括虚拟阅读、虚拟检索、虚拟查询等。此外，增强现实技术（AR）也为阅读体验带来了新的突破。读者只需要扫描二维码，就可以体验到与传统方式完全不同的阅读乐趣。

（3）品牌阅读活动

智能阅读服务时期的阅读推广活动正在致力于打造品牌化阅读推广活动。这些活动会通过制定具有特定目标人群、活动名称、活动标识、活动方案和活动宣传的一系列完整品牌活动规划，以形成特色鲜明的品牌活动。在此过程中，图书馆会从专业角度对各种阅读推广活动进行深度挖掘，并注重活动的分级细化，以面向更广泛的读者群体，从而使服务的辐射面更广。

（4）城市公共阅读空间

城市公共阅读空间的出现，实现了图书馆服务"最后一公里"的延伸。这些公共阅读空间自动化和智能化的管理方式，提供了自助办证、自助借还等服务，大大方便了公众的使用。这些空间的设计，充分考虑了绿色、智能、便民以及地域文化的元素。除了在地理位置上尽可能满足公众方便性的考虑，这些公共阅读空间还融入了地域文化特色，使阅读体验更加丰富多元。这样的设计和布局，使更多的公众能够享受到图书馆的阅读服务，进一步推广了阅读文化。

2. 服务特点

图书馆智能阅读服务主要有以下几大特点，如图 5-6 所示。

服务场所泛在化

服务融入高新科技

阅读推广品牌化

服务推送智能化

图 5-6 图书馆智能阅读服务特点

（1）服务场所泛在化

服务的泛在化是智能阅读服务的一个关键特点。图书馆的阅读服务已经不再局限于传统的馆内环境，而是逐渐融入人们的日常生活中。城市公共阅读空间的建立和人工智能技术的应用都使阅读服务更加普及和便捷。例如，24 小时自助图书馆、城市书房、地铁图书馆等各种新形式的服务都在弥补图书馆阵地服务的不足，同时缩短了人们与图书馆、与阅读之间的距离。

（2）服务融入高新科技

阅读服务的发展正在深度融合高新科技。新技术的应用，如 3D 技术、虚拟现实技术、智能定位和物联网、人工智能等，都使阅读服务的效率、智能度和人性化程度得到了显著提升。这种技术的应用对图书馆馆员的专业需求提出了更高的要求，也对他们的知识素质提出了更严格的要求，需要他们不断地学习和提升自身的专业技能。

（3）服务推送智能化

智能化推送是图书馆服务中的一个新兴趋势，这主要得益于大数据、数据挖掘和用户"画像"等新技术的应用。图书馆通过分析和统计读者的借阅信息和行为，标签化每一个用户的阅读行为，形成读者的用户"画像"。这使图书馆能够根据读者的阅读习惯和兴趣进行精准化和个性化的信息推送。智能化推送服务不仅体现在推送相关的阅读信息，也在馆内活动、馆藏结构和馆内导航等方面发挥作用。例如，图书馆可以根据读者在馆内的实际位置，通过定位系统实时推送馆内信息，使读者能够及时参与自己感兴趣的活动。

（4）阅读推广品牌化

阅读推广的品牌化要求图书馆提供高质量的服务，针对目标用户群体策划品牌化的阅读推广活动。在这个过程中，培养阅读推广的专业人才显得尤为重要，他们在图书馆服务建设中扮演着至关重要的角色。

二、图书馆阅读服务发展演进的影响因素

（一）国家政策指明阅读服务发展方向

全民阅读的重要性已经得到了国家和社会的高度认识。近年来，公众对阅读的兴趣和需求都在持续增长，阅读推广活动也得到了社会各界的广泛关注。《中华人民共和国公共图书馆法》为公共图书馆的发展方向、基本目标和关键任务设定了明确指向，为我国的公共图书馆事业发展提供了法律保障。图书馆作为公益性的服务机构，其主要目标是满足读者的信息需求，成为指导阅读、帮助阅读、解决阅读问题的重要阵地。阅读服务是图书馆服务工作的基础，国家政策的制定和法律体系的建设为阅读服务的发展指明了方向。只有做好阅读服务工作，图书馆才能巩固其在社会中的地位，并得到公众的认可。

（二）信息技术创新引领阅读服务发展

高新科技如人工智能和5G正在逐渐渗透到人们的日常生活中，为人们带来更便捷的服务和全新的体验。作为信息技术应用的先驱，图书馆一直在利用这些先进技术提升服务质量。信息技术的创新从被动的服务模式推动了图书馆服务向主动、自助、智能和人性化的转变，同时为阅读服务开创了新的可能性。可以看出信息技术的创新在图书馆阅读服务的发展中起到了关键的引领作用。图书馆的阅读服务已经从初期的手工服务方式演化到在线化、自助化、人性化和智能化。随着人工智能和5G等技术的日趋成熟和普及，图书馆将继续优化和创新服务，拓展服务范围，为读者提供更加智能化和人性化的阅读环境和体验。

（三）国民阅读方式改变阅读服务模式

随着社会的发展和科技的进步，国民阅读方式的变化也在不断影响

着阅读服务模式的演变。现如今阅读已经从静态的、系统化的、深度的阅读，转变为行走的、碎片化的、浅层次的，甚至是通过视觉、听觉、言语等全感官的方式进行。人们的阅读方式已经不再局限于传统的阅读方式，而是多种阅读方式并存，这一转变直接推动了图书馆服务模式的改变。在传统阅读服务时期，图书馆主要为读者提供文献服务。随着移动阅读方式的普及，图书馆开始从传统阅读服务模式转向数字阅读服务模式和智能阅读服务模式，服务方式和内容也随之发生了变化。在 21 世纪，阅读已开始趋向生活化和休闲化，图书馆开始为读者开展阅读活动，打造阅读空间，提供虚拟体验服务。这种变化不仅要求图书馆关注读者的阅读行为和需求，还需要他们调整自身的服务方式和内容，提供更加人性化的服务。这是适应国民阅读方式变化的必然趋势，也是图书馆服务模式发展的新方向。

三、图书馆阅读服务发展的基本要素

阅读服务的发展不只由外部因素塑造，基本要素如资源构建、空间打造及阅读推广（图 5-7）同样起到决定性的作用。

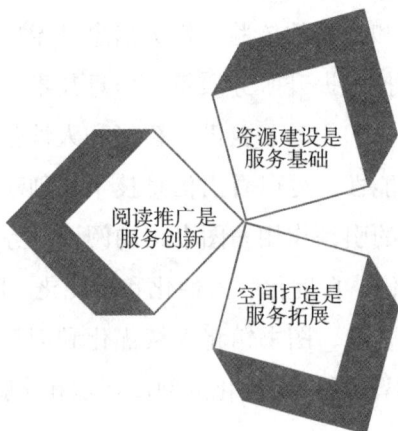

图 5-7　图书馆阅读服务发展的基本要素

（一）资源建设是服务基础

资源建设是图书馆持续发展的关键，它也是提高阅读服务质量的基础。一如常言"巧妇难为无米之炊"，没有足够的阅读资源，服务质量也就难以得到提升。在图书馆行业，资源建设始终是一项核心且具有挑战性的任务。特别在数字化、信息化的今天，信息技术的创新使知识信息的载体和获取方式发生了深刻的变革。资源建设需要全面而长远的规划，不仅包含传统资源和数字资源的构建，而且需要考虑资源的系统化和特色化建设。多元化、系统化和特色化的资源建设可以助力阅读服务的创新，从而保证图书馆业务的可持续发展。

（二）空间打造是服务拓展

一些国外图书馆成功地构建了城市的"第三空间"，为我国图书馆如何拓展阅读服务提供了宝贵的经验。通过创造阅读空间，可以拉近人们与图书馆的距离，让图书馆服务融入人们的生活中，引导人们更接近图书馆，步入阅读的世界。空间创造的目标在于提供更具人性化、更舒适、更温馨的阅读环境。将"第三空间"和"空间重构"的理念融入阅读服务，可以拓展服务内容和方式，这并不仅仅是提供阅读资源。在互联网时代，图书馆空间重构是实现空间服务功能重组与转型的关键措施。"第三空间"为人们提供了便利的学习和交流场所，同时是一个可以进行休闲娱乐、放松心情、修身养性、消除内心压力的地方。图书馆空间的创造是阅读服务的拓展，以读者需求为核心，功能布局适宜流畅，结构的连接自然合理，创造出一个和谐、轻松、情感丰富和平等的人文环境。同时，它也能根据实际需求提供相应的服务。

（三）阅读推广是服务创新

阅读推广已经成为图书馆服务的新常态，也是阅读服务的一种创新形式。图书馆是阅读推广的主要场所，图书馆工作人员是阅读推广的重要力量。图书馆的阅读推广活动不仅深化了阅读服务的内容，提升了其教育功能，而且创新了未来运行的新常态。阅读推广活动的受众面广，图书馆需要清晰地定义活动的目标人群和阅读需求，并针对这些需求开展活动。由于阅读推广面向的群体具有差异性，这既提供了创新的机会，也带来了服务的挑战。同时，还需要明确活动的内容和推广方式，因为不同的活动内容会带来不同的阅读效果。因此，阅读推广服务是图书阅读服务的一种创新方式。

第六章　高校图书馆阅读信息服务平台的建设

第一节　高校图书馆阅读信息服务平台的建设

一、高校图书馆阅读信息服务的内涵

"信息"这一概念在人们的社会和自然界中无处不在，它描绘了物质或事物的各种特征，包括现象、结构、性能、状态、规律、联系等。现如今这个词已经被广泛地用于社会、经济、科学、生活、文化、教育等多个领域。从信息的来源来看，它涵盖了人与人、组织与组织，以及人与组织、人与社会、组织与社会之间的各种交往。更重要的是，它还包括了人类与自然界，以及自然界中生命物质世界与非生命物质世界之间的"交流"和作用。因此，信息不只是人类社会活动的结果，也是生命物质与非生命物质运动的产物。由于"信息"的泛化和多重含义，导致了学者们在对"信息"的定义上存在诸多争议。

虽然"信息"的定义广泛且多样，但在确定学科范围和设定研究问题时，仍需准确把握其概念。对于信息，我国学者钟义信的定义被广为接受，他认为信息是事物存在的方式或运动的状态，以及这种方式、状态的直接或间接表述。[①] 服务指的是供方和顾客之间的交互，以及供方内部的活动，目的是满足顾客的需求。通过分析可知服务涉及几下内容：

（1）服务的终极目标是满足用户的需求。高校图书馆的阅读推广和服务应围绕用户的需求，提供他们所需要的资源和帮助。

（2）服务的基本条件是服务提供者和用户的接触。高校图书馆需要用机制来与用户建立和维护联系，以便更好地提供服务。

（3）服务提供过程中用户与供方的交互对服务的提供至关重要。图书馆需要关注这些交互，并从中获取反馈，以改善和优化服务。

（4）服务可以与有形产品的制造和提供结合。例如，图书馆不仅提供图书借阅服务，还可以提供学习空间、研究设施等有形的服务。

（5）服务的用户既可以是机构内部的，也可以是机构外部的。图书馆的服务对象不仅包括校内的学生和教师，也可以扩展到校外的访问者和其他社区成员。

作为一个独立的社会机构，图书馆的社会职能之一是保存和提供信息资源，这体现了其社会价值。因此，始终以服务为先是图书馆的核心宗旨。在这个意义上，图书馆的服务并无本质区别于通常意义上的服务。

对于信息服务，它可以有广义和狭义的理解。在广义上，信息服务指的是以产品或服务形式向用户提供和传播信息的各种信息工作，这包括在信息服务产业内的所有活动，如信息产品的生产和开发、分发和传播，以及提供信息技术和信息服务等行业。而在狭义上，信息服务是专门的信息服务机构针对用户的信息需求，将精心开发和处理的信息产品以便于用户接收的方式准确地传递给特定用户的活动，也被称为信息提供服务。

---

① 钟义信. 信息化理论基础：科学—技术—经济—社会互动说 [M]. 北京：北京邮电大学出版社，2014：49-53.

二、高校图书馆学生阅读信息服务的理论基础

（一）阮冈纳赞的图书馆学五定律

阮冈纳赞，被尊称为印度图书馆学之父，他在 1931 年出版的《图书馆学五定律》中提出了被图书馆界广泛接受并视为经典理论的五条定律，分别为书是为了用的、每个读者有其书、每本书有其读者、节省读者的时间、图书馆是一个生长着的有机体，[①] 如图 6-1 所示。

图 6-1　阮冈纳赞的图书馆学五定律

1. 书是为了用的

"书是为了用的"这个定律说明图书馆的核心职责不仅仅在于收藏和保存图书，更重要的是让图书得到充分的使用，这是启动所有服务工作的基础。无论一本书的质量有多高，装帧有多么精美，如果它无法被人们使用，那么它便失去了其存在的价值。因此，图书馆所处理的所有信息资源，无论是拥有还是存储，都是为了满足用户的信息需求，使用户能够充分利用这些资源。

2. 每个读者有其书

"每个读者有其书"强调图书馆应以开放和包容的态度迎接读者，作

---

① （印）阮冈纳赞. 图书馆学五定律 [M]. 夏云，译. 北京：书目文献出版社，1988.

为图书馆工作人员，应当提供满足各种用户需求的信息。这个原则可以从两个角度理解：一方面，作为面向公众的服务机构，图书馆应消除社会阶级、城乡差异、年龄差异和文化程度等方面的障碍；另一方面，图书馆需要提高藏书的覆盖率，让每位读者都能找到他们需要的书籍。这意味着图书馆的资源建设应以满足用户需求为导向，组织和整合信息资源，以尽可能满足用户的需求。

3. 每本书有其读者

"每本书有其读者"强调提高图书馆的利用率，找到每本书的潜在读者，并揭示图书馆藏书的可能使用者。为了达到这个目标，图书馆需要充分理解读者的需求，并将这些需求作为图书馆收藏的依据。这样可以确保有限的资源得到充分利用，从而最大限度地发掘信息资源的潜力。

4. 节省读者的时间

"节省读者的时间"要求图书馆在进行其各项工作时，必须充分考虑到读者的时间以及成本效益，致力于为读者提供最大的便利、最大的自由和最少的限制。在当前的网络环境中，海量的信息让用户往往难以找到他们真正需要的精准信息。因此，根据著名的"穆尔斯定律"，如果一个信息检索系统给用户带来的麻烦超过了其带来的便利，那么这个系统将无法得到用户的使用。因此，图书馆在进行信息收集、处理、加工、存储和提供等工作时，既要与用户充分沟通，开发简单易用、界面友好的检索系统，也要加强对用户的指导，让用户可以更好地使用，更愿意使用，真正提高用户的查询效率，节约他们的时间。

5. 图书馆是一个生长着的有机体

"图书馆是一个生长着的有机体"这一定律强调图书馆的形态是不断发展和完善的，并且这种发展是与社会环境密切相关的。从古代的藏书楼到近代的图书馆，再到现代的图书馆，人们可以预见其未来将会进一步发展为数字图书馆和虚拟图书馆，这是一个充满活力的过程。这个原则要求图书馆工作人员必须站在时代的前沿，用发展的眼光来规划和管理图书馆。在现代社会的信息化进程中，图书馆的信息服务功能将成为其核心任务，信息服务的能力将成为决定图书馆的发展潜力，甚至是其生存能力的关键因素。因此，"以人为本，服务至上"的理念是保持"图书馆"这个发展中的有机体持续繁荣生命力的思想灵魂。只有秉承这一理念，图书馆才能保持其生命力，并在信息服务领域不断发展和进步。

（二）戈曼的图书馆学新五定律

1995年，美国学者戈曼以阮冈纳赞五定律为基础，提出了"图书馆学新五定律"，主要观点概括如下，如图6-2所示。

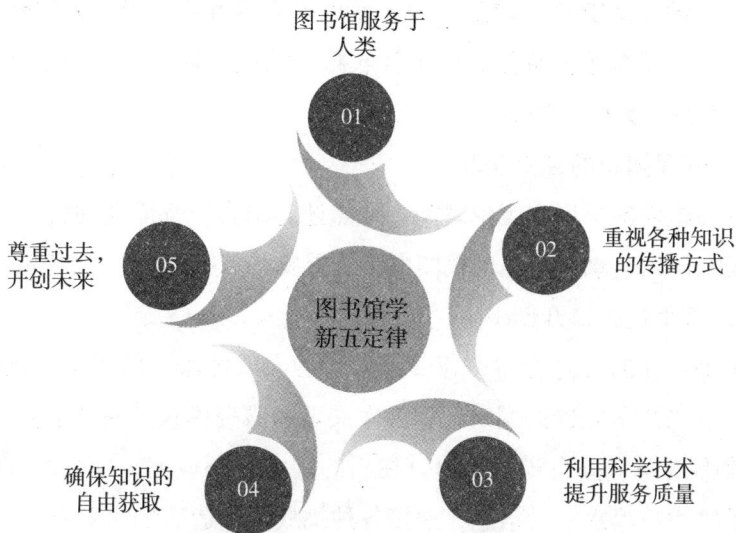

图6-2 戈曼的图书馆学新五定律

1. 图书馆服务于人类

图书馆的核心职能是服务于人类。作为知识传播的机构，图书馆的重要职能包括对社会文献信息进行整序，传递文献信息，开发智力资源，进行社会教育，收集和保存人类文化遗产，以及满足社会成员的文化欣赏、娱乐和休闲需求。这些功能都证明了图书馆对于人类文化素质的提升、经济发展和社会进步提供了全面的服务。

2. 重视各种知识的传播方式

在社会信息化的背景下，图书馆应该关注用户对文献深层次加工的需求。现代图书馆的访问者不再只是为了借书，他们更需要获得知识。这就要求图书馆工作人员超越文献的物质形式，深入对内容的发掘和揭示，以满足用户的需求。图书馆应利用各种知识传播方式，为用户提供方便、快捷的服务。

3. 利用科学技术提升服务质量

科学技术是推动图书馆发展的关键动力。在信息时代，人们获取信息的方式正在发生重大变化。因此，图书馆不应仅限于过去几百年的传统模式，例如仅依赖印刷文献和采编藏借阅等方式，而应大胆地利用信息技术。图书馆需要从传统的书籍收藏模式向功能多样、智能化、网络化的新型信息系统迈进。

4. 确保知识的自由获取

图书馆应确保用户无论时间、地点还是语言，都能找到所需的信息，这种无限制的信息获取是现代图书馆的重要服务原则。

5. 尊重过去，开创未来

图书馆在服务过程中，应尊重前人的实践经验，但不应机械地照搬照用。应在继承经验的同时，积极发展新的服务模式。在社会化进程中，图书馆需要明确其自身的价值。在新的网络化环境下，图书馆应运用现代科学技术，追踪前沿信息，迎接各种挑战，创造美好的未来。

三、高校图书馆学生信息服务平台建设的意义

随着科技的快速发展和社会的持续演进，各行业都经历了剧变，图书馆作为知识传播的重要机构也不例外。图书馆必须适应时代的变迁，不断优化和改进其职能，调整其服务方式。当前，随着图书馆用户需求的日益升级，传统图书馆正在向复合型图书馆转型。特别是在高校图书馆，学生用户对图书馆的期待已经从单纯关注馆藏规模转变为关心图书

馆能在多大程度上满足他们的需求。为了适应这个时代的要求，提供更优质的信息资源，提高服务质量和水平，图书馆工作人员必须清晰地认识到现状，明确服务对象，调整服务内容和策略，并迅速有效地提供信息服务。否则，图书馆可能面临着用户持续流失的危机，这将对图书馆的地位产生威胁，影响图书馆的发展，甚至可能威胁到图书馆的生存。因此，有效地提供信息服务，为学生建立信息服务平台是至关重要的。

（一）信息服务是高校图书馆的根本，是图书馆与学生用户沟通的桥梁

高校图书馆的主要职能之一就是提供信息服务，这种服务的主要特征是中介性，即在学生用户和他们需要的信息资源之间起到桥梁的作用。图书馆在这一过程中起到的是一个双重角色：它既是信息资源的存储中心，也是学生用户获取信息资源的主要平台。

首先，图书馆作为信息资源的存储中心，负责收集、整理和储存各种信息资源。这些资源包括但不限于书籍、期刊、报纸、手稿、音像资料，以及电子资源如电子书籍、电子期刊、数据库等。图书馆会定期进行资源的更新和淘汰，以保证所储存的信息资源既具有时效性，又能满足学生用户的学习和研究需要。这种资源保障的作用，为图书馆的信息服务提供了坚实的基础。

其次，图书馆作为学生用户获取信息资源的主要机构，负责提供各种信息服务，帮助学生用户满足他们的信息需求。这种服务形式多样，包括参考咨询服务、信息检索服务、文献传递服务、读者培训服务、阅读推广活动等。参考咨询服务帮助学生用户解答与查找信息资源相关的各种问题；信息检索服务提供系统化、专业化的信息搜索工具，帮助学生用户高效地寻找到他们所需要的信息；文献传递服务将学生用户需要而图书馆又没有的资源从其他图书馆获取过来；读者培训服务通过提供各种培训课程，提升学生用户的信息素养，使他们能够更好地利用图书馆的资源和服务;阅读推广活动则通过举办各种活动来激发学生用户的阅读兴趣,丰富他们的阅读生活。

(二)信息服务是科研工作的前提条件,也是实现文献信息资源价值的主要途径

在现代学术研究的环境下,高质量的信息服务已经成为科研工作的前提条件之一。高等教育图书馆所提供的信息服务扮演着关键的角色,这不仅有助于学生和教师的研究工作,也有助于实现图书馆所收藏的文献信息资源的最大价值。

高校图书馆的信息服务是研究生科研工作的前提条件。从信息素养的角度来看,信息服务帮助科研人员提高信息检索和利用技能,从而更有效地获取并使用图书馆收藏的文献信息资源。通过课程支持、咨询服务、工作坊和在线教程等形式,图书馆为研究生提供了丰富的信息素养教育和支持。

图书馆的信息服务帮助科研人员跟踪和获取最新的研究动态。图书馆提供的当前文献搜索服务、学术数据库订阅、电子期刊访问以及专业研究资讯等,能帮助科研人员及时了解其研究领域的新动向,从而能提高其研究成果的创新性和及时性。

此外,信息服务也是实现图书馆文献信息资源价值的主要途径。作为知识的仓库,图书馆拥有大量的文献信息资源。如果没有有效的信息服务去帮助科研人员发现、理解和利用这些资源,那么这些资源的价值将大打折扣。通过个性化的信息咨询服务、知识导航、资源推荐等,图书馆帮助用户更好地发掘和利用图书馆的资源,从而实现其最大价值。

因此,图书馆的信息服务不仅是支持研究生科研工作的前提条件,也是实现图书馆文献信息资源价值的主要途径。在信息化和知识经济的背景下,图书馆的信息服务将继续发挥其重要作用,并随着科研需求和信息技术的变化而不断进行创新和提升。

第二节　高校图书馆网络阅读信息服务平台的建设

一、高校图书馆网络信息服务平台的建设状况

（一）图书馆网站建设

高校图书馆网站的发展已有数十年的历史。在发展初期，这些网站大多设计简洁，提供的信息也相对有限。基本上它们包含一些文字描述，介绍图书馆的基本情况和提供用户指南，并不具备提供在线图书检索的功能。随着网络技术的飞速发展，高校图书馆开始逐渐走向自动化和网络化，这意味着现在的高校图书馆网站已经发生了巨大的变化，几乎所有的高校图书馆都已经拥有了自己的网站，提供了丰富多样的服务。读者可以通过网站进行图书检索，找到他们所需要的资源，还可以利用图书馆网站的文献专递服务获取需要的文献，或者了解图书馆近期的活动信息。

（二）图书馆信息的发展与检索服务

高校图书馆的信息发布服务多元丰富，涵盖了本馆概况、相关规定、服务项目、服务指南以及最新的简讯和通知等动态信息，为读者提供了全面、及时的图书馆资讯。

高校图书馆的信息检索服务是非常关键的一环，主要包含馆藏文献资源和数据库资源的检索。对于馆藏文献的检索，通常通过联机公共目录查询系统进行。虽然各高校图书馆使用的自动化管理系统可能不同，导致检索界面、字段和结果存在差异，但基本的检索字段，如文献题目、作者、关键词、索书号等都是相似的。用户可以得到包括总记录数、内容摘要、馆藏地点和借阅状态在内的详尽信息，并可以进行预约或续借。

高校图书馆还提供数据库资源的检索服务。这些数据库包括购买的

数据库和自建的特色数据库。购买的数据库一般包含电子图书、电子期刊和二次文献数据库。另外许多高校根据自身的学科和专业特色，还建立了特色数据库，如长春理工大学的光电特色文献数据库。这些数据库为高校内的用户提供了便利的检索、查询和下载服务，充分发挥了图书馆的信息服务功能。

（三）网络信息导航服务

随着互联网和信息技术的飞速发展，网络上的信息资源日益丰富，与此同时也带来了信息过载的问题。在这个背景下，高校图书馆提供的网络信息导航服务变得至关重要，它能帮助用户快速、有效地找到所需的信息。网络信息导航服务通常包括三部分内容，分别为本馆资源导航、网络资源导航和学科资源导航。

本馆资源导航是指图书馆为用户提供对馆内各类资源的引导，这些资源包括书籍、期刊、电子书、数据库等。图书馆会将这些资源进行分类，通过链接、搜索框等方式方便用户查找。一些图书馆还会提供对资源使用的指南，帮助用户更有效地利用这些资源。网络资源导航是指图书馆筛选互联网上优质、可信的资源，这些资源包括学术网站、新闻网站、开放课程、在线数据库等，并为用户提供快速访问的路径。图书馆工作人员会定期更新这些链接，确保资源的时效性和可用性。学科资源导航是根据各个学科的特点，精选相关的信息资源，如特定学科的核心期刊、数据库、专业网站，这种服务可以帮助用户更深入地探索特定学科的信息资源，提高研究效率。

（四）参考咨询服务

自21世纪初以来，随着信息科技的飞速发展，数字参考咨询服务逐渐在全国各地的高校图书馆得到推广和应用。其中，FAQ服务（常见问题解答服务）、电子邮件咨询服务、实时虚拟参考咨询服务等成为新时代图书馆服务的特色项目，它们极大地提高了图书馆的服务质量和效率。所谓 FAQ 服务，即常见问题解答服务，它为用户提供了一个快速获得解答的平台，这项服务的核心理念是整理、归纳用户常见的问题和疑惑，然后提供标准答案，形成一个系统化的问题和答案数据库。由于这个数据库是由图书馆专业人员根据实际用户需求慎重策划和编制的，因此能够有效地帮助用户解决他们在使用图书馆资源和服务过程中可能遇到的问题。电子邮件咨询服务是目前极其常见和流行的咨询模式，用户只需要通过电子邮件向图书馆的管理员提出问题，就能得到及时、详细的回答。电子邮件咨询服务因其便捷性、高效性而受到广大用户的青睐，成为图书馆数字参考咨询服务的重要组成部分。实时虚拟参考咨询服务是一项新兴的服务方式，虽然在国内目前尚处于尝试阶段，但其发展潜力巨大。该服务提供即时在线的咨询回答，其实时性和便捷性为用户提供了更好的体验。随着技术的进一步发展和完善，这种服务方式将在未来成为图书馆的主流服务模式。

（五）网络多媒体服务

随着科技的日新月异，实现了传统的纸质图书与现代多媒体技术的有机结合，图书馆的信息资源形式也因此变得越来越丰富。其中，随书附带的光盘、音频等多媒体资源，为读者提供了一种全新的获取信息的方式，使信息的获取和使用更加便捷。对于图书馆来说，多媒体资源的收集和管理已经成为图书馆工作的一部分，许多学校图书馆在纸质图书馆藏的基础上，设立了自己的多媒体资源目录和数据库，这些目录和数据库通过电子化和网络化的方式，将多媒体资料整合到图书馆的资源体系中，实现了信息资源的全面覆盖。通过设立多媒体资源目录和数据库，图书馆不仅拓宽了信息资源的类型，也为读者提供了更加方便的信息检索途径。用户无须在纸质图书和多媒体资料之间分别检索，只需在图书馆的网站上进行统一的检索，就能获取到他们所需的多媒体信息资料，大大提高了信息检索的便利性和效率。用户在图书馆的网站上可以直接获取、下载或者在线观看多媒体资料，无须到图书馆现场查找和借阅。对于图书馆来说，也可以通过电子化的方式实现对多媒体资源的有效管理和维护。

二、高校图书馆网络信息服务平台建设的发展趋势

总的来说，高校图书馆网络信息服务平台建设的发展呈现出以下几大趋势，如图6-3所示。

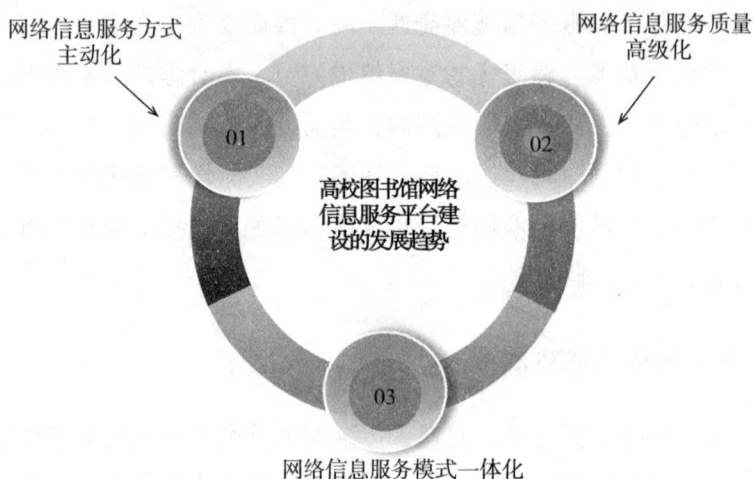

图6-3　高校图书馆网络信息服务平台建设的发展趋势

（一）网络信息服务方式主动化

在传统的高校信息服务模式下，图书馆的服务通常是被动的，读者需要亲自到图书馆进行咨询或者在其他地方完成书目检索后，再到图书馆进行借阅。在这样的模式下，图书馆管理员的工作状态主要是在办公室等待读者上门询问。在网络环境的影响下，这一模式已经发生了显著变化。现在的读者可以通过多种网络工具进行图书预约、咨询、文献传递等服务，图书馆的服务方式也必须与时俱进，以更好地适应这种变化。

这时图书馆管理员的角色需要转变为主动提供服务的参与者，利用网络环境为读者提供"一站式"服务。"一站式"服务指的是将图书馆的各项服务整合在一起，以便读者能够在一个平台上获取所有需要的服务。这包括但不限于图书借阅、咨询、文献传递等。在这种模式下，图书馆管理员不再是被动等待的角色，而是需要主动了解和预测读者的需求，提供精准、周全的服务。这不仅能够提高读者的满意度，也提升了图书馆管理员自身的工作满足感。

（二）网络信息服务质量高级化

网络信息服务质量高级化是对服务质量的强调和提升，这包括时效性、全面性和响应时间等关键因素。首先，时效性是高级化网络信息服务的重要组成部分。如果当读者进行咨询时，图书馆馆员不能提供最新、最前沿的资料，可能会使读者无法获取其所需的最重要信息，从而降低服务质量。其次，全面性也是网络信息服务质量的重要考量。当读者进行咨询时，如果图书馆工作人员只提供了部分所需信息，而没有给出全面的资料，可能会导致读者需要再次甚至多次咨询，这无疑增加了读者和图书馆馆员的工作负担。最后，响应时间是评估网络信息服务质量的另一个重要指标。如果图书馆馆员回复读者的周期过长，可能会导致提供的资料在读者那里已经错过最佳使用时机。因此，为了提供最优质的服务，网络信息服务质量高级化是未来发展的一个趋势。这不仅要求图书馆馆员具备时效性、全面性和快速响应的能力，也需要图书馆不断更新和优化其服务流程和技术平台，以适应这种趋势。

（三）网络信息服务模式一体化

在互联网快速发展的今天，信息服务已经从传统的单一模式转向了一体化的服务模式。这种模式将多个功能整合到一个服务流程中，能够提供全面的、连贯的信息服务，用户可以在同一个平台上获取所需的全部服务，无须频繁切换，从而大大提升了服务效率和用户体验。

首先，一体化信息服务的主要特征在于功能的整合。传统的信息服务往往是碎片化的，每一个功能或服务都需要单独的平台或程序来完成。而一体化信息服务则将所有的功能和服务集成到同一个平台上，如文献检索、全文浏览、数据文件下载和信息咨询等。这不仅为用户提供了更便捷的服务，也提高了工作效率，为图书馆节省了大量的人力和物力。其次，一体化信息服务提供了一种全面的服务方式。在同一个平台上，用户可以获取他们所需的所有服务，无须在不同的平台或服务间来回切换。这种全面的服务方式大大提升了用户体验，使用户能够在最短的时间内找到所需的信息。最后，一体化信息服务还体现在其便捷性上。传统的信息服务往往需要用户进行多次操作才能获取所需的信息，而一体化信息服务通过整合各个功能，使用户可以通过最简单的操作就能获取到所需的信息。这无疑为用户提供了极大的便利。

一体化信息服务对于图书馆馆员来说，也有诸多优点。由于所有的服务都在同一个平台上进行，馆员可以更方便地进行管理和监控，更容易发现和解决问题，也能更好地了解用户的需求和使用情况，为提升服务质量提供有力的数据支持。

第三节　高校图书馆个性化阅读信息服务平台的建设

一、高校图书馆个性化信息服务的特点

高校图书馆个性化信息服务提倡以用户为核心，根据用户提出的明确、综合的信息需求向其提供专有的信息服务，其特点如图6-4所示。

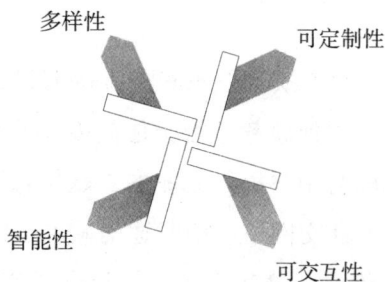

图6-4 高校图书馆个性化信息服务的特点

（一）多样性

高校用户群体具有其特殊性，他们的职位、学历和研究领域的差异性决定了他们对信息需求的多样性。如教授、专家和博士生，他们对信息服务的需求通常更倾向于专业性、特色性，以及深度和广度上的高质量服务，如原始文献查询、科技查新、专题检索等。对于研究生和高年级本科生，他们更需要的是与其学科紧密相关的信息服务，如对学科前沿的学术检索。而对于大多数本科生来说，他们除了需要学科相关的信息服务，还对用于休闲娱乐的课外信息有一定的需求，他们的信息需求行为主要体现在书籍借阅和查阅上。因此，高校图书馆的信息服务必须以用户为中心，实施分类管理，并根据用户的动态需求提供相应的服务。这样的服务模式既满足了用户群体的多元化需求，也体现了高校图书馆信息服务的人性化和灵活性。

（二）可定制性

个性化信息定制服务是建立在网络环境基础上的一种服务方式，其中定制项目的主要内容包括信息内容、检索策略、网页界面等。这种系统能够根据用户的特定要求灵活地提供服务，实现网络服务的个性化，即不同的用户登录后具有各自的权限、界面风格、服务方式和信息内容。

169 —

（三）可交互性

个性化信息服务有助于实现图书馆的互动服务，对于那些缺乏信息检索能力的用户来说，这种服务将给予他们极大的帮助。例如，学科馆员服务模式能够主动地为用户提供专业的文献信息服务，参考咨询馆员则可以通过电子邮件、社交网络、即时通信软件、FAQ 等方式为用户提供便利和创新的服务模式。这些模式不仅提高了用户获取信息的效率，还间接地推动了学术创新和科研成果的产出。

（四）智能性

智能性是图书馆个性化信息服务的未来趋势，这主要借助了智能技术来实现信息导航、智能检索和信息库管理等功能。在这些技术中，智能代理技术尤其显著，能够根据用户的需求提供定制化的服务。智能代理技术利用其推理能力，可以较准确地理解用户的需求，从而提供更有针对性的信息服务。同时，其信息过滤功能能够减少信息噪声，为用户提供更精确的信息。智能代理技术能够自动感知信息需求的变化和更新，自动下载和存储相关数据，同时将新的信息主动推送给用户，使用户始终保持信息更新的同步。同时，智能代理也可以管理用户的个人信息和个人目录下的信息库，帮助用户方便地从信息库中检索和存储信息。

二、高校图书馆个性化阅读信息服务平台建设的意义

（一）迎合高新技术和通信革命发展潮流

现在的高校图书馆信息服务模式主要依靠计算机和网络通信技术，迅速实现了信息的共享、传播和利用，从而为个性化信息服务提供了坚实的基础。这种便捷的通信手段为图书馆内外的有效信息服务的沟通创造了可

能性，使图书馆之间以及图书馆与用户之间的互动更为畅通。由于高校图书馆的馆藏量较大，因此文献检索、传播和处理技术的发展在构建个性化信息服务中起到了推动性的作用。这些技术的发展为高校图书馆的个性化信息服务提供了技术支持和基础，使信息服务更加精准、高效。与此同时，随着微视频、数据库建设、光盘影像等多媒体信息载体的出现和发展，用户对信息服务模式的传统理解正在发生深刻的变化。这些新型信息载体改变了用户接触和获取信息的方式，使信息服务更加直观、形象，更能贴近用户的实际需求，从而极大地提升了服务的质量和用户的满意度。

（二）满足各层次读者的个性化信息服务需求

高校图书馆是教学科研、人才培养的重要支持系统，承担着为教职工和学生提供学术论文、科研报告等研究资料的重要职责。这些图书馆应该利用其跨越时间和空间的信息资源服务优势，构建自己的网站或信息化系统，以满足高校读者的信息需求。随着高等教育的多元化，人才培养形式也呈现出多样性。成人高等教育、网络远程教育、社会机构的短期培训班等，都为来自不同年龄、职业、性别和知识背景的学员提供了进修机会。因此，高校图书馆的文献信息服务需求呈现出多元化和个性化的特征。为了满足这种多元化和个性化的需求，高校图书馆需要持续改进和创新服务模式，以适应不断变化和多样化的用户需求，提供更个性化、更贴近用户的信息服务。

（三）有助于高校图书馆的建设和可持续发展

社会信息服务供应商为满足市场需求，已经开发出了各种形式的网络信息资源，并朝着特色化和个性化的方向发展。为了提升信息服务的质量并开发出更高效且优质的信息服务资源，高校图书馆应以用户需求为核心，强化自身的信息服务建设。优化个性化信息服务模式并加强个性化信息服务资源的建设，不仅能增强高校图书馆在市场中的竞争力，还能更好地满足用户的需求。这是对用户需求的尊重，也是向提供更优质服务的目标迈进。

三、高校图书馆个性化信息服务的主要策略

为了提供个性化阅读信息服务，高校图书馆需要采取有效策略，提高用户阅读的获得感、幸福感。具体来说，可以采取以下几点策略，如图 6-5 所示。

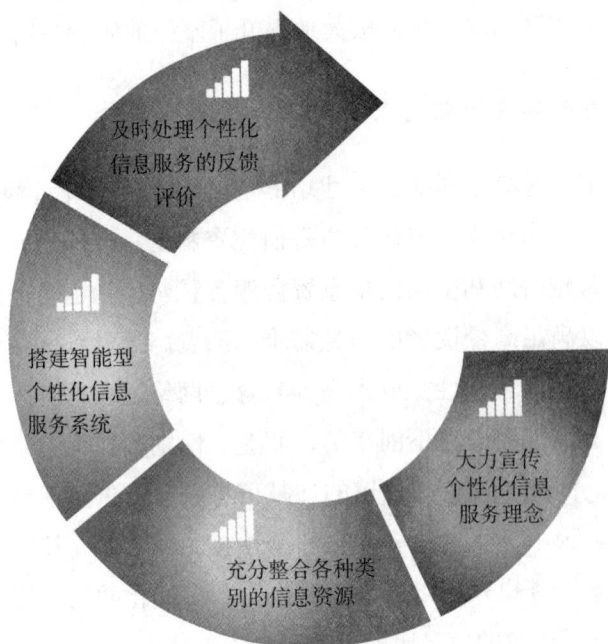

图 6-5　高校图书馆个性化信息服务的主要策略

（一）大力宣传个性化信息服务理念

在推进个性化信息服务的过程中，高校图书馆需要增强其服务理念的宣传力度，让用户对此有更深入的认识。虽然一些高校在信息服务的硬件建设方面已经有了坚实的基础，但如果用户对此知之甚少，那么这项服务就无法有效地推进，且失去了初始的目标——为用户提供量身定制的服务。在进行个性化信息服务的宣传期间，高校图书馆需要明确地

向用户传达其在该领域的投入和努力，阐述能为用户提供哪些类型的个性化信息服务，并详细说明哪些服务更适合特定的用户群体。在宣传的早期阶段，必须对目标用户进行全面的宣传，让个性化信息服务的理念深入人心。这样才能使用户更好地理解和利用个性化信息服务，从而使该服务能够真正实现其价值。

（二）充分整合各种类别的信息资源

高校图书馆不仅要关注传统的实体文献信息的丰富程度，更需要关注网络上多媒体动态信息资源的建设和利用。这些网络信息资源以其易变、不稳定和新颖的特性，往往能更好地满足用户的个性化需求。我国的高校应当积极开展具有自身特色的文献信息数据库系统的建设，发掘自身特色的馆藏信息，以便为个性化信息服务提供更加优质的基础资源。同时，高校图书馆之间需要加强联系和沟通，实现馆藏资源的共享以及信息资源的合理配置。借助互联网通信技术，高校图书馆能够搭建起一个跨越时间和空间的信息资源服务系统，为用户提供更为便捷、高效、实用的个性化信息服务。只有这样，才能满足用户日益增长的个性化需求，提升高校图书馆的服务水平和影响力。

（三）搭建智能型个性化信息服务系统

高校图书馆的个性化服务需要特别注意其工作人员的业务素质和综合能力，因为这种服务需要高度的及时性和互动性，严格按照用户的特定需求提供相关的图书馆信息服务。因此，图书馆馆员的业务技能和对信息处理的敏感度要求都非常高。鉴于用户群体的多样化，图书馆人员需要具备一定的外语水平，以便服务不同的用户群体，他们还需要熟练掌握专业的信息网络处理技术和各种文献信息检索系统的操作。因此，高校图书馆需要积极开展馆员的专业培训，以提升其服务能力和素质。这包括完善馆员的业务培训机制，提高他们的综合素质，加强专业信息处理技术和文献信息检索系统的操作能力等，这是保证图书馆个性化信息服务顺利进行的关键举措。要从实际出发，针对专业人才队伍进行专门的培训，努力做好人才队伍的建设，以实现高校图书馆的个性化服务目标。

（四）及时处理个性化信息服务的反馈评价

在评估高校图书馆的个性化信息服务时，需要考虑许多因素，包括信息服务系统的运行情况、用户需求与使用状况的反馈以及与同行业的竞争态势等。关注市场需求，积极响应用户反馈，并建立全面而合理的信息服务评价机制等，这些都是提供给针对性用户服务的关键。高校图书馆需要定期分析用户需求，特别是需要关注用户经常提出的信息资源问题，并将此作为信息资源整合的重点。图书馆也需要实时跟踪用户需求的变化，以便提供及时、有效、合理的信息资源反馈服务。这种反馈机制能够为图书馆在制定战略方案时提供准确的参考。在建立个性化信息服务反馈过程的同时，保护用户的隐私安全也是至关重要的。用户的个人基本信息是开展图书馆个性化服务的基础，只有在确保用户信息安全的前提下，才能更好、更全面、更有针对性地为个性化信息服务提供保障。

第七章 高校图书馆阅读服务模式的创新

第一节 新技术环境下的高校图书馆阅读服务模式

一、新技术环境下高校图书馆阅读服务面临的挑战

（一）信息获取方式的变革带来新的挑战

随着科技的发展和进步，特别是网络信息技术的推动，人们处于一个信息获取方式正发生深刻变革的时代。在这个变革中，一方面以纸质文献为主要资源的传统图书馆，作为信息提供的唯一机构的地位正在被改变。在 21 世纪以前，图书馆几乎是唯一一个可以提供大量纸质文献资料的机构。在今天，由于互联网和电子技术的发展，人们看到了各种新形式的文献和信息资源的出现，包括电子数字形式、超文本形式和多媒体形式等。微缩型、声像型、机读型等新型文献也相继涌现，打破了纸质文献一统天下的局面。与此同时，人们也看到了各种新型的知识信息服务机构和咨询机构的兴起。这些机构如"百度知道"和"新浪爱问"，

提供的是无障碍、即时、方便、快捷的信息服务，使信息获取方式变得更为便捷和直接，这无疑是对传统图书馆服务的一种挑战。

另一方面，随着出版物的数量增长和价格上升，图书馆在经费预算紧张的压力下，无论是纸质还是电子文献的收集都面临着巨大的挑战，进而导致图书馆的文献信息更新速度减缓，资源老化问题日益显现。与此同时，互联网的兴起和普及，改变了人们获取信息的方式。人们可以通过互联网快速、便捷地阅读、浏览和搜索他们需要的数据和信息。相比之下到图书馆查找信息所需的时间、精力和成本显著增加。因此，网络成为越来越多人的首选信息源。这种趋势也反映在图书馆的实体使用率上，越来越少的人选择到图书馆寻找信息，人们去图书馆的频率和人数都明显下降，显示出图书馆的实体服务使用率正在逐渐降低。面临着这些挑战，图书馆仍然拥有独特的优势，包括提供专业的信息服务、拥有丰富的知识资源以及拥有专业的图书馆馆员等。因此，面对这些挑战，图书馆应当积极寻找解决方案，以更好地满足用户的需求，并维持其在信息服务领域的地位。

（二）数字图书馆运营商借助新技术驱动新的服务带来的挑战

随着数字化浪潮的推动，各种商业机构如中国的"超星""书生"以及像 Google 这样的全球科技巨头，正在积极进军数字图书市场，并与拥有丰富数字资源的图书馆展开合作，这些机构以雄厚的实力和先进的技术，试图全方位占据全球信息舞台。同时，新技术的迅猛发展，如物联网、下一代互联网、移动通信和云计算等，也在改变着信息消费的方式。智能手机、电子阅读器、iPad 以及其他手持阅读设备已经开始改变读者的需求和期望，使信息获取更为方便和快速。例如，读者可以通过手机界面或短信实现在线参考咨询服务，大大提升了获取信息的效率。在这个背景下，高校图书馆的发展也呈现出网络化、自动化和数字化的趋势。然而，这也带来了一系列挑战：如何在这些现实冲击下保持图书馆的核心地位，如何提升图书馆自身的服务能力，以适应新的信息消费需求，这些都是图书馆当前和未来需要面对和解决的问题。

另外，除了数字化浪潮和新兴信息服务机构的挑战，传统的出版和书店行业也给高校图书馆带来了一定的竞争压力。例如，很多大型书店已经转变经营模式，把图书销售和阅读服务融为一体，在店内环境的装修和优化上投入了大量的精力，为读者创造出优雅舒适的阅读环境。在这种新型的经营模式下，顾客不仅可以购买到自己需要的书籍，还可以在店内尽情地阅读。而且这些书店还贴心地提供了阅读座位和资料复印服务，其服务范围已经和图书馆的阅览服务越来越接近。但是相较于图书馆，这些书店有着无法比拟的优势，尤其是在新书上架、流通速度以及信息更新等方面都做得更快，更容易满足读者对新书和热门信息的需求。这种快速响应市场的能力，使其能迅速适应读者的需求变化，这是许多图书馆难以比拟的。这样的竞争压力让图书馆需要重新审视自己的定位和服务模式，更加关注读者的需求，改进服务方式，以适应时代的发展，满足读者的需求。

二、新技术环境下高校图书馆阅读服务模式创新的建议

新技术的快速发展为高校图书馆提供了前所未有的机遇。人工智能、大数据、云计算和物联网等技术的应用，使图书馆的阅读服务模式可以进行深度的创新。技术并不是解决所有问题的万能钥匙，必须对阅读服务进行深入思考，以满足日益增长的用户需求。在新技术环境下，高校图书馆阅读服务模式的创新可从以下几方面入手，如图7-1所示。

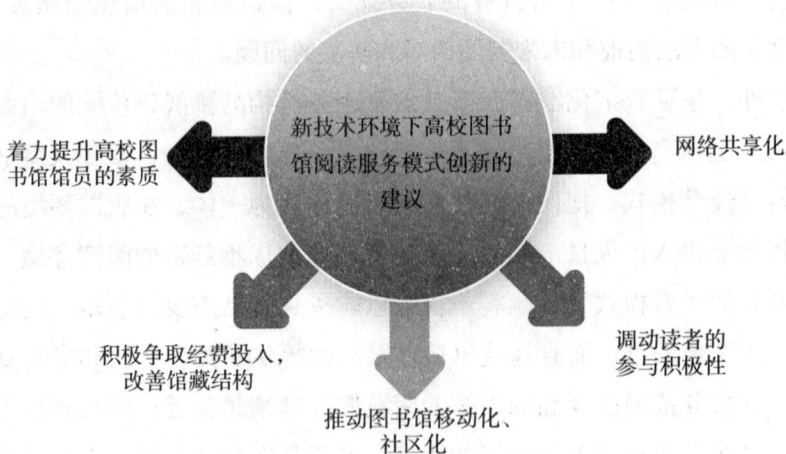

图 7-1　新技术环境下高校图书馆阅读服务模式创新的建议

（一）着力提升高校图书馆馆员的素质

图书馆馆员的素质不仅反映了图书馆的文化氛围和整体实力，同时直接影响到读者的阅读体验。因此，提升高校图书馆馆员的素质是至关重要的任务。在这方面，以下几点值得考虑：

1. 制定有竞争力的激励制度

传统的"大锅饭"体制，即"不管你工作多少，得到的待遇都一样"，往往无法充分调动馆员的积极性和创造性。不同的岗位有不同的职责，因此应有不同的激励和奖励。馆员的专业技能是基础，但在快速发展的时代，读者的服务需求也在提高。因此，图书馆馆员的思想素质、业务素质和知识结构需要随着时代的发展进行调整和更新。有竞争力的激励制度是激发馆员自我激励的有效方式。对于那些具有出色服务意识和专业技能的馆员，应通过激励制度予以适当的奖励，使他们的优秀表现得到应有的回报。同时，也可以通过惩罚机制来规范馆员的行为，保持馆员的专业表现。

2. 招聘"德才兼备"的馆员

图书馆馆员的工作并非任何人都能胜任，这需要一整套专业知识和技巧作为支撑。作为一名图书馆馆员，需要具备图书馆学、情报学、管理学、心理学以及外语等基础技能，这些技能能够帮助馆员更好地理解和满足读者的需求，对图书馆的运营有着直接的影响。除了上述基础技能，图书馆馆员还需要掌握网络技术，尤其是信息检索技术。随着互联网技术的发展，图书馆服务也在向数字化转变，信息检索技术成为图书馆馆员必须掌握的一项重要技能，这项技术可以帮助馆员在海量信息中快速找到最相关的信息，为读者提供更加精准和高效的服务。理解读者的阅读偏好也是图书馆馆员必备的技能之一。通过对读者的阅读习惯、兴趣和需求的深入理解，图书馆馆员可以更好地推荐适合的书籍，制定更合理的书籍采购策略，进一步提升图书馆的服务质量。另外，图书馆馆员的服务质量是评价图书馆服务水平的重要指标。馆员与读者之间的交流是图书馆服务的基础，也是改进图书馆服务的关键途径。一名优秀的图书馆馆员应具备良好的沟通技巧和能力，能够听取和理解读者的需求和反馈，及时调整和改进服务。

3. 加强馆员业务能力的培训

图书馆馆员不仅需要精通图书馆的布局和藏书，更需要具备丰富的文献信息知识、明确收藏范围、掌握详尽的分类检索方法等，同时要熟悉计算机管理系统的操作，这些都是他们日常工作的重要组成部分。首先，了解图书馆的布局和藏书是馆员工作的基础。他们需要熟知图书馆的所有区域，无论是阅览区、自习区、讨论区还是图书馆内的特殊设施，这样才能更好地指导读者并提供帮助。同时，馆员对藏书的深入了解也十分重要，包括了解图书的种类、作者、出版社、内容等，以便于能够根据读者的需求做出最合适的推荐。其次，掌握文献信息的收藏范围和分类检索方法，是提供有效服务的关键。这要求馆员了解各类文献的性质和特点，知道哪些文献应该被收藏，哪些不必收藏，同时要熟悉各种分类检索方法，如何使用电子目录检索、关键词检索等，才能快速找到所需的资料。至于计算机管理系统的操作技巧，也是图书馆馆员不可或缺的一项技能。他们需要熟悉系统的基本操作，如图书的入库、借阅、归还、续借等操作，以及如何维护和更新图书馆的电子目录等。对于表现优秀的图书馆馆员，应定期进行考核和评价，这既可以提高他们的工作热情，也能为他们提供更进一步提升专业水平的机会。高校可以派遣他们到其他学校的图书馆进行交流和学习，帮助他们了解其他图书馆的优秀经验和新的工作方法，为提升本馆的服务质量带来新的启示。

（二）积极争取经费投入，改善馆藏结构

高校图书馆作为校园的一部分，其服务范围不仅局限于校内，还扩展到校园周边社区，这充分体现了图书馆的社会属性。具有丰富馆藏和专业特色的高校图书馆，在新技术的背景下应充分利用新科技手段进行自我推广。现代流行的书店往往具备独特的风格和格调，提供了一种享受阅读的乐趣，这是大多数图书馆难以比拟的优势。因此，图书馆应该积极争取资金投入，改善其馆藏结构，扩大覆盖面，以满足不同年龄层次读者的需要，更好地为师生的教学、科研和学习服务。此外，需要从馆藏中彻底清除破旧和过时的图书，优化馆藏资源，使图书馆的空间和设备等资源得到最优配置，避免不必要的浪费。这样不仅能提升图书馆的整体服务质量，也能使图书馆成为更具吸引力和享受性的阅读环境。

（三）推动图书馆移动化、社区化

在当前这个以信息技术和移动互联网为主导的时代，各行各业都乘着"互联网+"的快车，图书馆作为知识的载体也需要进行一些尝试。对于图书馆来说，智能化的终端设备普及是一个巨大的机会。随着智能手机和其他终端设备的普及，阅读电子书已经成为大众的阅读习惯。互联网上的电子资源丰富，只要轻轻一点就能将需要的图书下载到手机里，这给图书馆带来了巨大的挑战。机会和挑战总是并存的。尽管互联网上的电子书资源丰富，但许多都是复印版，品质较低，可能会大大降低读者的阅读兴趣。相反，图书馆提供的通常都是高品质的纸质图书，这是网上资源无法比拟的。因此，图书馆服务移动化是有着巨大潜力的方向，这是一项浩大的工作，而提供高质量的服务是实现这一目标的关键。

（四）调动读者的参与积极性

当前，很多大学生在日常生活中利用图书馆的时间并不多，除了学术考试或研究生考试的准备阶段。这不仅揭示了大学生自身的学习行为，也反映出图书馆在吸引学生方面的被动状况。当前大学生的课外阅读状态值得人们深思。广泛的阅读不仅满足了学生求知的渴望，保障了他们的学习权利，也符合他们健康成长的需求。因此，高校图书馆应当根据其自身的实际情况，制定和实施有效的策略，以改变目前的状况，引导学生多阅读、阅读优质的书籍，充分发挥其作为第二课堂的重要功能。这样图书馆不仅可以为学生提供丰富的知识资源，也可以成为他们学习和成长的重要场所。

（五）网络共享化

在这个多元化世界中，分享已成为一个重要的主题。对于文献信息资源，如果高校图书馆过于单一地追求数量和特色，而忽视了共享的重要性，会在一定程度上阻碍信息的传播，难以充分发挥图书馆的潜在价值。如果能实现图书馆管理的信息化和网络化，就能让图书分类管理更加便捷，使图书馆文献管理实现自动化和共享服务，最大限度地提高图书馆文献信息资源的利用效率。通过这样的改革，就能更好地发挥图书馆在当今多元化世界中的角色，使其成为知识和信息共享的重要平台。

总之，在新技术的推动下，新一代的读者出现了，同时他们也在推动新技术的发展。在这个过程中，高校图书馆所扮演的角色值得人们深思。图书馆正在经历一场从资源生成到组织方式的"革命",图书馆馆员正在见证这场革命的演变。他们可以选择成为革命的领导者,推动图书馆进行彻底的改变,或者选择成为革命的附属者,被新技术无情地压制。图书馆需要保持对技术的敏感度,这样才能吸引读者回归。为了这个目标,图书馆需要创新,发展新的服务,找到新的增长点,以形成新的竞争力。要做到这一点,高校图书馆需要始终保持对技术的警觉性,并与时俱进,接受并应用新的技术,以便更好地服务读者。

第二节 知识经济背景下高校图书馆阅读服务模式

一、基于知识管理的高校图书馆阅读服务模式

在知识经济的时代,社会的进步与生产力的提升不再仅仅依赖于传统的资源,如资金、自然资源和劳动力等,而是转向对知识和信息的需求。现代社会的发展动力已经转向知识的创新与传播。在这一背景下,高校图书馆作为知识的储存、处理和传播的关键机构,如何选择有效的知识管理策略,如何优化资源配置,以及如何高效地进行信息传递和知识服务,这些都成为推动高校持续发展的重要议题。对于高校图书馆而言,一方面,需要转变其传统的阅读服务模式,树立支持知识创新的服务理念,而不仅仅满足于提供信息。这就要求图书馆进行一系列变革,包括重新定位其角色,提升知识服务水平,优化资源配置,以及积极探索新的服务模式。这些变革应该是有计划、有步骤地进行,以满足高校社区不断变化的需求。另一方面,高校图书馆还应该注重知识的创新与传播,致力于推动知识的更新和社区的发展,包括对新知识的持续追踪和研究,对用户需求的准确把握和满足,以及通过各种手段将新知识传播给用户。

(一)信息服务与知识服务的联系与区别

理解知识服务与信息服务之间的联系和差异对于正确认识和理解知识服务至关重要。在这里需要分清楚信息和知识的区别。信息是关于世界所有事物的运动状态、特性及其反应，与事物并存，由载体、符号或编码以及内容构成。相比之下，知识是人们在改造世界的实践中获取的认识和经验的总和。人的认识过程实质上就是大脑对信息的处理过程，而这种认识的飞跃会产生知识。知识和信息都可以分为显性和隐性。隐性知识通常是指在大脑中的主观想法、直觉和经验，而显性信息则是用语言、文字、图像、影视、数据等各种载体表述的，反映人类对事物运动状态及其变化方式的认知。

首先，知识是基于信息形成的，这意味着信息是知识产生和更新的原材料。但是必须明确的一点是，信息并不等同于知识。其次，在目标、内涵和服务方式等方面，知识服务和信息服务存在明显的差别。知识服务的主要目的是适应知识经济的发展和知识创新的需求，其关键在于根据用户的问题提出解决方案，通过分析用户的知识需求和问题环境，对用户所提供的信息进行拆解、整合、创新和集成，从而解决用户问题的服务。相较之下，信息服务的目的则是以文献信息资源的物理收集、组织和存储为主，其内容是向用户提供有用的显性信息，即信息传递过程的服务。这个服务并不仅仅包括提供信息，还包括帮助用户找到、理解和利用这些信息。知识服务和信息服务的差异可以从其与用户信息活动的关系中得以体现。知识服务的特性在于，它伴随着用户的整个信息活动过程，这是一个动态的过程，随着用户的需求深化以及外部环境因素的变化，影响信息需求的因素也在不断变化。这种变化促使知识服务的策略也需要适时地进行调整，以便更好地适应和满足用户信息活动的特点和变化。与知识服务的灵活性和适应性相比，信息服务更多的是以信息资源为中心，服务过程不会因用户信息使用过程中的变化而变化。信息服务仅仅依赖已有的文献资源，目标是满足用户对信息系统的需求，一旦用户获得了所需的信息，信息服务便宣告结束。

（二）知识服务的优越性

1. 知识服务是面向知识内容的服务

在处理用户需求的过程中，知识服务与信息服务展现出明显的不同。对于知识服务来说，它不仅仅是为用户提供信息，而是在用户提出问题后进行深度的需求分析。服务提供者运用知识挖掘技术处理大量的信息，并通过聚类、分类等方式寻找不同知识领域之间的内在联系，进一步从这些联系中识别出与用户需求相符的知识点，并将这些精准匹配的知识提供给用户。这一过程涉及对信息的深度理解和精细化处理。与之不同的是，信息服务的关注点更为直接和具体。信息服务工作人员无须深入信息中所包含知识内容的层面，他们的主要职责是确保用户能够获取他们所需的原始信息。信息服务并不像知识服务那样致力于揭示隐性知识，而是将注意力集中在提供确切的信息、数据或文献资料上。换句话说，信息服务更注重信息的获取和传递，而知识服务更侧重于信息的分析、处理和深度应用。

2. 知识服务是面向增值的服务

知识服务和信息服务在处理信息的过程和目标上有显著的差别。知识服务更注重深入剖析、整合以及创新处理信息，将其转变为可以直接运用于实践的知识，从而协助用户实现知识创新。这一过程不仅涉及对信息的精细处理，还体现出对知识增值的追求，因为它将静态的信息转化为动态、可用的知识，为用户的决策或者行动提供支持。而信息服务的重点主要在于资源的收集、保存和传递，它像一个中继站，将信息从源头无缝地传送到用户手中。但是，在现今这个信息传输日趋网络化、自动化的时代，这种基本的传输过程所涉及的智力劳动成分相对较少，因此相较于知识服务，信息服务的增值能力有限。信息服务关注的是提供正确、及时、全面的信息，而知识服务更关注的是提供深入的、定制的和以问题为导向的知识支持。在信息爆炸的时代，知识服务的重要性日益凸显，而信息服务正逐步从简单的信息提供者转向为知识服务的辅助者。

3. 个性化服务是知识服务的鲜明特征

知识服务显著的特点之一是其个性化的服务方式，这意味着知识服务必须针对具体用户的特定需求和过程提供服务，确保对用户需求的深入理解和持续联系，保障对用户决策过程的跟踪和全面信息服务。然而，信息服务通常固守于固定的模式，服务结果大同小异，很难满足个性化的需求或解决特定的问题，这不利于知识的应用与创新。

4. 知识服务是基于综合集成的服务

综合集成的核心理念是将专家、群体、数据和各种信息与计算机技术有机地融合，将各种信息理论与人类的经验和知识相结合，以发挥整体优势，解决传统方法无法解决的问题。综合集成与一般集成的主要区别在于，人作为综合集成的关键组成部分，在系统中起着核心作用。通过专家的参与，人们可以利用现代信息技术、多媒体技术、人工智能技术和虚拟技术来解决非结构化问题。知识服务往往需要各种人员的共同协作才能完成，这种综合集成的服务模式已经不再是传统的线性和垂直关系为主，而已经形成了纵横交错的"蛛网"关系。这种关系是一种开放、动态和灵活的结构，能够形成虚拟的组织运作方式，可以扩展形成新的服务联盟，从而大大提高了知识服务的灵活性和智能性，增强了知识服务的能力和功能。

通过以上对比分析可以推导出，尽管知识服务与信息服务存在显著差异，但知识与信息之间的紧密联系也使两者间存在共性。知识服务以信息服务为基础，并对其提出更高的标准。知识服务对信息的全面性、准确性和及时性的需求比以往任何时候都更为严格，而传统的管理方法可能难以满足这些需求。这就要求高校图书馆引入知识管理的理念和方法，以便为用户提供高质量和个性化的知识服务。

二、知识经济时代高校图书馆服务模式的创新

（一）思想观念的更新

随着信息技术的快速发展，传统图书馆也在更新其管理理念，以适应不断变化的市场需求。图书馆通过深化内部改革和构建完善的组织结构，实现了人力、服务、管理和制度的协调一致。创新服务理念是图书馆管理服务的核心，这不仅仅推动了图书馆的持续发展，更在图书馆内部实现了重要的改革。

1. 资源共享理念

随着信息高速公路的迅猛发展，全球的图书馆正在逐步实现资源的共享和互联。在这样的环境下，读者无论身处何地，只需要通过网络，就能够检索和访问任何图书馆的文献资源。这种趋势打破了传统图书馆的地域限制，人类社会已经进入了一个以全球视野、网络共享为特征的大图书馆时代。基于此，全球的图书馆工作者都需要树立一个新的意识，那就是每一家图书馆都是全球图书馆网络的一部分，每一位图书馆馆员都是全球图书馆事业的一员。他们应当自觉地遵循合作和共享的原则，积极地将本馆的文献信息和服务资源发布到互联网上，使更多的人能够得知和利用。同时，图书馆馆员也应当积极地从网络上获取所需的信息资源，丰富本馆的藏书内容，提升本馆的服务质量。在这个大图书馆的时代，任何一家图书馆的成功都离不开全球图书馆网络的支持，也会为全球图书馆网络的发展做出贡献。图书馆馆员应当积极参与到这个全球的图书馆网络中来，把握这个大图书馆时代的发展机遇，以更开放的心态、更广阔的视野，共同推动图书馆事业的持续发展和进步。

2. 市场化观念

高校图书馆应当保持对社会和市场动态的敏锐洞察，将读者需求置于服务的核心，持续提升图书馆信息服务的品质。将读者的需求视为图

书馆的需求，致力于满足读者需求应是图书馆服务的首要目标。同时，高校图书馆也应根据其自身特性，利用当前的先进信息技术，有策略地、有目标地开发信息产品，以实现信息服务的市场化、数字化和现代化。

3. 坚持"以人为本"理念

在知识经济时代，图书馆的服务对象是人。因此，图书馆应当秉持"以人为本"的理念，建立激励制度以充分发挥每个人的才能并合理地利用人才。在 21 世纪这个信息快速发展的时代，图书馆作为社会信息的主要提供者，应充分利用其人才优势，向社会提供高质量的信息服务。同时，社会可以利用这些高质量的信息资源来培养未来的领导者，构建一个良好的信息服务环境。图书馆的知识价值是通过人才来实现的，因此人才是图书馆信息和知识服务的关键因素。简单地说，图书馆通过人才实现其知识价值，而这些知识又帮助社会培养人才，这样的人才再次为图书馆服务。这一过程不仅提升了图书馆知识的价值，也充分发挥了人才的活力和创新性，从而推动了社会的全面发展。

4. 崇尚创新的观念

网络信息技术的飞速发展极大地推动了人类社会的进步，尤其是在信息知识的传播和利用方面。在传播和利用过程中，信息实现了其价值的提升。作为知识经济发展的执行机构和创新思维的温床，高校图书馆的工作人员不仅需要扩大他们的知识范围，还要运用创新思维来解决实际问题。因此，图书馆应当尊崇创新理念，创新自身的服务方式，以满足社会发展的需求。这就需要图书馆馆员发挥自身的创新思维，为用户提供高质量、个性化的知识服务，从而满足社会的发展需求，并促进图书馆自身的创新和发展。

（二）管理体制的创新

图书馆的各项服务实施需要依赖一个健全的管理体制，因此图书馆必须改变当前管理混乱的状态，持续完善各项管理制度，并建立一个与服务实施相适应的发展机制。同时，图书馆应当充分利用其信息优势，进行全面的规划，稳步向数字化图书馆的方向发展。在信息高速发展的 21 世纪，高校图书馆应当提升自身的运营能力，丰富其服务功能，建立以读者为中心的运营机制，来满足社会对高校图书馆的需求。因此，管理体制的创新是图书馆发展的一项重要内容。

（三）服务方式的转变

1. 实施开放式管理

在传统图书馆的运营模式下，图书馆的主要任务是收集和保管纸质图书，因此其管理理念往往强调"重藏轻用"。随着知识经济的发展和信息技术的进步，图书馆的服务理念发生了重大的变革。在这个知识时代，图书馆开始将读者置于中心地位，以读者的需求和利益为出发点和归宿点，通过采用数字多媒体技术，为读者提供更加丰富、多样、便捷的信息服务。图书馆的服务内容和方式也由以往单一的文献借阅扩展到了信息咨询、电子阅览、网络检索、远程访问等多个方面，使读者可以在更宽的范围内，以更便捷的方式获取和使用信息。现代图书馆通过网络和计算机技术，打破了传统图书馆的地域和空间限制，使图书馆的服务能力和影响力得以迅速扩大。图书馆可以通过网络迅速、准确地收集、整理、存储和传播大量的数字信息资源，为读者提供了无限的知识海洋。这种以网络和计算机技术为基础的开放服务系统，使图书馆成为一个辐射到全球的知识中心和信息中心，进一步提升了图书馆的社会价值和功能效益。

2. 实现计算机管理

传统的图书馆中，信息整理方式是相当烦琐的过程，主要采取的是手工记录、图书处理、人工咨询和信息检索的方式。这种方式对读者的要求非常高，因为它需要读者花费大量的时间和精力在书籍查阅和信息寻找上。对于特定主题的研究或特别难找的文献，读者可能需要多次访问图书馆，在检索系统上花费大量的时间，甚至可能需要寻求图书馆馆员的帮助。随着计算机技术的发展和应用，图书馆的信息整理方式发生了根本性的改变。计算机大大减轻了读者的检索负担，使他们可以通过简单的操作，就能快速找到所需的信息。现如今，图书馆已经建立了自动化管理系统，这使图书馆馆员和计算机能够有效地进行沟通和合作，大大提高了工作效率。计算机技术的应用不仅提高了读者的检索效率，还极大地提升了信息服务的效率和质量。以前读者要查找一本书可能需要花费数十分钟甚至更长的时间，而现在只需要几秒。更重要的是，这种自动化的信息检索方式极大地提高了信息的准确性，减少了因人为错误导致的信息错位或遗失。

（四）加强人员培训

当前，我国大部分图书馆的发展受到人才因素的制约，一直无法实现长足的进步。其中，图书馆馆员学历低下的问题成为阻碍传统图书馆快速发展的"瓶颈"。虽然图书馆负责信息传播的职责，但由于人才素质问题，图书馆无法实现信息的增值。为了确保图书馆的持续发展，图书馆应该引入图书馆专业人才，建立自己的专业人才队伍。鉴于信息技术在图书馆领域的广泛应用，图书馆对具备综合素质的人才需求更为迫切，以适应网络化、数字化的发展要求。图书馆馆员需要具备计算机编程、数据库构建以及提供网络咨询服务的能力，以完成图书馆的各项工作。同时，图书馆馆员也需要不断参加知识培训，了解最新的科技、最新的管理理论，以实现数字化图书馆的建设。因此，图书馆需要重视高素质人才的引入，并定期对相关人员进行培训，以培养出具备信息学、计算机技术和系统管理能力的综合型人才。[1] 目前，随着人类社会逐步步入知识经济时代，高校图书馆作为知识的重要媒介，肩负着传播知识的重

---

[1] 钟庆虹，查颖，罗靖琳，等. 高校图书馆馆员数据素养培育体系的构建研究[J]. 大学图书馆学报，2023，41（2）：34-44.

任。知识传播需要通过人来进行，同时人又是知识的主要受益者。因此，图书馆应当以人为中心，通过实现服务创新、管理创新以及理念创新来提升自身的价值。为此，图书馆需要利用现代信息技术，引入相关的专业人才，建立相应的制度机制，完善其服务功能，以确保其持续发展的能力。

第三节　高校图书馆立体阅读服务模式

一、高校图书馆立体阅读的特征

高校图书馆不仅是一个集聚大量书籍的存储空间，更是一个学术和知识交流的重要场所。近年来，高校图书馆的阅读方式正在经历着一场革命，这就是立体阅读。立体阅读并非指单一的书面阅读，而是一个多元化、多维度的阅读过程，它强调的是阅读者在阅读过程中与知识的深度交互。高校图书馆立体阅读的特征主要包括以下几点，如图 7-2 所示。

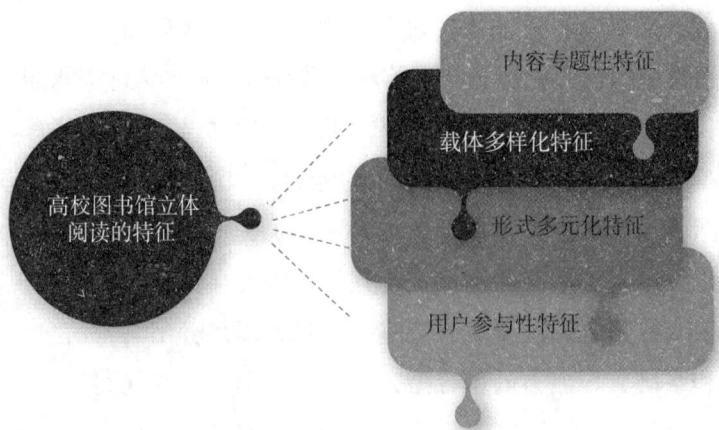

图 7-2　高校图书馆立体阅读的特征

（一）内容专题性特征

在开展立体阅读推广服务中，高校图书馆的所有阅读活动都设置了特定的主题。这些主题不仅整合和利用了各种形式的资源，而且根据每个附属主题进行了组织，以确保阅读活动的顺利进行。与传统的阅读活动不同，这些活动不仅设有特定的主题，而且各个活动之间也存在紧密的关联，而非仅仅流于形式。立体阅读活动在主题下设立了各种附属主题，覆盖了阅读的各个方面。通过这些附属主题，图书馆能够从多个角度向读者展示主题的各个内容，从而有效地提升读者的阅读兴趣和积极性。这种主题设置方法让读者有机会深入探索主题，理解主题的各个方面，从而获得更全面、更深入的阅读体验。

（二）载体多样化特征

立体阅读服务提供了比传统阅读活动更丰富和多元化的载体。过去，阅读活动主要依赖纸质资源或电子资源，而且形式相对单一，容易让读者感觉枯燥。然而，立体阅读服务改进了这一情况，它将单一的阅读方式和平面阅读升级为包含声音、图像和色彩等多种形式的阅读体验。此外，它还通过表演、电影、展览等多种形式提升了读者的阅读兴趣，使阅读体验更加丰富。更重要的是，立体阅读服务利用了多样化的阅读载体，以满足读者对新鲜事物的好奇心理需求，从而加强他们对阅读内容的理解和掌握。这种方式在不知不觉中培养了读者的阅读素养，增强了他们对知识的掌握和理解能力。因此，立体阅读服务不仅增加了阅读的趣味性，也提高了阅读的效果。

（三）形式多元化特征

立体阅读服务由于其多样化的载体特性，使阅读活动形式变得丰富和多元。这种服务超越了对纸质文本的阅读，它调动了读者的多种感官，让他们更深入地体验阅读和文化的魅力。因此，高校图书馆开展的立体阅读活动不仅包括对纸质文本和电子资源的阅读，还涵盖了观看展览、观看电影以及参加讲座等多种形式。这种多元化的服务使读者不再是被动地接受阅读，而是以更加主动和立体的方式参与阅读活动。这种方式不仅进一步提高了读者的阅读积极性，还有效地改善了他们的阅读效果。立体阅读服务因此提供了一种新的阅读方式，使阅读不再仅仅是单一的文本阅读，而是成为一种包含多种感官体验的活动，从而极大地丰富了阅读的内涵和外延。

（四）用户参与性特征

在高校图书馆进行的立体阅读服务中，强调读者的参与度，鼓励他们在阅读过程中表达自己的想法，并将收获分享给其他读者。"享互动"是这种服务中的一个关键环节，它包括了读者与作家、读者与演员以及读者之间的互动。立体阅读活动通过读者的广泛参与，使阅读不再仅仅是一种个人行为。读者可以借助图书馆建立的平台与其他读者进行思想交流，提出自己的见解。这种方式不仅提升了读者的文化素养，也有效地培养了他们的阅读能力。通过提供立体阅读服务，高校图书馆使读者感受到更强烈的参与感。读者之间可以相互影响，激发更多的读者参与阅读活动。这种服务改变了传统的阅读模式，使阅读变成一种集思广益、互动交流的过程，大大提升了阅读的效果和体验。

二、高校图书馆立体阅读服务的组成要素

在当今社会，高校图书馆的角色越来越重要，而立体阅读服务模式在高校图书馆中的应用已经变得非常广泛。立体阅读服务模式的构成要素主要包括服务主题、服务对象、服务内容、服务渠道以及服务活动等。对于高校图书馆而言，它们在开展立体阅读服务的过程中，需要将这些要素全面整合，建立立体阅读服务模式，确保读者在阅读活动中的积极

性得到进一步提升，更好地培养读者的阅读素养，确保高校图书馆的立体阅读服务能够更加顺利进行。高校图书馆立体阅读服务主要包括以下几要素，如图 7-3 所示。

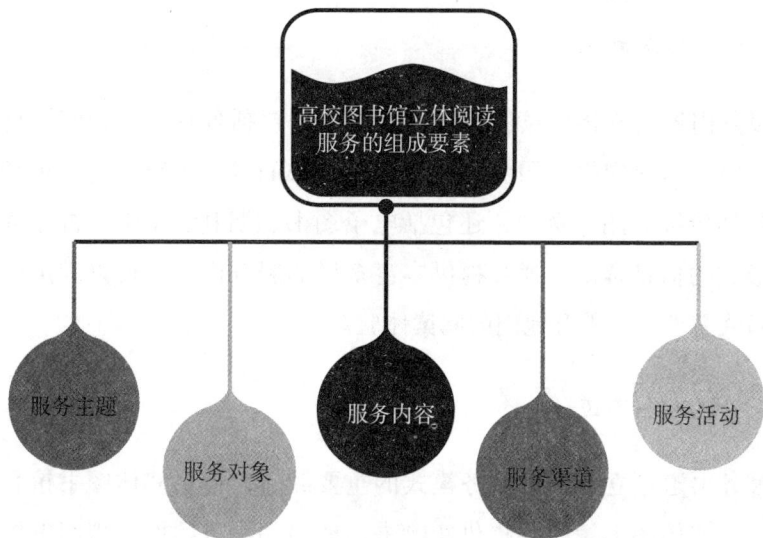

图 7-3 高校图书馆立体阅读服务的组成要素

（一）服务主题

服务主题是立体阅读服务模式的重要组成部分。它可以根据不同的时间、事件或者特定的主题来设定。通过设定服务主题，图书馆可以将各种资源进行整合和利用，使阅读活动更具有针对性和指导性。例如，图书馆可以根据国际或国内的热点事件来设定服务主题，引导学生关注社会热点，增强学生的社会责任感。

（二）服务对象

服务对象主要是指高校的学生和教职工，他们的需求和阅读兴趣是立体阅读服务模式设计的重要依据。根据不同服务对象的需求，图书馆需要提供不同类型的阅读材料和阅读活动。例如，对于科研人员，图书馆可以提供相关专业的最新研究成果和学术资讯；对于学生，图书馆可以提供丰富多样的阅读材料，来满足他们的学习和娱乐需求。

（三）服务内容

服务内容是立体阅读服务模式的核心，包括各种类型的阅读材料和活动。服务内容应根据服务主题和服务对象的需求进行设定和更新，这不仅包括传统的图书资料，还包括电子图书、期刊、报纸、视频资料等多种形式的信息资源。通过提供丰富多样的服务内容，可以满足读者的不同阅读需求，以提升他们的阅读体验。

（四）服务渠道

服务渠道是立体阅读服务模式的重要载体，包括实体图书馆和虚拟图书馆。实体图书馆主要提供实物书籍的借阅服务，而虚拟图书馆主要提供电子书籍和各种在线资源的阅读服务。随着互联网技术的发展，虚拟图书馆的服务渠道已经变得非常重要。图书馆需要利用网络技术，建立和完善虚拟图书馆，提供方便快捷的在线阅读服务。

（五）服务活动

服务活动是立体阅读服务模式的重要手段，用于吸引读者参与阅读活动，提升他们的阅读兴趣和阅读能力。服务活动可以包括阅读讲座、阅读竞赛、读书会等形式。通过举办各种服务活动，图书馆可以增强读者的阅读兴趣，提高他们的阅读能力，也可以增进读者之间的交流和互动，创建良好的阅读氛围。

三、高校图书馆立体阅读服务模式的构建

高校图书馆立体阅读服务创新模式主要包含用户需求分析部分、立

体阅读服务计划制订部分、服务计划分解部分、阅读服务实施部分以及阅读服务效果评估部分等关键部分。

第一，在高校图书馆实施立体阅读服务过程中，对读者需求的分析是基础也是关键的步骤，只有全面理解读者对各类信息资源的真实需求，图书馆才能在所提供的立体阅读服务中融入更多的层次和丰富性，进而满足不同读者的个性化信息需求。这一步骤的重要性不言而喻。

第二，立体阅读服务计划的制订是在了解用户需求的基础上进行的。这个阶段要求图书馆设计出一套完整、创新、有效的立体阅读服务模式，这包括确定服务的类型（如纸质阅读、电子阅读、有声读物、影视剧等）、服务的内容（如什么样的书籍、文章、影视作品等），以及服务的形式（如自助借阅、在线访问、阅读活动等）。

第三，服务计划分解阶段主要是将整个服务计划细化为一系列的具体任务，并将这些任务分配给相应的人员或部门。每个任务都应该有明确的目标、期限和责任人。这个阶段的成功实施需要良好的项目管理和协调能力。

第四，阅读服务的实施阶段是整个流程中直接且重要的阶段。在这个阶段，图书馆需要确保所有的服务都能按照计划顺利进行，并解决可能出现的问题。服务实施的效果会直接影响用户的阅读体验和满意度。

第五，阅读服务效果的评估阶段主要是通过收集和分析各种数据（如使用率、满意度、阅读量、反馈等）来评估服务的有效性、效率、用户满意度等，从而对服务进行持续的优化和改进。这个阶段的成功实施需要具备数据分析和解决问题的能力。

四、高校图书馆立体阅读服务模式运行的保障措施

为了确保高校图书馆的立体阅读服务创新模式的成功实施，高校图书馆需要从多个层面进行全面的考虑和规划，主要包括制度建设、组织

管理、人员配置以及资金保障等各个层面提供全方位的支持，如图 7-4 所示，以确保服务的顺利进行和良好效果。

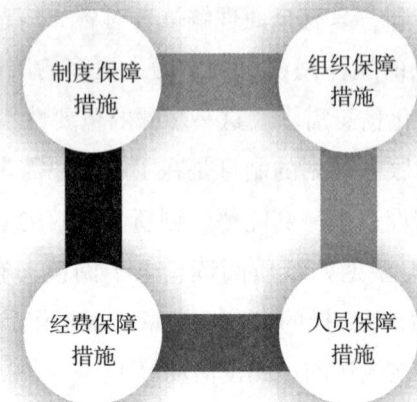

图 7-4　高校图书馆立体阅读服务模式运行的保障措施

（一）制度保障措施

为了深化高校图书馆的内涵建设并确保"共同愿景"的顺利实现，各项保障制度的完善和提升是不可或缺的环节。对于高校图书馆来说，吸收和参考国内外在立体阅读服务方面的先进经验是十分必要的。图书馆需要组织技术人员和管理人员对立体阅读服务创新模式进行深入的研究和分析，完善相关措施，制定更为适宜的制度以确保立体阅读服务工作能顺利进行。图书馆也需要具体化相关规章和准则，以辅助图书馆更好地进行内涵建设工作。这样才能确保高校、图书馆及读者之间所建立的"共同愿景"能够得以实现。具体而言，图书馆可以在国内外同类机构的成功经验中吸取教训，通过学习和模仿，发现并解决自身在服务过程中可能遇到的问题，同时，通过与这些机构的交流和合作，不断提升服务水平和质量。在制度方面，图书馆需要定期更新和修订服务规章和制度，使其始终保持适应社会发展和用户需求的动态变化。此外，图书馆还需要通过定期培训、讲座等形式，提升员工的专业知识和服务技能，以保证提供的服务始终保持在行业前列。对于"共同愿景"来说，图书馆需要和高校及读者进行广泛而深入的交流，确立共享的发展目标，明确各自的角色和责任，通过共同的努力实现这一愿景。

（二）组织保障措施

在组织保障方面，确保高校各个部门之间形成联动和协作是至关重要的，以使各部门的功能和优势得以充分发挥。为了实现立体阅读服务工作的最终目标，高校图书馆的组织架构需要不断地完善和优化。实施立体阅读服务不仅需要图书馆和相关学生组织的参与，也需要高校的其他部门，如团委、教务处以及各个下属学院的积极投入和参与，这种跨部门的协作能形成更强大的联动效应，发挥各部门的专业优势和职能作用。通过这种全校范围内的协同合作，高校图书馆的立体阅读服务工作将产生更广泛的影响力，进一步鼓励和激发读者的主动阅读热情，从而提升阅读效果。具体而言，高校团委可以从学生的角度出发，为阅读活动提供创意和建议，以吸引更多学生的参与；教务处可以从教学的角度出发，协助图书馆选择和推广有教育价值的阅读材料；各个学院可以从专业的角度出发，为立体阅读服务提供专业的观点和资源。

（三）人员保障措施

在人力资源方面，确保高校图书馆专业人员具备以针对立体阅读服务进行专业的管理是至关重要的。为了实现立体阅读服务的长期、持续开展，高校图书馆需要聘用专业人员并进行有效管理。具体来说，高校图书馆不仅需要吸引并聘用更多的专业人才，还需要加强对图书馆馆员的教育和培训，以提供更优质的职业发展环境。这样可以通过制定合理的政策来留住这些人才，并通过为他们提供更广阔的发展空间来进一步激励他们留下。这不仅可以保证高校图书馆人才队伍的专业化发展，而且可以为立体阅读服务的实施提供必要的人力支持。例如，高校图书馆可以定期为图书馆馆员提供专业培训和学习机会，以提升他们的技能和知识，也可以为他们提供发展和晋升的机会，激励他们不断提升自身的专业能力；[1] 同时，通过制定和执行吸引人才和留住人才的政策，例如，提供竞争性的薪酬和福利、提供良好的工作环境和工作条件以及提供充足的职业发展和学习机会，都可以帮助高校图书馆吸引并留住专业人才。

（四）经费保障措施

在资金支持方面，高校图书馆需要通过多种方式进行筹款，以确保其立体阅读服务的持续运行。虽然公共资金是高校图书馆的主要收入来源，但这些资金中用于立体阅读服务的部分通常很少。因此，高校图书馆需要寻找其他方式来引入更多的社会资金。例如，高校图书馆可以与文化机构建立战略合作关系，或开展校企合作，都能有效地引入外部资金。此外，图书馆也可以考虑在其立体阅读服务中设置收费内容，以实现自我融资。这些方法不仅可以帮助高校图书馆增加收入，以更好地支持其立体阅读服务的发展，也能促使图书馆进一步提升服务质量，以吸引更多的用户和合作伙伴。

高校图书馆的立体阅读服务是一种创新的服务模式，代表了对传统阅读服务的全新探索。此项服务需要经过深入的研究和实践才能实现其目标，即引导更多的读者参与，提升阅读效果，并增强读者的阅读素养。在执行立体阅读服务时，高校图书馆需要建立强烈的阅读服务意识，并制定有针对性的服务策略。这可能需要图书馆与多个合作伙伴进行合作，以确保能在馆内、馆外和网络阅读服务等多个领域实现立体阅读服务。同时，为了确保这种服务能顺利开展，高校图书馆还需要制定相应的制

---

[1] 王立杰，孙海燕，赵海燕，等．新时代高校图书馆馆员培训研究[J]．内蒙古科技与经济，2023（07）：150-155．

度保障措施、组织保障措施、人员保障措施和经费保障措施。通过这些措施，可以为立体阅读服务提供必要的支持，使其能够顺利进行。

第四节　以大学生需求为导向的图书馆移动阅读服务模式

一、图书馆移动阅读服务于需求的理论研究

（一）图书馆移动阅读服务理论

1. 移动阅读理论

数字化构建是图书馆发展的重要趋势，其中，移动服务逐渐成为新的发展方向，并得到了图书馆领域专家们的认可。吴志攀教授在 2014 年提出"移动化的图书馆"的概念，预示着人类正进入手机阅读的时代。[①] 关于移动阅读服务的文献研究主要集中在以下几个方面：首先，研究者们对移动阅读的优势进行了深入研究，探讨了它如何改变传统阅读方式，提供更为便利和灵活的阅读体验；其次，他们对移动阅读的用户特征进行了研究，分析了用户的阅读习惯、需求和偏好，以指导图书馆提供更符合用户需求的服务；最后，研究者们也在深入研究移动阅读的用户体验，探讨如何提升用户在移动设备上的阅读体验，以提高用户满意度和忠诚度。

2. 移动阅读服务

最初的移动图书馆概念主要是指"流动图书馆"，这是一种将图书馆服务扩展到没有设立固定图书馆的地区，为公众提供方便的借阅图书资料的方式。随着时代的变迁，阅读的载体和内容都发生了显著的改变，移动阅读服务的定义也随之发展。阅读的载体从传统的纸质媒介转变为

---

① 吴志攀. 视听时代，图书馆的未来 [J]. 大学图书馆学报，2022，40（1）：37-38.

电子移动媒介，如智能手机、平板电脑等。同时，移动阅读的内容也更加丰富多元，不仅包括文本，也扩展到了音频和视频等多种形式。随着移动智能终端的普及，移动阅读服务的形式也越来越多样化。如手机阅读服务，不仅可以让用户在任何地方、任何时候轻松阅读，还实现了"一站式"检索馆藏文献、在线阅读和管理个人账户等功能。这种新型的移动阅读服务大大提升了用户的阅读体验，使图书馆服务更好地适应了数字化时代的发展。

（二）图书馆用户移动阅读需求理论

用户需求是驱动图书馆发展的核心因素。图书信息领域的专家们通过对用户信息行为的研究，进一步探究图书馆信息服务的用户需求，以找到适合改进图书馆信息服务的解决策略。随着互联网技术的发展，尤其是向移动互联网的演变，图书馆也随之从网络图书馆转型为移动图书馆。在当前的碎片化移动阅读环境中，图书馆用户的阅读需求也随着移动阅读环境的变化而变化。因此，理解图书馆移动用户的阅读需求，对于更有效地提供移动阅读服务、满足用户的移动阅读需求，并推动图书馆的转型和升级具有重要的意义。图书馆用户移动阅读需求的理论基础主要包括信息行为理论和阅读需求理论。信息行为理论研究用户如何寻找、使用和分享信息的行为规律，而阅读需求理论则关注用户在不同阅读环境中的阅读需求及其影响因素。这些理论为人们更好地理解和满足图书馆用户的移动阅读需求提供了理论支持。

1. 信息行为理论

信息行为是行为科学的一个分支领域，各国的学者们在吸取了图书馆学、情报学、计算机科学、管理学、心理学、社会学等多个学科的理论和方法后，对其进行了深入的研究。

信息行为涵盖了利用各种媒介发送或接收各类信息、处理、加工和存储信息的活动，是一系列使信息变得有用的行为的总和，这种行为体现在个人在社会系统中使用媒介或直接收集、发送、存储以及处理信息。信息行为还涉及个体如何获取和处理信息，这包括信息检索、使用、校对、分享、存储以及忽视。这是一种人与信息资源之间的互动过程，包括探查信息、寻找信息、使用信息和交流信息。信息行为是人类同与之相关的信息来源和信息渠道交互的总和，覆盖了主动和被动的信息寻求与利用行为。因此，信息行为既包括面对面的信息交流，也包括被动的、无目的的信息接收。

现代图书馆建立在信息化、数字化和移动化平台之上，与传统图书馆用户相比，移动图书馆用户具有广泛的地理分布、高度的需求层次、个性化需求、高度的随机性和互动性需求等特征。图书馆发展的核心竞争力在于能够及时把握并适应用户需求的变化，从而使其信息服务具有针对性。为了使信息服务能够达到良好的效果，图书馆应该加强对信息需求状态、用户需求结构和用户需求特征等方面的研究。只有深入理解用户需求，才能有效地为用户提供他们所需要的服务。

2. 阅读需求理论

阅读是一种重要的知识获取手段，也是理解世界和满足个人需求的关键方式。用户的阅读行为包含了由其需求引发的信息寻找、吸收和利用等一系列动作。

用户的阅读需求不仅包括个人的阅读需求，也包括为了满足这些需求而产生的对阅读内容、信息检索工具、操作系统以及阅读服务的需求。

根据用户对图书馆服务的不同需求，图书馆可以提供如咨询服务、定题查新服务、借阅服务、网络服务等多样化的服务。咨询服务的用户希望得到特定问题的满意解答；借阅服务的用户希望以快速、便利的方式获取文献；定题查新服务的用户希望图书馆能定期提供满足他们个性化需求的最新信息；网络服务的用户则希望在没有空间限制的情况下，以最短的时间和最准确的链接获取最满意的信息。

二、以大学生需求为导向的高校图书馆移动阅读服务模式的构建

（一）大学生需求背景下高校图书馆移动阅读服务面临的困境

1. 阅读成本相对较高

移动阅读正在逐步成为现代社会人们获取信息和享受阅读的重要方式，但在这种趋势的背后，一些难以忽视的因素可能对用户的移动阅读体验产生影响，其中之一就是阅读成本。阅读成本不仅对用户选择阅读方式有着重要的影响，更可能对用户阅读的深度和广度产生了制约。对于移动阅读来说，主要的成本包括移动终端的价格、网络服务费以及阅读内容的费用。

第一，移动终端的价格对移动阅读用户的选择产生了明显的影响。移动阅读需要使用（如智能手机、平板电脑和电子阅读器等）移动设备。这些设备的购置和使用成本对于许多用户来说是一笔不小的支出，特别是对于学生用户来说，高昂的设备价格可能是他们无法承受的。此外，这些设备的生命周期也是一个重要的考虑因素，以为移动设备需要定期升级和更换，这也会增加用户的长期成本。

第二，网络服务费用也是移动阅读成本的一部分。移动阅读需要稳定、快速的网络环境以保证阅读的流畅性。无论是使用流量还是连接Wi-Fi，都会产生一定的费用。在一些地区，由于网络基础设施的缺乏或不完善，用户可能需要支付更高的费用以获得良好的网络服务。这对于学生用户和经济状况较差的用户来说，可能会对他们的移动阅读行为产生负面影响。

第三，阅读内容的费用也是移动阅读成本的一部分。虽然网络上有大量的免费阅读资源，但高质量、专业性的阅读内容往往需要付费获取。此外，一些阅读平台或者应用为了提供更优质的服务，也会收取一定的

费用，这也会增加用户的阅读成本。

因此，尽管移动阅读带来了便捷性，但其相对较高的成本也可能阻碍用户广泛接受和使用。为了解决这个问题，各方面需要做出努力。政府可以提供更好的网络基础设施和优惠政策，设备生产商可以提供更经济、实用的产品，内容提供商可以提供更合理的定价策略，同时图书馆和学校也可以提供一定的设备和网络支持，以降低用户的移动阅读成本，推动移动阅读的发展。

2. 学生阅读需求存在差异性

在现代信息社会，大学生作为高等教育的主体，对图书馆移动阅读服务的需求日益增长。然而，大学生群体并非一致，其阅读需求存在明显的差异性。这些差异性的原因多种多样，涵盖了个体的专业背景、知识水平、阅读兴趣、技术熟练度、经济能力等多个方面。这种差异性对高校图书馆移动阅读服务的提供提出了挑战，也给高校图书馆提供了改进和优化服务的机会。

第一，专业背景的差异对大学生的阅读需求产生了深远影响。不同专业的学生对知识领域的需求不同，因此他们的阅读需求和阅读兴趣也会有所不同。例如，理工科学生可能更关注科技、工程和数学方面的书籍和资料，而文科学生可能更偏向于人文、社会科学或艺术等领域。高校图书馆在提供移动阅读服务时，需要考虑到这种专业背景的差异，以满足不同专业学生的阅读需求。

第二，大学生的知识水平也会影响他们的阅读需求。高年级的学生可能需要更深入、更专业的读物来满足他们的研究需求，而低年级的学生可能更需要一些基础知识和一般性的读物。因此，高校图书馆需要提供各种不同层次和类型的电子书和其他阅读材料，以满足不同知识水平学生的需求。

第三，大学生的阅读兴趣和个性化需求也是影响他们阅读需求的重要因素。每个学生都有自己独特的阅读兴趣和需求，这可能和他们的个人爱好、生活经验或职业目标有关。高校图书馆需要提供丰富多样的阅读材料，以满足学生的个性化需求。

第四，技术熟练度和经济能力也会影响大学生的移动阅读需求。一些学生可能对移动设备和数字技术非常熟悉，他们可能期望高校图书馆提供先进的移动阅读技术和服务。而一些学生可能对这些技术不太熟悉，他们可能需要更简单、易用的移动阅读服务。此外，学生的经济能力也会影响他们获取移动阅读资源的能力。一些学生可能负担得起高价的电子书和付费的移动阅读服务，而一些学生可能只能使用免费的资源和服务。

因此，高校图书馆在提供移动阅读服务时，需要深入了解大学生的需求差异，并尽可能满足这些差异化的需求。图书馆可以通过问卷调查、访谈、用户数据分析等方式来了解学生的需求，并据此调整和优化服务。

（二）以大学生需求为导向的高校图书馆移动阅读服务模式的优化策略

为了更好地满足大学生的阅读和学习需求，高校图书馆移动阅读服务模式的优化策略可从以下几方面入手，如图 7-5 所示。

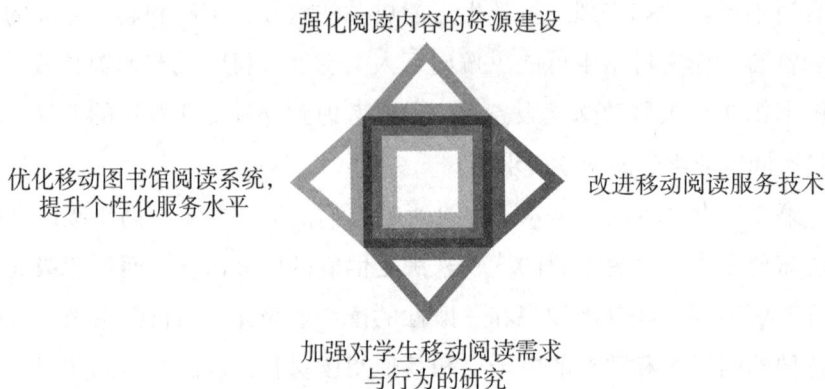

强化阅读内容的资源建设

优化移动图书馆阅读系统，提升个性化服务水平

改进移动阅读服务技术

加强对学生移动阅读需求与行为的研究

图 7-5　以大学生需求为导向的高校图书馆移动阅读服务模式的优化策略

1. 强化阅读内容的资源建设

随着移动技术和网络速度的持续进步，高校图书馆的移动阅读服务

已经不仅仅是将数字图书馆平台的资源简单迁移至移动端，而更需要深入发展、丰富多样化的服务。为了满足这一趋势，高校图书馆需要采取以下措施：

首先，高校图书馆应依据读者的需求，对现有资源进行重构和内容规范化。图书馆可以充分利用新技术，例如人工智能和大数据分析，根据读者的阅读习惯和搜索行为，对其资源进行精细化的分类和标签化。这样可以使用户在查找信息时更加高效，准确地找到他们所需要的资源。例如，一位对历史感兴趣的学生可以通过标签或者关键词搜索，迅速找到相关的书籍、期刊、研究报告等。这不仅提升了读者的查找效率，也增强了他们的阅读体验。同时，图书馆应加强对非传统图书资源的收集、存储和管理，以满足读者多元化的阅读需求。随着科技的发展，学术视频、讲座、优质课程、纪录片、音频资料等数字化资源在教育和研究中的作用越来越大。图书馆应当充分利用这些资源，例如，可以把这些资源进行格式转换，适应不同的阅读设备和平台，如电子书阅读器、智能手机和平板电脑等。

其次，高校图书馆应强化本校特色资源的开发，以及与其他图书馆的联盟建设。这意味着图书馆不仅要提供传统的书籍和期刊资源，还需要收集和整理与学校特色和优势相关的独特资源，比如特色学科的研究报告、学术论文、专家讲座等。同时，通过图书馆联盟可以共享其他高校图书馆的资源，进一步丰富本校图书馆的资源库。

再次，高校图书馆应引入更多的休闲娱乐阅读资源。这些资源可以包括生活小百科、政策新闻、体坛快讯等与日常生活紧密相关的内容。通过提供这些内容，高校图书馆不仅能满足学生的生活阅读需求，而且能帮助学生了解和关注社会热点，提高他们的社会责任感和公民意识。高校图书馆也可以适当订阅一些时尚娱乐电子杂志。这些杂志的内容既轻松有趣，又能满足学生对时尚和娱乐的追求，是他们在空余时间的理想阅读选择。这种方式不仅能够丰富学生的阅读生活，而且有利于增强学生对图书馆服务的黏附度，使图书馆的服务更加贴近学生的生活。

最后，高校图书馆需要积极地与内容供应商合作，获取出版物的数字版权许可。在当今的信息时代，出版物的数字化和移动化是大势所趋，而获得版权许可是实现这一目标的重要条件。通过与内容供应商的合作，高校图书馆可以获取到更多、更高质量的数字阅读资源，为学生提供更丰富、更便捷的移动阅读服务。

2. 改进移动阅读服务技术

在推进移动阅读服务的过程中，需要强调两个方面：一是阅读内容的资源建设和管理；二是移动阅读技术的发展和创新。首先，对于阅读内容的资源建设和管理，需要强化对各类文献的整合，包括中外文图书、期刊、报纸、学位论文、标准、专利等。我们需要利用元数据整合技术，将馆内外的所有资源进行全面整合，这样用户就可以在移动终端上实现"一站式"的搜索、导航和全文获取服务。这种方式可以极大地方便用户查找和使用信息，提高用户的阅读体验。其次，对于移动阅读技术的发展和创新，需要提高数字资源在不同设备中的兼容性，满足不同用户的阅读需求。为了实现这一目标，高校需要研发新的技术和工具，如云共享服务系统。通过这种系统，图书馆可以提供 24 小时的云图书馆文献传递服务，无论是电子图书还是期刊论文，用户都可以通过邮箱接收到电子全文。

3. 加强对学生移动阅读需求与行为的研究

移动阅读服务的实施，不仅让图书馆的资源能够突破实体建筑的限制，延伸到移动终端，而且能帮助图书馆突破了服务时间的束缚。这种服务方式的推行，逐渐培养了学生的移动阅读习惯，让学生可以足不出户就能轻松浏览图书馆资源，享受这一新的阅读模式。同时，这种服务方式也提升了移动阅读服务的有效性和效率。为了进一步优化服务质量，图书馆需要持续开展学生研究，定期跟踪并调查学生的移动阅读需求和行为的变化。这种研究可以帮助图书馆了解学生的最新需求和阅读习惯，从而可以及时调整服务策略，满足学生的需求。同时，学生研究也能让图书馆了解到移动阅读服务的优点和不足，以便于在未来的服务中进行改进和优化。总的来说，随着移动阅读服务的推广和普及，图书馆需要更加注重学生研究，以便更好地满足学生的需求，提高服务质量。

4. 优化移动图书馆阅读系统，提升个性化服务水平

为了更好地满足用户需求，图书馆应持续改进其移动阅读服务系统。首先，移动阅读的内容应当简洁明了。在移动设备的小屏幕上，用户对信息的接收和处理能力有限，因此图书馆提供的移动阅读内容应当尽量简洁明了，避免冗长复杂的内容布局和信息过载。此外，简洁的内容设计还可以降低用户的流量费用。尤其在没有 Wi-Fi 的情况下，大量的数据传输会消耗用户的手机流量。如果图书馆能提供简洁明了的移动阅读内容，就能在一定程度上帮助用户节省流量，提高用户体验。

其次，图书馆应建立一个能够适应各种移动终端访问的服务网站，并在站内提供多样化的服务项目。同时，图书馆也应通过智能排版技术，根据不同的移动终端进行页面排布，以优化用户的阅读体验。

再次，图书馆应根据用户需求，整理出适合移动阅读的内容，并按照读者类型和阅读类型进行分类。同时，应注重界面交互性能的优化，以实现"一站式"在线阅读、下载、借阅、咨询、检索等功能。

最后，鉴于用户可能需要在多个终端上访问阅读内容，图书馆应开发云存储管理功能，允许用户跨设备访问自己的阅读内容。为了实现这一目标，图书馆可以开发自己的云存储服务或者与第三方云服务提供商合作，提供云存储功能。用户可以把自己的阅读内容（包括电子书、期刊、研究报告等）保存在云端，无论他们在哪里，只要有网络连接，就可以访问这些内容。此外，图书馆也可以开发或采用智能阅读软件，管理用户的阅读进度，建立个人资料库。这些软件通常具有添加书签、标注、笔记等功能，使用户能够在阅读过程中记录自己的想法和见解，从而提升阅读效果。

第八章　高校图书馆阅读服务评价与管理

第一节　高校图书馆阅读服务评价的现实诉求及影响因素

一、高校图书馆阅读服务评价的理论之基

在现代高校图书馆的运营和管理中，阅读服务质量的评价不仅影响着图书馆的运作效率，也对学生的学习体验和高校的整体教育质量产生重大影响。如何准确、公正地评价图书馆的阅读服务质量，却是一个复杂的问题，为了解决这个问题，需要建立一套科学、全面、灵活的评价理论体系。这个体系应该基于图书馆学和信息科学的理论，结合现代教育理念，同时要充分考虑新技术的影响和用户的个性化需求。高校图书馆阅读服务评价的理论之基如图 8-1 所示。

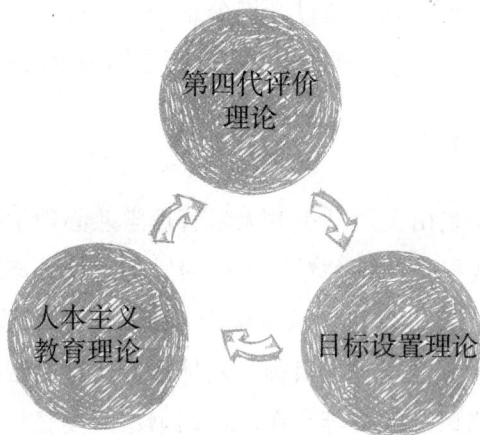

图 8-1　高校图书馆阅读服务评价的理论之基

（一）第四代评价理论

第四代评价理论，是目前极其先进的一种评价理论，主张将评价视为一个整体的过程，而不仅仅是一个简单的测量活动。评价的对象不再是评价的被动接受者，而是参与评价过程的主体。在评价过程中，评价者和被评价者进行充分的沟通和交流，以期达到一个共识。这种评价理论以人为本，强调参与和互动。在高校图书馆阅读服务评价中，第四代评价理论的应用具有极其重要的意义。这是因为它以用户为中心，强调用户的主体地位。在评价过程中，用户可以主动参与，提出自己的意见和建议，而不仅仅是被动地接受评价结果，这不仅可以提高评价的公正性和客观性，还可以提高用户的满意度和忠诚度。

第四代评价理论强调评价的过程性，而不仅仅是结果。通过关注评价的过程，可以更好地了解阅读服务的运行机制发现问题，提出改进方案，从而提高阅读服务的质量和效率。第四代评价理论强调评价的交互性和参与性。评价者和被评价者进行充分的沟通和交流，可以更好地理解彼此的需求和期望达成共识，提高评价的有效性。第四代评价理论强调评价的公正性和公平性。通过开展公正公平的评价，可以保证所有用户的权益，提高用户的满意度和忠诚度，提升图书馆的社会影响力。

（二）目标设置理论

目标设置理论是由美国马里兰大学管理学兼心理学教授洛克和休斯在 20 世纪 60 年代提出的一种对于工作激励的理论，该理论主张设定明确且挑战性的目标，可以有效地激励个人或团队更好地完成工作任务。目标设置理论的主要观点包括目标的具体性、目标的难易度、目标的接受性、目标的承诺以及反馈等。在高校图书馆阅读服务评价中，目标设置理论有着显著的应用价值。首先，图书馆阅读服务评价需要设定具体和明确的评价目标，这些目标不仅能够指导评价活动的开展，也能为评价结果提供标准和依据，这样的目标可以提高阅读服务的质量、提升用户满意度等。

图书馆阅读服务评价的目标应该具有挑战性。如果目标过于简单易达就无法激发服务人员的工作热情，提高服务质量。反之，如果目标过于困难可能会使服务人员感到压力过大，影响工作效率和服务质量。图书馆阅读服务评价的目标应该得到服务人员和用户的接受和认同。只有这样服务人员才会全力以赴地实现评价目标，用户才会对评价结果给予认同和支持。图书馆阅读服务评价的目标需要服务人员和用户的承诺。承诺可以激发服务人员的责任感，促使他们更加努力地工作，提高服务质量。同时，承诺也可以增加用户的满意度和忠诚度。图书馆阅读服务评价需要定期的反馈和调整。通过反馈可以及时发现问题，对评价目标和评价过程进行调整，以适应不断变化的阅读服务环境和用户需求。

（三）人本主义教育理论

人本主义教育理论是一种将人视为教育活动的中心，并强调尊重和发展个人潜力的教育理论。它起源于 20 世纪 60 年代，其核心观念包括个体发展、自我实现、人性尊严、自我决定和内在动机等。它把教育看作一个不断发掘和培养个体潜能，使其实现自我价值和提升人性尊严的过程。将人本主义教育理论应用到高校图书馆阅读服务评价之中，能够有效地提升服务质量，优化服务效果，提高读者满意度。

人本主义教育理论强调的个体发展观念，使图书馆在设计阅读服务的过程中，更加关注读者的个性化需求和发展。图书馆不再仅仅是提供阅读材料的场所，而应转变为促进读者自我发展和自我实现的平台。人本主义教育理论倡导的自我决定和内在动机观念，有助于图书馆提供更加人性化的阅读服务。图书馆应充分尊重和响应读者的阅读需求和阅读选择，以提供个性化、自由选择的阅读服务。人本主义教育理论强调人性尊严，提倡平等尊重的人际关系。这为图书馆阅读服务提供了重要的人文关怀，即在服务过程中应充分尊重读者的人格尊严，真诚、友好地对待每一位读者。人本主义教育理论倡导的学习者中心观念，提醒我们在进行阅读服务评价时，应从读者的角度出发，关注读者的感受和反馈，以读者的需求和满意度为评价标准。

二、高校图书馆阅读服务评价的现实诉求

近年来，阅读的重要性在全球范围内得到了越来越多的认识。美国、英国、日本等国家的图书馆都已经相继开展了各种形式的阅读推广活动。例如，美国的"一城一书"和"夏日读书会"、英国的"家庭阅读计划"，以及日本的"读书起跑线"活动。在中国，全民阅读活动已在中共十八大上被正式提出，各高校内的阅读推广活动也如火如荼地进行着。这些活动开展的效果怎样？是否真正起到了促进阅读的作用？如果缺乏科学合理的阅读服务评价将变得无从考量。因此，开展高校图书馆阅读服务的评价工作意义重大。

（一）发挥高校图书馆对教育的贡献与影响力的必经之路

高校图书馆是高等教育的重要组成部分，它承载着服务教学、科研等多项功能。而其中，阅读服务更是关系到图书馆对教育的核心贡献。有效的阅读服务评价机制，无疑能帮助高校图书馆更好地发挥其在教育领域的影响力和贡献。

第一，阅读服务评价有助于提高高校图书馆的服务质量。通过系统的评价体系，图书馆能够了解到自身服务中存在的问题和不足，比如资源配置是否合理、服务环境是否优良以及服务人员的态度和专业性是否达标等。这些反馈能使图书馆及时调整策略，改进服务，以满足用户的需求和期待。只有服务质量得到保证，图书馆才能真正地发挥其在教育中的作用。

第二，阅读服务评价可以促进图书馆与教学、科研的深度融合。高校图书馆作为信息中心，是教学和科研活动中获取知识和信息的主要场所。因此，图书馆的阅读服务应该与教学和科研紧密结合，为读者提供所需的学术资源和阅读环境。而通过对阅读服务的评价，图书馆能了解到哪些资源和服务最受读者欢迎？哪些地方可以改进？从而调整服务策略，使其更加贴近教学和科研的需求。

第三，阅读服务评价有利于提升图书馆的影响力。一个高效、专业、用户友好的图书馆，会吸引更多的用户来使用，从而提升图书馆的影响力。而评价机制就像一面镜子，让图书馆看清自己的优点和短处，指导图书馆持续改进和发展。优质的阅读服务不仅可以提升用户满意度，也能使图书馆的影响力逐步提升，进一步促进图书馆对高等教育的贡献。

（二）充分发挥高校图书馆社会职能的重要举措

高校图书馆是教育和科研的重要支撑，同时是传播文化知识和引导社会风尚的重要场所，扮演着多元的社会职能。为了更好地发挥这些职能，建立完善的阅读服务评价机制显得尤为重要。

第一，阅读服务评价可以提升图书馆的社会价值。高校图书馆是知识的仓库，也是学术交流的平台，具有极高的社会价值。通过对阅读服务的评价，可以推动图书馆更加注重用户需求，提供更为优质的服务，从而增强图书馆在社会中的价值和地位。用户满意度的提高，会进一步提升社会对图书馆的认同和尊重，使其成为社会发展的重要力量。

第二，阅读服务评价有助于高校图书馆履行其文化传播的职责。图书馆是文化知识的集散地，具有弘扬文化、推动文化传播的重要职责。通过对阅读服务的评价，图书馆可以了解到用户对各种资源的接纳情况，从而调整采购策略，丰富藏书，更好地满足用户对多元文化的需求。同时，通过阅读推广活动，图书馆可以激发用户的阅读兴趣，引导他们主动学习，推动文化知识的传播。

第三，阅读服务评价有助于促进高校图书馆在社会服务中的主动性和针对性。一个有着良好评价机制的图书馆，会更主动地去探索新的服务方式，满足不断变化的用户需求。同时，通过对用户反馈的认真分析，图书馆能够更有针对性地提供服务，如开展针对特定人群的阅读活动，提供定制化的信息服务等。

第四，阅读服务评价对于提升图书馆的公众形象有着重要作用。高质量的阅读服务能够提高公众对图书馆的好感度和依赖度，使其成为公众生活中不可或缺的一部分。此外，公众对图书馆服务质量的认同，也会进一步提升图书馆的社会影响力，使其在社会发展中发挥更大的作用。

（三）高校图书馆适应数字化时代要求的必然选择

随着科技的发展，人们已经步入了一个全新的数字化时代，这个时代充满了挑战与机遇。对于高校图书馆来说，如何适应并利用数字化时代的发展，是一个必须面对并解决的问题。因此，建立一个高效、科学的阅读服务评价系统，成为适应数字化时代要求的必然选择。

第一，数字化时代要求高校图书馆提供更多样化的阅读资源。过去的图书馆服务主要依靠纸质资源，而在数字化时代，电子图书、网络资源、多媒体资源等数字化资源成为阅读的重要形式。阅读服务评价系统可以帮助图书馆了解读者对于各类资源的需求和使用情况，从而更加精准地进行资源采购和配置，提升阅读服务的效率和质量。

第二，数字化时代要求高校图书馆提供更个性化的阅读服务。在大数据的背景下，高校图书馆可以通过数据分析，洞察出每一位读者的阅读习惯和需求，从而提供更个性化的服务，如个性化的阅读推荐、定制化的信息服务等。这需要高校图书馆有一个科学的阅读服务评价系统，以监控和评价个性化服务的效果，从而持续改进和优化服务。

第三，数字化时代要求高校图书馆提供更互动化的阅读环境。在网络社交的今天，阅读已经不再是一个孤独的过程，而是一个交流和分享的过程。高校图书馆需要构建一个互动性强、开放包容的阅读环境，如设立读者论坛、开展阅读分享会等，这都需要阅读服务评价系统的支持，以便于图书馆了解和反馈读者的需求和感受，进一步优化阅读环境。

第四，数字化时代还要求高校图书馆以更开放的态度参与到全球知识服务网络中。在信息流通的今天，高校图书馆应当成为全球知识网络的一部分，与其他图书馆、研究机构进行资源共享和服务合作。阅读服务评价系统可以为图书馆提供客观、准确的服务数据，为资源共享和服务合作提供有力的支持。

（四）高校图书馆实现可持续发展的有效手段

在当前这个快速变化的时代，高校图书馆的可持续发展越来越受到人们的关注，这种可持续发展不仅指图书馆的经济效益和社会影响力，也包括图书馆的服务水平、用户满意度以及图书馆在未来发展中的可持续性。因此，建立一个全面、科学的阅读服务评价系统，对于高校图书馆实现可持续发展至关重要。

第一，高效的阅读服务评价系统可以帮助图书馆更好地了解读者的需求和偏好。这对于图书馆进行精准的资源配置和服务提供具有十分重要的意义，从而提高图书馆的服务质量和效率，保证图书馆在竞争激烈的环境中保持领先地位。

第二，科学的阅读服务评价系统可以为图书馆的决策提供数据支持。通过对阅读服务的持续评价，图书馆可以获取到关于服务质量、用户满意度、资源利用率等多方面的数据，这些数据对于图书馆制定长期发展策略、进行服务改进都具有指导意义。

第三，通过阅读服务评价，图书馆可以不断地进行自我优化和改进。阅读服务评价可以帮助图书馆发现存在的问题和不足，以及了解读者对新服务和新资源的需求，从而调整服务策略，持续改进服务水平。

第四，阅读服务评价是实现图书馆社会责任的重要手段。图书馆作为信息服务的重要机构，有责任提供高质量的阅读服务，满足社会公众的信息需求。通过阅读服务评价，图书馆可以了解到自己在实现这一社会责任方面的表现，进而寻找到改进的路径。

（五）提高高校图书馆用户体验和满意度的内在要求

在这个以用户体验为中心的服务时代，高校图书馆的使命不再仅仅是提供阅读材料，而更多的是为用户提供丰富、便捷、高质量的阅读体验。因此，提高用户的阅读体验和满意度已成为高校图书馆不可忽视的内在要求。在这个背景下，构建有效的阅读服务评价系统显得尤为重要。

第一，阅读服务评价系统是提高用户满意度的关键工具。通过系统性、定期的评价，高校图书馆可以定期了解用户对阅读服务的满意度，找出服务中的优点和不足，以便调整和改进。这种从用户角度出发的评价方式，有助于图书馆更精准地满足用户需求，进一步提高服务质量，从而提高用户满意度。

第二，阅读服务评价系统可以帮助高校图书馆了解用户行为，提升用户体验。通过收集和分析用户的阅读行为数据，高校图书馆可以了解用户的阅读习惯、阅读需求和阅读痛点，为提供个性化、差异化的阅读服务提供依据。同时，评价系统还可以让图书馆及时发现和解决服务中存在的问题，持续优化用户体验。

第三，阅读服务评价可以提升高校图书馆的社会影响力和口碑。高度的用户满意度和良好的用户体验是图书馆口碑传播的关键，也是图书馆获得更多资源支持的重要依据。同时，良好的评价结果还可以作为图书馆向社会展示其服务质量和价值的有力证据。此外，阅读服务评价系统还有助于激励图书馆内部员工的工作积极性。通过反馈的用户评价结果，图书馆可以对员工进行正向激励，提高员工的工作热情，从而进一步提升图书馆的服务质量。

三、高校图书馆阅读服务评价的影响因素

为了构建有效的高校图书馆阅读服务评价体系，首先需要理解各个服务流程环节对总体服务质量的影响，这包括但不限于阅读材料的质量、可用性、阅读环境、服务人员的专业性和服务态度等因素，基于对这些影响因素的重要程度的认识来确定评价标准。高校图书馆阅读服务评价的影响因素如图 8-2 所示。

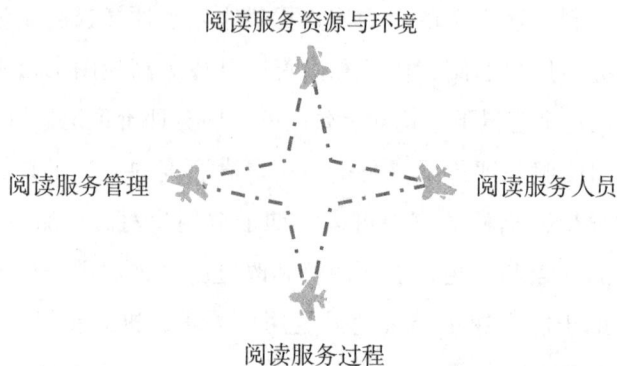

图 8-2　高校图书馆阅读服务评价的影响因素

（一）阅读服务资源与环境

阅读服务的资源和环境是高校图书馆开展阅读服务的基础和关键要素，它们也支撑着图书馆的其他业务活动，这两个方面的考量包括阅读服务的资源和环境。

阅读服务的资源包括高校图书馆所提供的各类纸质和数字信息资源。由于高校图书馆的服务对象具有更高的信息需求，并涉及广泛的学科领域，因此其信息资源的构建，特别是数字信息资源的构建具有重要意义。这些资源是否具有专业性、实时性和多样性，以及它们是否能满足读者的阅读需求，都将直接影响读者的阅读体验。阅读服务的环境也非常重要，不仅包括图书馆内部的阅读设施，还包括图书馆的建筑布局、装修风格、光线和通风状况等因素，这些都共同构成了阅读的氛围。设施的人性化设计和阅读氛围的舒适度可以为读者提供良好的阅读体验。此外，开放时间的充足性、图书的整理规范、网站界面的清晰度、阅览座位的人体工程设计，以及阅读空间的装修风格是否能激发读者的阅读兴趣等细节问题，也是图书馆需要关注的重要内容。

（二）阅读服务人员

阅读服务人员在评估阅读服务质量中起着关键的角色，他们是高校图书馆和读者之间的纽带，也是双方沟通的桥梁。

阅读服务人员的专业性在某种程度上代表了图书馆阅读服务的质量。专业性的体现主要包括阅读服务人员的教育背景和知识储备。一方面，拥有图书馆学等相关专业学历是阅读服务人员必备的条件，他们可以借助自己的专业知识，满足读者的阅读需求，从而提供更优质的服务。另一方面，阅读服务人员的知识储备，尤其是在长期的图书馆工作中积累的实践经验，也是其专业性的重要体现。另外，阅读服务人员的服务态度也在阅读服务评价中占据着重要的地位。阅读服务人员以友善、亲切的态度接待每一位读者，并对他们的问题给予耐心的回答，这样的行为可以增强读者对图书馆阅读服务的依赖和信任。

（三）阅读服务过程

高校图书馆阅读服务的执行过程是其关键环节，包括前期的策划、服务资源的准备以及服务人员的组织等，这些都是为了成功执行阅读服务活动而进行的准备工作。整个服务过程中，如服务形式的多样性、服务内容是否满足用户需求、服务方式是否被读者接纳，以及服务环境和设施是否具有人性化设计等，都是服务过程中的重要考量，这些因素的好坏将直接影响到阅读服务的质量。读者是阅读服务的主体，因此整个服务过程都应将读者的需求和体验放在中心，从他们的角度出发，这样组织和策划的阅读促进活动才能收到良好的效果。因此，以读者为中心的服务方式和满足读者需求的服务内容是高校图书馆阅读服务评价中的重要指标。

（四）阅读服务管理

对于高校图书馆阅读服务来说，一个科学和系统的管理架构是必不可少的，它包括阅读服务的政策体系、服务人员的建设和发展以及服务过程的规范化。只有规范和有序的管理，才能保证阅读服务的高质量和有效性，确保活动的顺利进行。良好的规章制度可以增强阅读服务人员的责任感和对服务的态度。同时，对于高校图书馆阅读服务的后续管理也非常关键，这包括对服务活动的跟踪和对用户反馈的收集和处理。通过对高校图书馆阅读服务的评价，可以及时调整服务策略和人员配置，从而在制度层面上保证阅读服务的质量和效率。总的来说，科学的管理是高校图书馆阅读服务评价的关键环节，这决定了服务的质量和效果。

第二节　高校图书馆阅读服务评价标准

一、高校图书馆阅读服务评价内容

高校图书馆阅读服务作为其服务体系中的重要一部分，其评价虽然和图书馆服务质量评价有共通之处，但其独特性也不容忽视。图书馆服务质量评价正在经历一个从以图书馆实体为中心转向以用户为中心的评价标准的转变，这一转变强调从用户的感知出发来评估高校图书馆的服务质量。LibQUAL（采用 Web 方式调查方法）是一个专门用于评估图书馆服务质量的标准，其评价主要从五个维度进行：可接近性、可信度、反应速度、保证性和同理心。在构建高校图书馆阅读服务评价的过程中，主要需要关注的内容包括阅读服务资源及环境、服务人员、服务内容以及服务质量。这个评价体系试图从图书馆阅读服务的实体资源到人力资源，再到阅读资源的使用情况、方法和效果，加上用户的个人感受，全面细致地评估图书馆阅读服务的效果。这一转变不仅注重了阅读资源的数量和质量，更关注了服务环境的人性化设计、服务人员的专业性以及服务内容的多样性和实用性，以及用户的满意度和体验感受。只有当这些因素综合得到考虑和评估时，才能真正全面地评价高校图书馆阅读服务的效果。

二、高校图书馆阅读服务评价指标

图书馆阅读服务评价的关键在于选择合适的评价指标，这些指标需要全面反映图书馆的硬件设施、资源丰富度、服务效率和专业性，同时需要关注用户的满意度和体验感受。合理的评价指标不仅能帮助图书馆发现问题、改进服务，也能提供反馈信息，使用户更好地利用图书馆资源。高校图书馆阅读服务评价指标如图 8-3 所示。

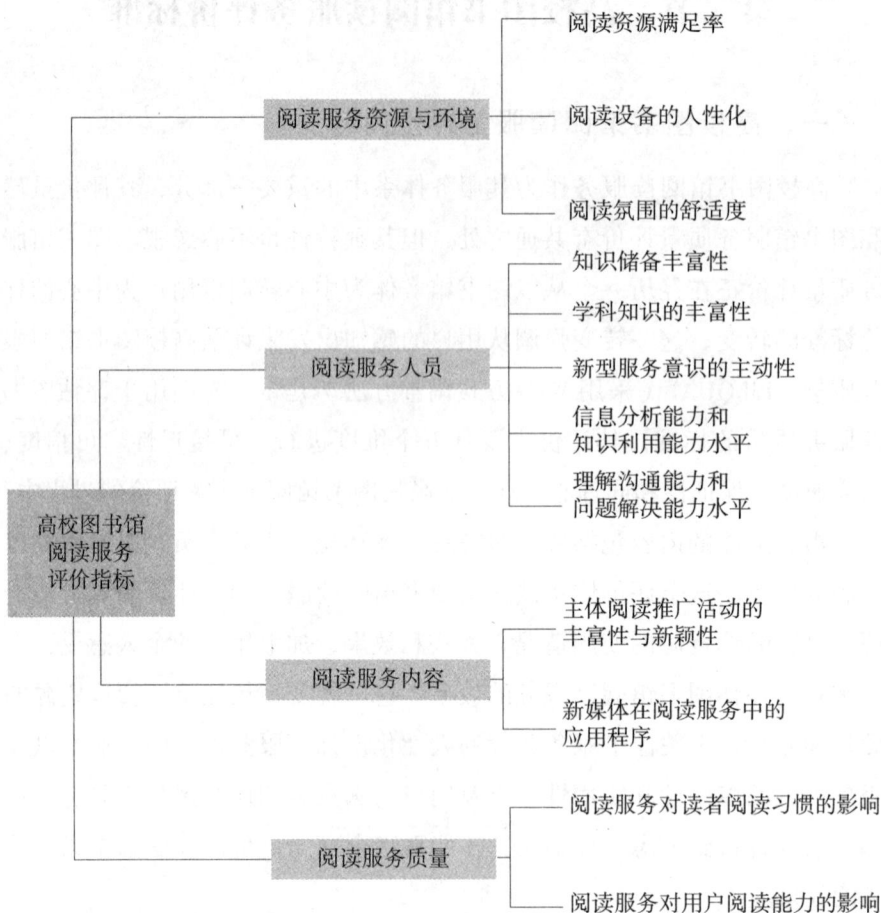

图 8-3　高校图书馆阅读服务评价指标

（一）阅读服务资源与环境

1. 阅读资源满足率

阅读资源满足率是评估高校图书馆阅读服务质量的重要指标，这一指标着重评估图书馆是否能满足用户在纸质资源和数字资源方面的需求。

在纸质资源方面，高校图书馆需要保证资源的数量多、覆盖学科范围广、资源质量高，这些需求主要源于高校的教学和科研工作。教师和学生需要大量的图书资料作为教学和学习的参考，因此图书馆需要根据学科特性和用户需求，定期更新馆藏资源，以保证用户可以获取到最新的学术资料。同时，图书馆还需要确保资源的质量，提供高质量的学术图书和专业期刊，以支持高水平的教学和科研活动。

在数字资源方面，随着信息技术的发展，用户的需求已经从单一的纸质资源扩展到了多元的数字资源，这些资源包括电子图书、电子期刊、数据库、多媒体教学资源等。用户可以通过电子设备随时随地访问这些资源，极大地方便了用户的学习和研究活动。因此，图书馆需要根据用户的个性化需求，提供各种类型、格式和时间限制的数字资源。

图书馆还需要通过建立网络阅读导航系统、特色数据库、虚拟阅读交流会等方式，促进用户的阅读。例如，网络阅读导航系统可以引导用户快速找到所需的资源，特色数据库可以为用户提供针对性的资源服务，虚拟阅读交流会则可以提供一个平台，让用户分享阅读经验，互相交流学术观点。在满足阅读资源需求的过程中，图书馆需要密切关注用户的需求变化，定期进行用户需求调查，了解用户对资源的满意度，以便及时调整资源采购策略，提高阅读资源满足率。

2. 阅读设备的人性化

阅读设施的人性化是衡量高校图书馆阅读服务质量的重要指标之一，这一指标主要关注图书馆的阅读设施是否符合用户的阅读习惯，是否能方便用户获取和使用阅读资源。

图书馆的物理布局和设备配置需要满足用户的阅读习惯。例如，图书的排架应该准确，书号应该清晰，以方便用户找到需要的书籍。同时，图书馆还需要提供舒适的阅读环境，包括充足的自然光或良好的照明设备、适当的温度和湿度、静谧的阅读氛围，以及舒适的座椅和桌子等。

数字资源的检索界面应该友好，易于操作。搜索功能应该强大，能够快速准确地找到用户需要的资源。电子资源的阅读设备，例如电子阅读器和电脑，应该易于使用，且能保护用户的视力。图书馆的网络设施也应该快速稳定，能够支持用户在线阅读和下载电子资源。

除了阅读设备，图书馆还需要提供其他服务设施，以满足用户的多元需求。例如，设立学习讨论区，供用户交流学术观点，分享阅读体验；设立休闲娱乐区，让用户在阅读之余可以放松身心；设立休息区，让用户在长时间阅读后可以休息。

3. 阅读氛围的舒适度

阅读氛围的舒适度是评价高校图书馆阅读服务质量的一个重要指标。一个良好的阅读环境能够提升用户的阅读体验，激发他们的阅读热情，从而增加图书馆的使用率和满意度。

图书馆的建筑设计是创建阅读氛围的基础。一个优秀的设计应该将实用性和美观性结合起来，创造出一个既能满足用户需求又能引起他们好奇心的空间。建筑设计还需要考虑到用户的不同需求，例如，安静的阅读区、活动的讨论区、互动的儿童阅读区等。

室内的灯光效果、温度和通风情况也是影响阅读氛围的重要因素。照明应该均匀，既能照亮阅读材料，又不会刺激用户的眼睛。室内温度应保持适宜，不应过冷或过热。通风情况应良好，以保持空气新鲜。此外，舒适的座椅和桌子也是必不可少的，它们可以支持用户长时间的阅读。

另外，图书馆的学习氛围，包括图书馆的开放时间、馆舍空间是否充裕，以及是否有各种促进阅读的活动等，也会影响用户的阅读体验。例如，图书馆应提供足够的开放时间，以满足用户的不同需求。馆舍空间应充裕，以避免过于拥挤。图书馆可以定期举办书展、讲座、研讨会等活动，以激发用户的阅读兴趣。对于网络虚拟图书馆，其界面设计也应温馨友好，易于使用。字体的大小、颜色和格式应清晰，易于阅读，能够给用户带来良好的视觉体验。

（二）阅读服务人员

阅读服务人员的知识储备丰富性是评估高校图书馆阅读服务质量的重要标准。人员的专业知识和技能，他们的理解和沟通能力，以及他们使用各种信息检索工具的熟练程度等，都在很大程度上决定了用户在寻找和使用阅读资源时的体验。

阅读服务人员需要具备丰富的学科知识。在高校图书馆，用户的学科背景各异，他们的阅读需求也有很大的差异。因此，服务人员需要了解多种学科的知识，以便能准确理解用户的需求并提供相应的服务。这不仅包括传统的图书馆学知识，如目录编制和文献分类等，也包括相关学科的知识，如文学、历史、科学等。

阅读服务人员需要具备主动的信息服务意识，积极寻找机会，主动为用户提供信息服务，而不是等待用户来提问。这需要他们对图书馆的资源和服务深入了解，能够预见用户的需求，并主动提供解决方案。

首先，阅读服务人员需要具备强大的信息分析能力和知识利用能力。信息分析能力是指能够有效地从大量信息中提取出有价值的信息，而知识利用能力是指能够将这些信息应用到实际问题中。这两项能力可以帮助服务人员在处理用户提问时，迅速找到最相关的信息，并给出最适合的答案。此外，阅读服务人员还需要掌握各种信息检索工具的使用技巧。信息检索工具包括图书馆的电子目录、各种数据库、互联网搜索引擎等。服务人员需要熟练使用这些工具，以便在用户有需求时，能够迅速地找到相关信息。

其次，阅读服务人员需要具备高度的理解沟通能力和问题解决能力。理解沟通能力是指能够准确理解用户的需求，并清晰地表达自己的观点。问题解决能力是指能够发现问题，并找到解决问题的方法。这两项能力对于提高服务质量，提升用户满意度至关重要。

（三）阅读服务内容

1. 主题阅读推广活动的丰富性与新颖性

高校图书馆阅读服务的推广策略是提升阅读活动参与度、激发学生阅读热情和培养学生阅读习惯的重要手段。而评价图书馆在推广阅读活动方面的效果，无疑是一个重要的评估指标。这包括评价活动的丰富程度、创新性、吸引力以及对学生阅读热情的激发程度等。

活动的丰富性是一个重要的考量因素。图书馆不仅可以通过举办传统的阅读活动，如读书会、讲座等，还可以尝试更多元化的形式，如主题展览、读书沙龙、阅读挑战赛等。这些多元化的活动可以满足不同学生的阅读需求和兴趣，进而吸引更多学生参与。

活动的创新性也至关重要。只有新颖独特的活动，才能吸引学生的注意，激发他们的阅读兴趣。例如，图书馆可以尝试与时俱进的科技手段，如 AR/VR 技术、AI 阅读推荐系统等，将这些科技元素融入阅读活动中，让阅读活动更具吸引力。

活动是否能真正引起学生的阅读兴趣，是评价阅读推广策略效果的关键指标。为此，图书馆需要深入了解学生的阅读需求和兴趣，设计出符合他们喜好的阅读活动。同时，也需要及时收集和分析活动反馈，不断优化和改进阅读活动，以更好地满足学生的阅读需求。

活动是否能调动学生的阅读热情，也是一个重要的评价指标。图书馆可以通过设计有奖励机制的活动，如阅读积分赛、最佳读书笔记评选等，激励学生积极参与阅读活动，提升他们的阅读热情。

2. 新媒体在阅读服务中的应用程度

新媒体技术，包括数字技术、网络技术、移动技术、无线和有线通信技术等，具有突破传统媒体时间和空间限制，提供交互性、实时性和便捷性服务的特点。媒体技术应用在高校图书馆阅读服务中，能够满足读者多元化的需求，改善阅读效率，拓宽阅读领域，并激发读者的阅读积极性。因此，新媒体在图书馆阅读推广服务中的应用是至关重要的。

评价新媒体在高校图书馆阅读服务中的应用，首先要看图书馆是否充分利用了新媒体技术来推广阅读。这包括通过社交媒体平台分享阅读活动，使用移动应用程序提供在线阅读和预订服务，以及利用云技术提供远程访问和存储服务等。

新媒体的应用方式和渠道是否符合读者的需求也是一个重要的评价指标。图书馆需要调查和了解读者的阅读习惯和偏好，以及他们对新媒体技术的接受程度和使用能力，然后根据这些信息，选择最适合的新媒体应用形式和平台。

新媒体技术的应用是否能带来阅读的便利性和效率性也是评价的重要依据。比如，数字化的图书馆资源是否能快速准确地被搜索和访问，移动阅读应用是否具有友好的用户界面和稳定的运行性能，以及在线交流和协作平台是否能有效地支持阅读讨论和分享等。

新媒体技术是否能引导和影响读者的阅读方式和倾向也需要评估。例如，新媒体的使用是否能引导读者更多地进行深度阅读和独立思考，是否能推动读者关注多元化和前沿的阅读内容，以及是否能帮助读者建立网络文献的检索和评估能力等。

新媒体的应用是否能激发读者的阅读热情和兴趣也是一个关键指标。例如，社交媒体上的阅读活动和话题是否能吸引读者的参与，移动阅读应用中的互动功能是否能增强读者的阅读体验，以及数字化的图书馆环境是否能满足读者的情感和审美需求等。

（四）阅读服务质量

1. 阅读服务对读者阅读习惯的影响

阅读习惯，作为一种个人行为，除了受到个人内在驱动力的影响，外部环境也扮演着重要的角色。高校图书馆的阅读服务主要目标在于激励读者频繁地阅读，培养对阅读的热爱。唤醒读者的阅读意识并使他们行动起来,是图书馆阅读服务的重要步骤,而这也有助于提升读者的素养。

通过开展各种阅读服务活动,高校图书馆能够有效地改变读者的阅读习惯,激发原本的读者更深入地进行阅读研究,给曾经无目标阅读的读者提供明确的方向,鼓励他们积极地进行阅读。因此,一个重要的评价指标就是阅读服务活动对读者行为的影响程度。首先,需要评价的是,阅读服务活动后,读者的数量是否有所增加,这可以直接反映出图书馆服务活动的吸引力。其次,我们需要观察的是,那些之前阅读不积极的读者是否开始更频繁地阅读。这可能表现为他们的阅读时间有所增加,这是图书馆成功唤起读者阅读兴趣的体现。最后,读者的阅读内容和阅读范围是否因为图书馆的阅读服务活动而有所扩大,这是评价图书馆是否成功引导读者拓宽阅读视野的重要依据。读者的阅读场所和阅读载体的需求是否变得更加开阔,这将反映出图书馆是否成功引导读者拓宽阅读方式,不再局限于特定的场所或载体。

2. 阅读服务对用户阅读能力的影响

阅读能力的核心构成包括读者的阅读目标、阅读情感和阅读理解能力。其中,理解能力又包含对阅读材料的鉴别能力,以及在阅读过程中对信息的分析、理解、评估和应用能力。在当今的网络时代,读者获取信息的方式变得越来越多样化,这使阅读能力显得更为重要。读者需要拥有在网络信息资源中快速、高效地选择与分析和利用信息的能力。高校图书馆可以通过举办阅读推广活动来提高读者的阅读意识,通过提供阅读指导来提升读者的阅读理解能力,同时通过举办培训讲座来增强读者的信息检索和获取能力。

因此,一个重要的评价指标就是高校图书馆的阅读推广活动对读者阅读能力的提升程度。我们需要评估读者在阅读理解和分析能力上是否有所提高,是否增强了对信息推论和整合的能力,是否掌握了更多的信息检索方法和技巧。

第三节　高校图书馆学科服务评价

一、学科服务评价的必要性

学科服务评价是学科服务体系中至关重要的一环，它是指引和推动学科服务系统优化，提升服务质量的最有效手段。实施科学且客观的学科服务评价，是确保学科服务质量提升的关键步骤。通过定期地进行学科服务质量的评价，我们可以了解用户对于服务的适应程度、认同感以及满意度。这将帮助我们发现并识别体系中存在的不合理之处，以及不适应学科服务发展的元素，然后进行相应的调整、改善和提升。评价过程会指引我们对环境布局、设备设施配置进行更合理的安排，采用更科学的工作方法，明确工作任务，以及设定更合理的工作内容。这样一来就可以优化系统，全方位、精确地保障学科服务质量的提升。因此，学科服务评价对于提高学科服务质量起着至关重要的作用。高校图书馆需要认真对待学科服务评价，确保其科学、客观，以便更好地满足用户的需求，提升服务质量，推动学科服务的发展。

二、高校图书馆学科服务评价的功能

学科服务是高校图书馆不可或缺的一项重要服务，其质量直接影响着教学和研究工作的质量与效率。对于学科服务的评价，其功能在于通过评估，识别服务的优点和不足，以便于优化服务流程、提升服务质量，并进一步满足教师和学生的学术需求。高校图书馆学科服务评价的功能主要包括以下几方面，如图8-4所示。

图 8-4　高校图书馆学科服务评价的功能

（一）全面诊断的功能

高校图书馆学科服务评价的全面诊断功能是一种深度评估和优化的手段，它的重要性和应用不仅局限于服务提供方，而且关乎服务接受方，即图书馆的用户。对于这个功能的深入探讨，可从以下四个方面进行阐述：

第一，全面诊断的功能是图书馆评价自我工作的重要方式。通过系统评价学科服务的各个方面，包括但不限于学科咨询服务、馆员专业素质和服务态度、资源建设等，图书馆能够全面了解自身在学科服务上的表现，找到存在的问题，并根据问题的严重程度，制定出解决方案。这有助于图书馆持续提升服务质量，满足读者的不断变化和提升的需求。

第二，全面诊断功能提供了一种深度的服务质量评价手段。学科服务并非只是提供学科相关的资料和信息，更包含对这些资料和信息的处理、分析，如何更好地满足用户的需求。全面诊断功能通过深入研究服务的各个环节，能够发现可能存在的问题，并提出改进措施，从而提升服务质量。

第三，全面诊断功能是一种客观的服务效果评价手段。高校图书馆学科服务的目的是满足用户的需求，提供高质量的服务。全面诊断功能通过客观的数据和用户反馈，能够有效地评价服务的实际效果，评价的结果可以作为优化服务和提升服务质量的依据。

第四，全面诊断功能指导着服务的持续改进。通过全面诊断功能发现的问题，可以对图书馆服务进行改进。全面诊断不仅能找到问题，更能根据问题提出具体的解决措施和方案，从而不断优化图书馆服务，提升用户满意度。

（二）决策咨询的功能

学科服务评价在高校图书馆中具有决策咨询的功能，这是一个关键的元素，可以影响到图书馆的长期战略、资源配置、服务提供方式和质量。以下是对决策咨询功能的具体论述：

第一，学科服务评价可以为图书馆的资源配置提供决策依据。在有限的资源条件下，图书馆需要合理地进行资源分配，确保各个学科的资源供应和服务质量。学科服务评价可以提供关于用户需求、资源使用情况、服务质量等方面的信息，这些信息可以帮助图书馆管理层更科学地决策、如何优化资源配置，以更好地满足各学科用户的需求。

第二，学科服务评价可以为图书馆的服务创新提供指导。在信息化快速发展的今天，图书馆的服务方式和内容需要不断创新以适应用户需求的变化。学科服务评价可以反映用户对现有服务的满意度和新的需求，这些信息可以为图书馆的服务创新提供灵感和方向，有助于图书馆提供更有针对性、更高效的服务。

第三，学科服务评价可以为图书馆的人员培训和能力提升提供建议。评价结果可以揭示馆员在服务过程中的优点和不足，这可以作为培训和教育的依据，帮助馆员提升服务技能，以更好地满足用户需求。

第四，学科服务评价还可以为图书馆的策略制定提供依据。学科服务评价的结果可以反映出图书馆在各个学科服务方面的表现，这为图书馆制定未来的战略提供了重要的参考。通过了解自身在各学科服务方面的优势和劣势，图书馆可以更有针对性地制定战略，提升服务质量。

（三）客观监督的功能

在高校图书馆中，学科服务评价的客观监督功能是其关键要素，它为图书馆服务质量提供了一个公正、公开、透明的评估标准。以下是对客观监督功能的详细论述：

第一，学科服务评价的客观监督功能对图书馆的服务质量进行实时监测，以确保服务质量符合用户的期望。通过对服务质量的持续评估和反馈，图书馆可以及时发现和改正服务中的不足，提高服务质量，满足用户的需求。

第二，学科服务评价的客观监督功能有助于确保图书馆的服务公平性。在高校图书馆中，不同学科的用户可能有不同的服务需求。通过客观的评价系统，图书馆可以确保各个学科的服务得到公平对待，没有被忽视或偏袒。这不仅有助于提高用户满意度，也符合公平正义的原则。

第三，学科服务评价的客观监督功能可以提供对图书馆工作人员的考核依据。通过客观的评价系统，图书馆可以对工作人员的服务表现进行量化评估，这既可以作为激励和奖励的依据，也可以作为改进和提高的动力。

第四，学科服务评价的客观监督功能对图书馆的社会责任和形象塑造也起到了关键作用。一个有着良好评价体系的图书馆，能够准确反映出其服务质量和水平，这有助于提升图书馆在社会公众中的形象和信任度。

（四）促进发展的功能

在高校图书馆服务中，学科服务评价的促进发展功能起到了关键性作用。以下是对其促进发展功能的详细论述：

第一，学科服务评价有助于提高图书馆服务的质量和水平。评价是一种反馈机制，通过对图书馆学科服务的系统性、全面性评价，可以发现服务的不足之处，及时改正从而提升服务质量。同时，评价结果也可以作为图书馆改进服务、提升服务水平的重要依据。

第二，学科服务评价促进了图书馆内部管理的优化和改进。通过对学科服务的评价，可以明确各项服务的效益和价值，为图书馆内部管理决策提供依据，如资源配置、人员安排等。此外，通过比较不同时间、不同学科的服务评价结果，图书馆还可以发现内部服务流程、管理制度等方面的优劣，为管理改进提供方向。

第三，学科服务评价有助于图书馆服务的创新和发展。在信息技术快速发展的今天，图书馆服务方式和内容需要不断创新，以满足用户日益变化的需求。而学科服务评价可以了解用户对新服务的接受程度和反馈意见，为服务创新提供参考，同时评价结果也可以激发图书馆进行更多尝试和探索，来推动服务的发展。

第四，学科服务评价也有助于提高图书馆的社会影响力。一方面，良好的学科服务评价结果可以增强用户对图书馆服务的信赖和满意度，提升图书馆在学校和社会的影响力；另一方面，开放、公正的学科服务评价也可以增加图书馆的透明度，增强其公众信任度，从而提高其社会影响力。

三、高校图书馆学科服务评价指标的设置

（一）高校图书馆学科服务评价指标的设置原则

评价指标是评价方法具体实现的关键，它为服务的主体（服务提供者）对客体（服务使用者）进行评估提供了标准依据。评价指标的设定必须科学且全面，既要能真实反映出评价工具的目的，也要能准确衡量

被评价主体的实际质量。高校图书馆学科服务评价指标的设置需要遵循以下原则，如图 8-5 所示。

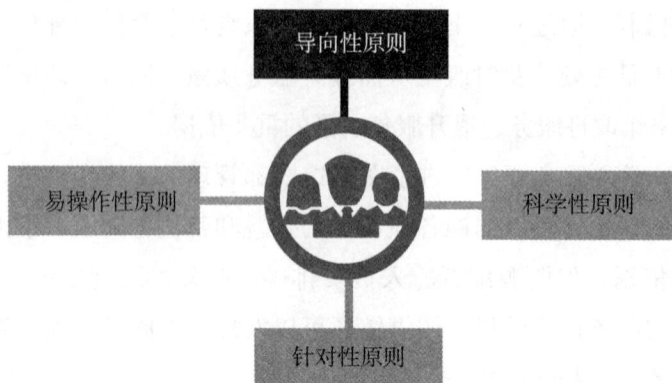

图 8-5　高校图书馆学科服务评价指标的设置原则

1. 导向性原则

高校图书馆学科服务评价指标的设置需要坚持以用户满意度为导向。对于学科服务来讲，其存在与发展完全源自用户的需求。如果没有用户，或者用户对学科服务感到不满，那么该服务将无法生存下去。因此，将用户放在首位，注重用户满意度，应该成为衡量学科服务质量的关键标准。

采用用户满意度作为评价学科服务的标准，无疑更具科学性、客观性和公正性。这样的评价方式能够最大限度地降低图书馆管理者对学科服务评价中不可避免的主观成分，增强评价结果的可信度。同时，它能够全面地揭示学科服务系统中存在的问题，使评价结果更加具有针对性，对学科服务的发展具有更强的引导作用。

另外，让用户参与成为学科服务评价的主体，不仅能够扩大学科服务的宣传覆盖，让用户更全面地了解学科服务，而且能够激发用户参与学科服务的积极性，体现出用户的主人翁精神。在这个过程中，用户还可以起到监督学科服务改进的作用，从而进一步推动学科服务的发展。

2. 科学性原则

高校图书馆学科服务评价指标的科学性原则是在设定评价指标时必

须遵循的关键性原则。科学性原则的核心要义在于，制定的评价指标需要有明确的定义，具有明显的指向性，并能够客观公正地反映学科服务的真实状态。

首先，科学性原则强调的是评价指标的逻辑清晰性和定义精确性。对于任何一个评价指标，都需要有明确的定义和范围。这样才能在实际操作中避免模糊地带和误解，确保评价的准确性和公正性。此外，定义明确的评价指标也有利于高校图书馆在进行学科服务评价时，更好地理解和把握评价的目的和内容。

其次，科学性原则也强调评价指标的客观性和中立性。学科服务评价不应该受到主观偏见的影响，评价指标的设定必须尽可能地反映出客观事实，保持中立立场。这就要求我们在设定评价指标时，要有明确的依据，这种依据可以来自实证研究、专家意见、用户反馈等，以保证评价指标具有足够的客观性和公正性。

科学性原则也包括了评价指标的适应性和灵活性。由于高校图书馆学科服务的用户群体和需求可能会随着时间的推移和技术的发展而发生变化，因此设定的评价指标也需要有足够的适应性和灵活性，能够随着实际情况的变化进行调整。只有这样才能确保评价指标在各种情况下都能准确地反映学科服务的真实状态，有效地指导高校图书馆提升学科服务的质量。

3. 针对性原则

针对性原则是指在设置高校图书馆学科服务评价指标时，必须考虑到学科服务的具体特性，以及学科服务的用户群体和需求。具体来说，高校图书馆需要确保评价指标能够针对学科服务的特定方面进行评价，并能够反映出学科服务对用户的实际影响。

由于高校图书馆学科服务具有其特定的特性，例如，学科服务的内容可能会因学科领域的不同而有所差异，学科服务的提供方式也可能随着技术的发展而发生变化。因此，在设定评价指标时，需要针对这些特性进行考虑，确保评价指标能够准确地反映出学科服务在这些方面的表现。

针对性原则强调要充分考虑学科服务的用户群体和需求。不同的用户群体可能会对学科服务有不同的需求，例如，研究生可能更关注学科服务能否提供深度的研究资源，而本科生则可能更关注学科服务能否提供基础的学习资源。因此，在设定评价指标时，高校图书馆需要考虑到这些需求，使评价指标能够反映出学科服务在满足这些需求方面的表现。

根据针对性原则，在设定评价指标时，还需要考虑到评价结果的应用。评价结果不仅可以用来反映学科服务的现状，还可以用来指导学科服务的改进和发展。因此，我们需要确保评价指标能够生成有用的评价结果，为提升学科服务的质量提供有效的指导。

4. 易操作性原则

易操作性原则要求设定的评价指标要具有易于理解、易于测量和易于分析的特性。简单来说，易操作性原则是为了保证评价活动能够顺利进行，评价结果能够准确反映学科服务的质量。

易于理解是易操作性原则的基础。评价指标必须能够被所有相关的人员理解。对于评价的执行者来说，他们需要理解评价指标的含义，才能够按照正确的方法去执行评价活动。对于评价的参与者来说，例如学科服务的用户，他们需要理解评价指标的含义，才能够提供准确的反馈。对于评价的决策者（如图书馆馆员）来说，他们需要理解评价指标的含义，才能够根据评价结果做出准确的决策。

易于测量是易操作性原则的核心。它要求我们能够对设定的评价指标进行有效的量化。这主要体现在两个主要方面：一是具体的测量工具和方法；二是测量的适用范围和精度。首先，选择适合的测量工具和方法至关重要。在高校图书馆学科服务的评价过程中，可能会使用到各种类型的测量工具，包括问卷调查、深度访谈、观察法等。每种工具都有其特点和适用的环境，例如，问卷调查可以获取大量数据，适合对群体进行评价；深度访谈则可以获取更深入的信息，适合对个体进行评价。选择合适的工具可以提高评价的有效性。其次，测量的适用范围和精度是量化评价的基础。适用范围指的是评价指标能够覆盖的学科服务领域的广度和深度，它要求能够全面考虑学科服务的各个方面。精度则是指在量化过程中能达到的最小误差，它需要我们根据实际需求和测量条件，选择适当的精度等级。比如，对于"用户满意度"这一评价指标，可以设计详细的满意度量表，将满意度分为"非常满意""满意""一般""不满意"等级别，从而提高测量的精度。

易于分析是易操作性原则的目标，这要求在设定评价指标时，需要生成可供有效分析的数据。这一原则体现在数据的特性（如分布和规模）和可比性（如时间性和空间性）等多个方面。考虑数据的特性是极其重要的。数据的分布形式指的是数据在一定范围内的散布情况，例如是否符合正态分布，是否存在偏态等。这对于后续的统计分析有着深远的影响。例如，如果数据分布呈现正态，就可以采用一些基于正态分布的假设进行检验。

（二）高校图书馆学科服务评价指标的内容

1. 学科服务平台环境层面

在评价高校图书馆学科服务质量时，学科服务平台环境层面的评价指标是非常重要的。这个层面的指标可以帮助我们了解和评估学科服务平台的物理环境质量，它主要包括以下几个方面：

第一，学科服务平台的空间布局是否合理。空间布局的合理性包括阅读、研究空间的设置和布局，例如是否有足够的阅读座位、是否有完备的研究空间。同时，高校图书馆也需要考虑是否有适当的静谧空间供学生思考和研究，以及是否有合理的公共活动区域以满足多元化的学习需求。第二，学习和科研场所的环境是否整洁和舒适，这包括光线、温度、噪声等环境因素，以及座椅和桌子等家具的舒适性。整洁和舒适的环境能够提升用户的学习体验，从而提高他们的学习效率。第三，休闲环境的质量也是一个重要的指标。例如，是否有供用户休息和放松的空间，这些空间是否安静、整洁，并且布局合理。高质量的休闲环境可以帮助用户在紧张的学习和研究中得到休息和放松，从而提高他们的学习效率。第四，学科服务平台的配套设施是否完善也是一个重要的评价指标。配套设施包括打印设备、复印设备、计算机、网络等硬件设施，以及数据库、电子期刊、电子书等软件资源。完备的配套设施可以支持用户的学习和研究活动，提高他们的学习效率。第五，学科服务平台的开放时间是否合理也是一个重要的评价指标。合理的开放时间应该能够满足大部分用户的需求，例如能够提供夜间学习的时间和空间，或者在周末和假期也能开放。

2. 学科服务平台设备设施方面

学科服务平台设备设施方面的评价也是衡量高校图书馆学科服务质量的关键因素。设备设施的完备性、实用性和适用性直接影响了用户的学习体验和学习效果。这一层面的评价主要包括以下几个方面：

首先，资源服务区的设施是否齐备、便捷。资源服务区是提供各类资源和服务的核心区域，其设施的齐备性和便捷性直接影响了用户能否顺利找到并使用所需的资源。具体的评价指标包括设施的数量和种类，如阅读座位、电源插座、网络连接、图书馆藏资源等；以及服务的质量和速度，如图书借阅和归还、文献检索、参考咨询等。其次，独立研究室的配置是否合适、数量是否适中。独立研究室提供了一个安静的个人学习空间，其配置和数量的适宜性直接关系到用户的学习效率。评价指标包括研究室的数量和规模，是否提供必要的学习工具，如阅读灯、电源插座、网络连接等，以及研究室的开放时间、使用规定等。再次，小组讨论室的设施是否齐全、实用。小组讨论室是为满足用户的集体学习和讨论需求而设的，设施的完备性和实用性是影响用户使用效果的关键。评价指标包括讨论室的空间设计，如布局、照明、隔音等；设备配置，如多媒体设备、白板、网络连接等，以及讨论室的开放时间、使用规定等。最后，多媒体制作室的配置是否合理、软件资源是否丰富。多媒体制作室是为用户提供创新学习和科研支持的重要设施，其配置和资源的丰富性直接影响了用户的创新能力。评价指标包括制作室的硬件设备，如计算机、摄像设备、音频设备等；软件资源，如图像处理、音频编辑、视频剪辑、数据分析等，以及制作室的开放时间、使用规定、技术指导等。

3. 学科资源层面

学科资源层面的评价是对高校图书馆学科服务质量的重要衡量。它反映了图书馆为满足用户学习、研究需求所提供的各类学科资源的丰富程度和实用性。这一层面的评价主要可从以下几个方面展开：

第一，实体资源馆藏是否丰富，是否能满足学习、科研的需求。实体资源主要包括各类书籍、期刊、报告、论文、文献等。评价指标可以包括馆藏资源的数量、种类、更新速度、科学性和实用性等。例如，对应专业领域的经典文献和最新出版物的收藏情况，以及这些资源的借阅、查询和利用情况等。

第二，学科机构知识库收藏资源是否丰富、实用。学科机构知识库主要包括由图书馆以专业、学科等为单位建立的电子文献库。评价指标可以包括知识库的资源种类、数量、内容质量、更新速度、用户访问速度等。例如，对应学科的学术论文、专利、标准、研究报告等的收藏和利用情况，以及用户对知识库的满意度和反馈等。

第三，学科数据库是否能满足学习、科研需求。学科数据库主要是指图书馆为特定学科用户提供的专业数据库，如经济、医学、工程技术等。评价指标可以包括数据库的资源类型、数量、质量、更新速度、查询系统的实用性等。例如，对应学科的专利、标准、政策法规、市场研究报告等的收录情况，以及用户对数据库的使用频率和满意度等。

第四，学科资源导航是否科学合理，资源是否丰富。学科资源导航是图书馆提供的一种便捷的网络学科资源服务，它可以帮助用户快速找到所需要的资源。评价指标可以包括资源导航的分类是否清晰、导航链接是否有效、信息是否及时更新、用户使用的便捷性等。

4. 学科馆员层面

学科馆员层面的评价指标，对于衡量高校图书馆学科服务的质量具有关键作用。这些评价指标主要集中在学科馆员的个人素养、专业知识、工作态度、服务质量等方面。下面详细阐述一下这些评价指标：

一是学科馆员的仪表举止是否得体。作为面向用户提供服务的前线，学科馆员的仪表举止对于塑造图书馆的形象、提升用户对图书馆服务的满意度具有重要作用。仪表举止得体不仅体现在穿着整洁，还包括礼貌待人、保持微笑、说话的声音适中等方面。二是学科馆员接待读者时是否谦和、有礼。在对待用户的态度上，学科馆员应该充分展现出尊重、谦逊和友善。无论用户的问题是复杂还是简单，学科馆员都应保持耐心，尽力提供帮助。同时，学科馆员应主动询问用户是否需要进一步的服务，让用户感受到被重视和尊重。三是学科馆员解答读者问题时是否准确、快速。学科馆员需要具备丰富的专业知识和技能，能够准确快速地解答用户的问题。他们不仅需要了解图书馆的资源和服务，还需要对学科领域有一定的理解，能够提供针对性的帮助。同时，学科馆员还需要具备良好的问题解决能力，能够灵活地应对各种突发情况。四是学科馆员的工作效率和服务质量。这包括他们响应用户需求的速度、解答问题的正确率，以及他们的服务态度等。对于这些指标的评价，可以通过用户满意度调查、秘密顾客调查等方式进行。

5. 服务效果层面

服务效果层面的评价指标是对高校图书馆学科服务的实际效益进行衡量的重要方式。这些评价指标主要集中在服务提供的便利性、效率、实用性以及满意度等方面。

一是学科信息门户页面布局是否合理，能否让用户一目了然。一个清晰、整洁且易于导航的网页布局能极大地提升用户的使用体验。网页的颜色、字体、图片和其他设计元素应协调一致，呈现出统一的视觉风格。所有的信息内容都应该被适当地组织和分类，使用户能快速找到他们需要的信息。二是学科虚拟平台的访问是否顺畅。这不仅涉及网页加载速度的问题，还包括页面是否存在死链、错误页面等问题，以及网站在不同设备和浏览器上的兼容性等。只有确保虚拟平台的稳定性和可访问性，用户才能得到顺畅的在线服务体验。三是学科资源的组织是否合理、查找是否方便。学科资源的组织方式应当根据学科的特性和用户的使用习惯来设计，例如可以按照学科领域、资源类型、作者等方式进行分类。同时，图书馆应提供强大而灵活的检索工具，帮助用户快速准确地找到所需资源。四是信息素养培训是否实用。信息素养培训应当针对用户的需求，提供实用的课程和材料，帮助用户提升信息检索、评估、使用等方面的能力。对培训的评价可以通过考核用户的学习成果，或者收集用户的反馈来进行。五是定题服务信息的提供是否针对性强，是否及时、到位。针对性是指图书馆能够根据用户的研究主题，提供相关的资源和服务。及时性是指在用户需要时，能够迅速地提供服务。到位则要求服务能够准确地满足用户的需求，而不是泛泛而谈或者提供与需求无关的信息。

四、高校图书馆学科服务评价的过程

高校图书馆学科服务评价过程是一项涉及多个步骤的活动，其目标是为了实现服务质量的持续提升。从整体上看，高校图书馆学科服务评价主要包括以下几个过程，如图 8-6 所示。

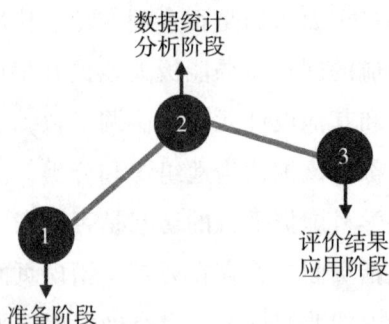

图8-6　高校图书馆学科服务评价的过程

（一）准备阶段

在准备对高校图书馆学科服务进行评价的阶段，首要任务是制定一个科学且合理的调查问卷。然而，仅有一个精心设计的问卷并不足以保证评价的成功。同样重要的是吸引大量的用户参与此项调查，这是因为只有广泛的用户参与，图书馆收集到的数据才会具有足够的信任度，依据这些数据所制定的改进决策才会更具有针对性和效果。为了达到这个目标，图书馆需要进行充分的宣传工作。宣传策略应当注重多样性和覆盖广度，通过各种方式和渠道传达我们的信息。同时，图书馆需要确保宣传内容具有足够的吸引力，例如承诺会根据用户的反馈来进行服务的改进。图书馆也需要保证各类用户都有机会参与到这次评价中来。无论是本科生、研究生，还是教师，甚至是负责重大课题的教师，图书馆都应该让他们有机会填写调查问卷。这样可以确保图书馆收集到的数据更全面，更能反映出学科服务的全貌。

（二）数据统计分析阶段

数据统计分析阶段是高校图书馆学科服务评价过程中至关重要的一环。在此阶段，所有收集到的数据将被处理和分析，其目标是提取出有意义的信息，以便更好地理解服务的质量和效果。

首先，图书馆需要对收集到的原始数据进行整理和清洗。数据整理是确保数据准确性的第一步，它涉及去除重复的响应、填充缺失的值，以及处理异常值等工作。这是一个详细且关键的步骤，因为它直接影响到后续数据分析的准确性。其次，我们会进行定量分析。如使用描述性统计方法对数据进行初步的统计分析，包括计算各项指标的平均值、中位数、方差等。这些统计结果可以帮助我们对学科服务的整体状况有一个大致的了解。再次，我们可以进一步进行深度的数据分析。例如，图书馆可能使用相关性分析、回归分析等方法，以检验各项服务之间的关系，或者预测未来的服务质量。此外，图书馆也可以使用聚类分析或因子分析等方法，以发现数据中的潜在模式或因素。最后，数据可视化是数据统计分析的最后一步，却十分重要。通过图表、图像等形式将分析结果可视化，可以更直观地呈现数据信息，方便各方人员理解和解读。

（三）评价结果应用阶段

对于任何评价系统来说，实施阶段是至关重要的一环。评价结果以及基于此产生的改进策略都仅在理论层面上，直到将其付诸实践，真正的改进才能发生。首先，图书馆需要根据问卷数据分析的结果，制定具体的实施计划和策略。这些计划和策略需要针对学科服务中存在的问题和挑战，以期改善和提高服务质量。其次，制定出的改进方案仍需在实际操作中验证其有效性和适用性。最后，这些方案需要被应用于实际的学科服务工作中，以对服务的各个方面进行改进和提高。这可能涉及服务的各个层面，包括服务环境的优化、设备设施的升级、学科资源的丰富以及学科馆员的培训等。在一段时间的实践后，图书馆需要再次进行评价以确定实践效果。在这一再评价的过程中，图书馆需要总结前一次问卷设计的经验和教训，对问卷进行全面的再设计和再考察，以便更加科学和合理地评估学科服务的质量。

第四节 高校图书馆服务质量评估体系

一、图书馆服务质量的内涵

图书馆服务质量是评价图书馆工作效能的关键指标，它反映了图书馆在提供服务过程中的服务行为和服务环境的具体表现。具体来说，它主要涵盖了三个方面：图书馆提供的服务内容、图书馆工作人员的服务行为以及图书馆的服务环境。

第一，图书馆提供的服务内容是服务质量的基础。这不仅包括了图书馆拥有的各种书籍、期刊、电子资源，也包括了图书馆提供的各种服务，如借阅服务、咨询服务、信息检索服务、培训服务等。对于服务内容的评价，主要看它们是否能满足读者的需求、是否更新及时、是否便于读者获取和使用。第二，图书馆工作人员的服务行为对服务质量也有着重要的影响。优秀的图书馆工作人员应当热情友好，具有良好的专业素养和职业道德，能够主动地为读者提供帮助，解答他们的问题。同时，他们也应该有较强的服务意识，始终把读者的需求放在首位，提供人性化、专业化的服务。第三，图书馆的服务环境也是影响服务质量的重要因素。良好的服务环境应包括设施齐全的阅读空间、舒适的学习环境、便捷的电子设施等。此外，图书馆的开放时间、借阅规则等也都是构成服务环境的重要部分。

二、高校图书馆服务质量评估体系构建的原则

（一）科学性原则

科学性原则是评估体系构建的首要原则。这就意味着，评估体系的设计和实施必须基于科学的方法和理论，保证评估的结果能真实、准确地反映出图书馆服务的质量。如果评估体系的设计缺乏科学性，那么

得出的评估结果可能会误导决策者，不能有效地推动图书馆服务质量的提高。

（二）导向性原则

导向性原则要求评估体系要能起到指导作用。具体来说，评估体系应该明确评估的目标和方向，指导图书馆如何改进服务，提高服务质量。导向性的体现可以是制定评估指标，也可以是对评估结果的解读和建议。

（三）通用性和灵活性

通用性和灵活性原则要求评估体系既要能适应不同图书馆的评估，也要能适应不同评估环境和对象。评估体系的设计应该基于高校图书馆的通用特征，但也要能灵活地调整，以适应各种可能的评估环境和对象。

三、高校图书馆服务质量评估的方法

一旦建立了评估指标体系，关键的下一步就是将其实施，否则这个系统只会被束之高阁，失去其应有的作用。实施高校图书馆服务质量评估体系可以做两件重要的事情：一是对相关指标体系的合理性进行验证；二是发现并解决图书馆服务存在的问题，从而提升服务质量。

总的来看，评估方法可以分为两类：内部评估和外部评估。内部评估是由图书馆工作人员自上而下或自下而上进行的评估，而外部评估则是由图书馆的服务对象对其进行的评估。相比于内部评估，外部评估通常更为有效，因为它基于服务对象的评价，比自我评价更能真实反映服务质量的现状。因此，高校图书馆服务质量评估应更多地采用外部评估方法。外部评估可以通过多种方式进行，如发放问卷、召开座谈会，或者两者结合。高校图书馆可以根据自身的实际情况和需求，选择最适合自己的评估方法。无论选择何种方式，重要的是要确保评估过程的公正性和公开性，从而真实有效地评估图书馆的服务质量。

四、高校图书馆服务质量评估体系的构建应注意的问题

（一）不断提升读者满意率

高校图书馆的服务宗旨以"读者第一，服务至上"为核心，强调所有的工作和努力都应以读者的需求和满足度为中心。服务评估体系的建立，是以提高用户满意度为最终目标，通过系统的评估、反馈和改进来实现的。为了实现这一目标，高校图书馆需要运用多种手段和渠道，尽可能全面地收集和了解读者的需求、反馈和感受。这可能包括利用问卷调查、面对面采访、在线反馈系统等多种方式，来获取读者对图书馆服务的实际体验和满意度信息。然后，图书馆需要对这些信息进行合理的处理和分析，将其转化为可以用来评估服务质量的具体指标。这些指标可以用来衡量图书馆服务质量管理体系的表现，也可以指导图书馆服务的持续改进。

另外，图书馆还需要定期检查和调整这些评估指标，以保证它们能真实反映读者的需求变化和服务质量的实际状况。只有这样图书馆的服务才能真正实现"读者第一，服务至上"的宗旨，提高读者的满意度，促进图书馆服务质量的持续提升。

（二）优化服务承诺机制和处理投诉机制

高校图书馆为了确保能为所有层级的读者提供优质的服务，采取了建立服务承诺机制的方式。这一机制的核心是明确提出图书馆的服务承诺，并且全力以赴地实现这些承诺。以下是具体的服务承诺：

1. 承诺虚心接受读者对服务的监督

2. 承诺全心全意为读者服务

3. 承诺耐心回答读者的问题

4. 承诺保证充分的开馆时间

5. 承诺及时更新馆藏书籍

6. 承诺礼貌接待读者

7. 承诺保护读者隐私权

监控和评估高校图书馆服务质量体系的关键手段之一是通过用户投诉。当用户发现他们所期望的服务并未得到满足时，他们可以提出投诉。这种投诉直接反映了用户对接收服务质量的体验。图书馆应设立全面且多元化的服务投诉机制。这不仅方便读者将他们的问题或不满直接反馈给图书馆，而且能确保这些反馈地及时传达给图书馆的高级管理层。这些信息应视为重要的决策参考，以帮助决策者在进行重大改革时做出更加合理的判断。对于接收到的投诉，图书馆应运用数据统计对其进行分类和分析。这将帮助图书馆清楚地了解其服务中存在的问题，并进一步确定优化服务质量的具体方向。在此基础上，建立高校图书馆服务评估体系主要包括以下两方面：

一方面，图书馆需要进行自我评估并结合专家的评估，以全面审查其运营策略、设施条件以及提供的服务。需要明白的是，高校图书馆并非独立运营，其改进和建设的过程受到资金来源、校方领导以及其他上级机构等多方面的影响。虽然图书馆可能无法自行进行大规模的改动，但是这些因素实实在在地影响着读者对图书馆的使用体验。

另一方面，图书馆需要重视读者对图书馆的评价，包括通过满意度调查和投诉处理机制收集用户反馈。提供超预期的服务对于提高用户满意度有着积极的作用，因此在设计满意度调查时，应从多个角度收集信息。进行满意度调查时，可以选择对所有用户进行调查以获得全面的反馈，或者采用抽样的方式进行。如果选择抽样调查，应确保样本的选择具有代表性，从而使调查结果更加可靠。

第五节　高校图书馆阅读服务管理

一、高校图书馆阅读服务管理的内涵及意义

（一）高校图书馆阅读服务管理的内涵

服务管理是一个以满足被服务者需求为核心，通过合理利用各类资源以实现工作目标的管理过程。在高校图书馆环境中，这意味着需要从以书为中心的管理模式转变为以人为中心的服务模式。

服务管理相较于其他管理方式，其特殊性主要体现在综合性、时代性以及灵活性等特点上。它是一种新兴的管理学概念，强调在管理中融入服务理念，不仅包含了人力、财务、资源等各种管理形式，还将这些形式融为一体，注入了自身的服务目标，以此实现系统资源的最优配置和管理结果的优化。服务性管理是适应现代社会发展的必然要求。传统的量化管理手段已经无法满足现代社会的需要，唯有将服务融入管理的各个环节，才能更有效地协调各项资源，实现组织的目标。服务性管理具有灵活性和机动性，能够根据被服务者的需求和期望进行快速调整和适应，从而满足多元化和个性化的需求。

（二）高校图书馆阅读服务管理的意义

1. 有助于高校图书馆的平稳健康发展

作为高校的重要组成部分，图书馆承担着保存和传播人类文化成果的任务，同时为高校的学术研究和知识创新提供必要的支持。通过将服务理念融入日常管理中，图书馆能更直接地理解和满足使用者的需求，解决他们在使用图书馆资源和服务过程中可能遇到的问题，从而实现资源和服务的最优分配。

2. 有助于实现馆员的自我价值

在服务性管理模式下，馆员不仅是提供服务的工作者，也是享受服务的一分子。这种管理方式能有效地激发馆员的参与意识和工作积极性，挖掘他们的创新潜力，使他们更热爱自己的工作，同时能在工作中找到更多的荣誉感和归属感。

3. 有助于高效性、创新性解决需求者问题

针对出现的问题，服务管理能在第一时间提供解决方案，并在解决问题的过程中调动服务者的主观能动性和创新性，为需求者提供一种可以依靠和发扬光大的解决方式，进而推动他们进行更深层次的创新。

二、高校图书馆阅读服务管理的创新策略

（一）创新服务管理观念

在大数据时代的背景下，高校图书馆必须对自身的管理观念进行革新，以适应信息技术的快速发展。过去的管理模式可能无法满足未来发展的需求，因此创新的管理理念是实现图书馆事业发展的根本驱动力。我们需要在吸收成熟管理经验的同时，将服务理念创新地融入管理中。管理工作的重心不再仅仅是"人治"或"规则治"，而应更多地以服务管理为出发点，方便和满足读者的需求。这种方式不仅能在众多竞争者中吸引更多的读者资源，而且在高校图书馆的内部事业管理中也能体现出服务的精神。馆领导需要带头为普通馆员服务，解决他们在工作和生活中遇到的实际问题，以此来培育和引领服务的精神，激发馆员的服务热情。通过全馆人员的共同努力，可以营造出一种积极的、和谐的、以人为本的服务氛围，从而推动高校图书馆在大数据时代下的发展。

（二）创新服务管理方法

为创新高校图书馆的阅读服务管理方法，首先，需要调整管理工作

的焦点。在大数据时代背景下，服务管理的工作特点逐渐转变为更加强调时效性和针对性。因此，管理工作的核心应确定为"服务读者"，并在此基础上不断调整工作重点，稳步建立工作体系，并在创新服务与管理过程中进行优化和完善。

其次，图书馆需要提升基层服务管理工作的独立性。在信息技术落后的过去，基层服务管理完全可以满足高校读者的阅读需求。然而在当今时代，多部门协同解决问题的工作模式已经无法保持竞争力，基层服务管理需要更大的独立性。直接为学生提供服务可以更准确地把握读者的需求，并能提供更具体、更有针对性的服务。因此，高校图书馆应根据实际情况，增强基层服务管理工作的独立性，让基层馆员能够在第一时间有权力和能力为读者解决需求。

最后，高校图书馆的服务管理工作需要创新并发展出系统化、常态化、社会化的服务模式。所谓系统化，是指图书馆应将以往分散的管理活动构建成一个有系统、有流程、有计划目标的服务管理过程，并在规划、执行、评估的过程中进行宏观调控。这种方式可以帮助图书馆实现更高效和有序的服务管理。常态化则意味着图书馆需要将系统性的服务管理活动融入日常工作中。服务管理并不仅仅是图书馆为应对竞争而制定的口号，而应成为其日常运作的一部分，这是它发展的方向。社会化意味着服务管理不应仅限于图书馆自身，而应吸引社会资源参与，利用广阔的社会渠道，联合社会力量共同开展服务管理工作。这种模式可以帮助图书馆拓宽服务范围，提高服务质量，更好地满足用户需求。

（三）创新服务管理人才

人才是知识经济体系中最重要的资源，而这也适用于高校图书馆的服务管理。目前，一些高校图书馆仍过分地注重扩大馆舍规模、增加图书数量、添置技术设备以及开发信息系统，却忽视了人力资源的开发与维护，导致服务管理人才流失严重。为了改变这种状况，高校图书馆需要积极吸纳专业人才，从智力和技术层面保障服务管理的发展，改善和完善人才招聘制度，以达到专业技能、经验、年龄等方面的互补和平衡。

高校图书馆的工作人员也需要定期进行外出考察、进修和培训，以提升其业务能力，打造一个学习型、创新型、服务型的图书馆团队。同时，建立有效的奖惩制度，将员工的工作表现与其个人利益直接关联起来，以激发内部竞争机制。另外，高校图书馆还需要推动馆员角色的转变。馆员不仅是图书的守卫者，更应成为信息的整合者、提供者、管理者、维护者和协调者，积极参与和推动图书馆服务管理的全过程。

参考文献

[1] 彭拓夫，王红艳，王笑梅. 高校图书馆文化建设研究 [M]. 长春：吉林人民出版社，2021.

[2] 唐玲. 图书馆文化与职能建设 [M]. 天津：天津大学出版社，2018.

[3] 焦青. 高校图书馆文化建设研究 [M]. 北京：中国商务出版社，2018.

[4] 罗启元. 我国古代图书馆与文化传承 [M]. 北京：现代教育出版社，2019.

[5] 程传超，周卫. 图书馆文化创意产品开发研究 [M]. 长春：吉林人民出版社，2020.

[6] 马莎. 高校图书馆文化建设与创新 [M]. 成都：西南交通大学出版社，2008.

[7] 张理华. 高校图书馆与校园文化建设研究 [M]. 北京：台海出版社，2018.

[8] 刘自强，邹积超，王芳. 非物质文化遗产传承与数字时代图书馆功能的扩展研究 [M]. 长春：吉林人民出版社，2021.

[9] 翟宁. 高校图书馆服务与阅读推广研究 [M]. 北京：北京工业大学出版社，2019.

[10] 杨永华. 智慧时代高校图书馆服务创新与发展研究 [M]. 北京：中国原子能出版社，2020.

[11] 当前我国高校图书馆服务与管理微探 [M]. 成都：电子科技大学出版社，2020.

[12] 崔海英. 大数据时代高校图书馆服务创新研究 [M]. 北京：现代出版社，2020.

[13] 于芳. 高校图书馆服务工作与采访模式创新研究 [M]. 长春：吉林出版集团股份有限公司，2018.

[14] 农艳春. 大数据时代高校图书馆服务工作研究 [M]. 长春：吉林大学出版社，2018.

[15] 李红霞，冀颖，王金英. 高校图书馆微服务体系概论 [M]. 北京：新华出版社，2022.

[16] 周静. 高校图书馆读者服务工作拓展与创新 [M]. 延吉：延边大学出版社，2022.

[17] 王云凤. 高校图书馆学科化服务 [M]. 北京：九州出版社，2020.

[18] 舒予. 高校图书馆学科服务研究及应用实践 [M]. 成都：四川大学出版社，2021.

[19] 吴漂生. 高校图书馆移动阅读服务研究 [M]. 长春：吉林人民出版社，2020.

[20] 曹瑞琴. 高校图书馆学科服务与智慧化建设 [M]. 长春：吉林出版集团股份有限公司，2020.

[21] 周娜. 高校智慧图书馆知识服务研究 [M]. 北京：中国国际广播出版社，2020.

[22] 杨灿明. 高校智慧图书馆服务创新研究 [M]. 长春：吉林科学技术出版社，2021.

[23] 李颖. 高校图书馆信息服务与大数据思维研究 [M]. 长春：吉林出版集团股份有限公司，2022.

[24] 陈菡. 高校图书馆数字文化用户持续使用意愿研究 [D]. 济南：山东师范大学，2022.

[25] 张梦梦. 山东省高校图书馆文化建设调查与分析 [D]. 曲阜：曲阜师范大学，2022.

[26] 罗晓瑶. 高校图书馆特色文化空间的学生参与影响因素研究 [D]. 成都：四川大学，2021.

[27] 尹玉. 高校图书馆文创产品开发研究 [D]. 哈尔滨：黑龙江大学，2020.

[28] 高淦. 高校图书馆智慧服务用户使用意愿影响因素研究 [D]. 杭州：浙江传媒学院，2023.

[29] 程越欣. 数智时代下高校图书馆自助服务模式研究 [D]. 镇江：江苏大学，2022.

[30] 曹慧敏. 高校图书馆微知识服务体系研究 [D]. 镇江：江苏大学，2022.

[31] 邓成世. 高校图书馆嵌入式学科服务模式探究 [D]. 太原：山西医科大学，2022.

[32] 杨娜. 高校图书馆智慧服务用户参与意愿研究 [D]. 郑州：郑州大学，2022.

[33] 张钦恒. 数字时代河北省高校图书馆数字资源服务现状及优化策略研究 [D]. 保定：河北大学，2022.

[34] 耿伟杰. 高校图书馆文化育人实践融合阅读推广工作研究——以中原工学院图书馆为例 [J]. 河南图书馆学刊，2023，43（6）：83–85.

[35] 闫舟舟. 文旅融合背景下高校图书馆文化服务模式 [J]. 文化产业，2023（14）：142–144.

[36] 王叶叶. 高校图书馆文化建设促进学风建设的策略研究 [J]. 造纸装备及材料，2023，52（4）：205–207.

[37] 马春梅. 新时代高校图书馆文化育人功能的实现路径 [J]. 新阅读，2023（4）：61–63.

[38] 李丽娜. 高校图书馆以红色文化引领育人服务路径探析——以山东青年政治学院图书馆为例 [J]. 公关世界，2023（6）：55–57.

[39] 孙杰. "双一流"建设背景下高校图书馆的文化治理研究 [J]. 新世纪图书馆，2023（3）：18–22.

[40] 杨雪. 高校图书馆文化思想政治教育作用探讨 [J]. 中学政治教学参考, 2023（9）：95.

[41] 赵霞琦, 李爱民, 王南. 新时代高校图书馆文化传承场景构建研究 [J]. 山东图书馆学刊, 2023（1）：12–17.

[42] 张晓燕. 新时代高校图书馆加强文化建设的价值意蕴和路径探索 [J]. 科技风, 2022（32）：161–163.

[43] 李沂濛, 唐承秀, 常红. 高校图书馆文化传承及育人影响因素研究——基于天津市高校图书馆调研的因子分析 [J]. 图书馆工作与研究, 2022（11）：13–19.

[44] 龙腾. 泛媒体时代高校图书馆提升文化传播功能的策略分析 [J]. 文化产业, 2022（30）：112–114.

[45] 王婷婷, 崔璨, 杨丽, 等. 融媒体背景下高校图书馆文化传播路径研究 [J]. 传媒论坛, 2022, 5（19）：118–120.

[46] 张晓洲, 胡至洄. 新时代背景下高校图书馆文化建设研究 [J]. 高教学刊, 2022, 8（25）：65–68, 72.

[47] 安娜. 高校图书馆文化育人的内在逻辑、现实境遇与提升路径 [J]. 传媒论坛, 2022, 5（15）：115–117.

[48] 董燕, 王晓峰. 高校图书馆文化服务活动实施模式研究 [J]. 文化创新比较研究, 2022, 6（22）：128–131.

[49] 高金花. 高校图书馆文化建设与大学生素质教育探索 [J]. 产业与科技论坛, 2022, 21（13）：276–277.

[50] 韦柳娅. 文化治理视域下高校图书馆推动地方文化建设研究 [J]. 河南图书馆学刊, 2022, 42（6）：77–79.

[51] 张璐. 新时代民办高校图书馆提升文化育人服务水平研究 [J]. 黄河科技学院学报, 2022, 24（4）：95–100.

[52] 詹丽华, 孙林. 高校图书馆文化外溢及其实现研究 [J]. 图书馆学刊, 2022, 44（3）：13–19.

[53] 傅志海. 高校图书馆助推校园文化建设策略探讨 [J]. 造纸装备及材料，2022，51（1）：202–204.

[54] 张兰芳，阿依江，李芳. 高校图书馆文化服务育人研究 [J]. 内蒙古科技与经济，2021（24）：140–142.

[55] 于光莲. 信息智能时代下高校图书馆文化精准扶贫路径与创新研究 [J]. 农村经济与科技，2021，32（23）：286–288.

[56] 高汉忠. 高校图书馆文化育人机制的实践探析 [J]. 福建医科大学学报（社会科学版），2021，22（6）：47–50.

[57] 王春霞. "立德树人"背景下高校图书馆文化育人研究 [J]. 传媒论坛，2021，4（22）：156–157.

[58] 贾志刚. 大数据环境下高校图书馆文化建设创新研究 [J]. 文化学刊，2021（11）：183–185.

[59] 苏欢，祁宁，陈娜. 高校图书馆文化空间营造的原则与策略 [J]. 河南图书馆学刊，2021，41（10）：39–41.

[60] 黄文丽. 高校图书馆文化育人综合体系的构建与实践——以上海交通大学图书馆为例 [J]. 内蒙古科技与经济，2021（15）：139–140.

[61] 周锦文，崔征. 高校图书馆信息素养课程创新探究 [J]. 科技创业月刊，2020，33（12）：143–145.

[62] 成琳，陈秀华，葛玉香. 基于数据分析的图书采购模式研究——以东北林业大学图书馆为例 [J]. 科技视界，2020（36）：9–11.

[63] 周雅琦，牛宇，贺彦平. 高校图书馆创客空间服务探索与实践——以国防科技大学图书馆创客空间为例 [J]. 新世纪图书馆，2020（12）：56–61.

[64] 李疃，任艳芳，卞卉. 高校图书馆信息素养讲座实践探索——以南京航空航天大学为例 [J]. 江苏科技信息，2020，37（35）：15–20.

[65] 戴志敏. 高校图书馆资源利用现状与对策——以湖南农业大学图书馆为例 [J]. 文化产业，2020（35）：128–131.

[66] 徐小婷，李悦萌，乔妍. 高校图书馆开学迎新季服务创新探索——以大连医科大学图书馆为例 [J]. 内蒙古科技与经济，2020（23）：133-135.

[67] 张春燕，陈宏东，薛小婕. 电子资源绩效评估的实践——以兰州大学图书馆外文电子期刊为例 [J]. 河南图书馆学刊，2020，40（12）：63-65.

[68] 曹玉枝. 近 5 年"双一流"大学图书馆经典阅读推广活动调查分析 [J]. 图书馆学研究，2020（23）：73-80.

[69] 吴玲玲. 高校图书馆学生社团的指导实践与思考——以上海对外经贸大学图书馆为例 [J]. 图书馆界，2020（6）：91-94.

[70] 唐逢时. 高校图书馆建设热点及发展趋势实证研究——基于上海交通大学图书馆 2012—2019 年同行来访调研主题分析 [J]. 图书馆研究与工作，2020（12）：29-34.

后记

　　本书的体例安排主要立足目前高校图书馆文化的实际情况，从高校图书馆特征、地位及功能出发，重新审视和深入探讨了高校图书馆的文化建设和阅读服务模式，以寻找推动其发展和改革的新途径。本书尝试用创新性的视角和方法，去分析和解读图书馆如何扮演重要角色，培养学生的阅读习惯，提高学生的文化素质，进而激发学生的创新思维。本书在编写过程中，尽可能参考有代表性、可操作性的案例，探讨高校图书馆文化与阅读服务如何结合实际情况进行创新，期望能给图书馆的工作带来一些新的启示，对高校图书馆的发展产生积极影响，引发更多的学术讨论和实践探索。

　　本书在撰写过程中借鉴、参考了诸多专家学者的观点，因篇幅原因，并未一一列举，在此一并表示衷心的感谢。